KNAURS
GROSSES BUCH
DER
KINDERSPIELE

KNAURS
GROSSES BUCH DER KINDERSPIELE

Text von Martin Stiefenhofer
Bilder von Wolfgang Freitag

Inhalt

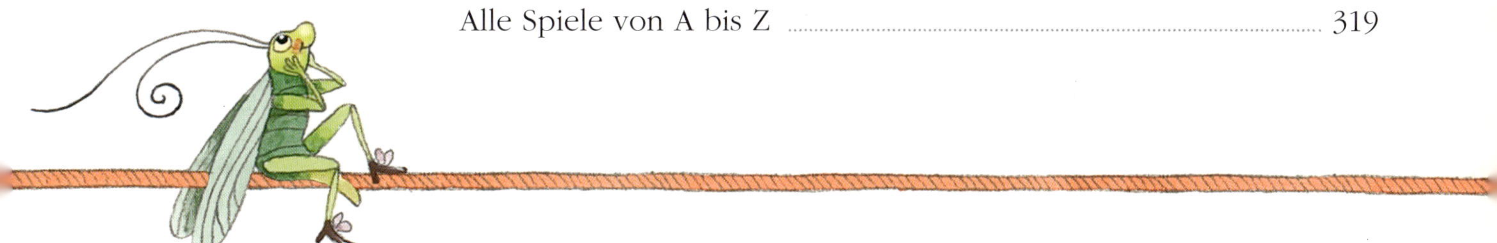

Vorwort

Für Kinder gibt es nichts Schöneres und Wichtigeres als zu spielen. Im Spiel lernen sie ohne Zwang, mit Selbstverständlichkeit und großer Freude sich selbst, ihre Umwelt, die Menschen und Verhältnisse um sich herum kennen. Sie erwerben die notwendigen Fähigkeiten, um mit den unterschiedlichsten Situationen umzugehen.

Ein Tag ohne Spiel ist für Kinder ein langweiliger Tag und aus Sicht der Eltern ein verschenkter Tag in der Entwicklung ihres Kindes. Zeit zum Spielen findet sich immer, und es gibt fast keinen Ort, an dem nicht gespielt werden kann. Fingerspiele oder Kniereiter sind liebevolle Zuwendung und Unterhaltung für die Kleinsten, die ungebunden an Raum oder Zeit stattfinden können. Versteck- oder Fangespiele erfordern nichts außer Platz und einem Mitspieler. Wortspiele oder Singspiele, Rollen- oder Murmelspiele können drinnen oder draußen, allein oder in der Gruppe, bei der Kinderparty oder auf der Ferienreise veranstaltet werden.

Weniger ist oft mehr – und das gilt auch fürs Spielen. Einige Würfel, Straßenkreide, ein Seil oder eine Schachtel Streichhölzer, Fundstücke von einem Spaziergang wie eine Handvoll Steine oder auch ein einfacher Ball reichen aus, um spannende und abwechslungsreiche Spielnachmittage zu erleben.

Die Voraussetzungen für anregendes, freies Spielen trägt jedes Kind in sich: Fantasie, Begeisterungsfähigkeit, Neugierde, Ausdauer, Ehrgeiz, Geschicklichkeit, Witz – und der Spaß gesellt sich von allein dazu. Mit einfachen Materialien oder ganz alltäglichen Dingen aus der Küchenschublade begeben sich Kinder bereitwillig und ausdauernd in die Welt des selbstver gessenen Spiels. Je weniger vorgefertigtes Spielzeug dabei zum Einsatz kommt, desto interessanter, fantasievoller und fruchtbarer entwickelt sich das Spielgeschehen.

Alltägliche Erlebnisse, Märchen oder Geschichten aus Büchern, aber auch Filmsequenzen bilden oft den Ausgangspunkt für Rollen- oder Theaterspiele. Aus den fiktiven Geschichten lassen Kinder eigene Figuren, Situationen und Abläufe entstehen und setzen eigene Wünsche und Vorstellungen um. Eltern können sie dabei begleiten, indem sie einen Rahmen aus Spielregeln und Abläufen anbieten, der hilft, solche Erfahrungen nutzbar zu machen.

Aus ihrer persönlichen Erfahrung, dem Blick zurück in die eigene Kindheit, wissen die Erwachsenen von heute, dass Spielspaß unabhängig von aufwändigen Materialien entsteht. Spiele, bei denen Knöpfe und Murmeln zu wertvollen Schätzen, Zeitungspapier zu tiefen Seen und alte Sachen aus der Klamottenkiste zu edlen Gewändern werden, sind oft besonders schön und wertvoll. Meist lässt sich in solchen Kinderspielen mit wenigen Worten ein Szenarium entwerfen, das jeder Mitspieler nachvollziehen und zu dem alle etwas beitragen können. Im gemeinsamen Spiel werden die besten Ideen entwickelt; jeder entdeckt neue, ungeahnte Seiten und Möglichkeiten für sich, und oft zeigt sich, dass viel mehr in einem steckt, als die anderen oder auch er selbst von sich gedacht hätten.

Keine Angst vor Konkurrenz im Wettkampf, wenn Einzelkämpfer oder Mannschaften gegeneinander antreten! Spätestens im Schulalter wird es für jedes Kind wichtig, sich im Spiel auch zu messen. So lernen sie, die eigenen Kräfte und Fähigkeiten richtig einzuschätzen und auch einmal zu verlieren. Nicht nur »gefährliche« Konkurrenz, sondern soziale Kompetenzen werden dabei erlebt.

Spielen, das ist also nicht das Würfelglück, die möglichst komplette Ritterburg oder die neueste Barbiepuppe, nicht das Gewinnen als Ergebnis, sondern das Handeln, das Kreativwerden, das Kommunizieren und Spaßerleben mit anderen. In diesem Sinne ist die vorliegende Sammlung von Spielen als Hausschatz gedacht, der in keiner Familie mit Kindern fehlen sollte. Hier wird eine breite Palette von Spielarten in Einzelspielen vorgestellt, die sich schnell und mit wenig Aufwand umsetzen lassen. Alte Spielideen stehen neben neuen, und mit dem Einsatz von Fantasie lassen sich meisten Spiele abwandeln und den unterschiedlichsten Gegebenheiten anpassen. Varianten und Tipps laden dazu ein, auch selbst neue Elemente in die Spiele einzubringen. Dieses Buch soll Lust machen auf freie, kreative und fantasievolle Spiele.

Freiburg, im August 2002
Martin Stiefenhofer

Fingerspiele und Kniereiter

Finger- und Krabbelspiele, Kniereiter und einfache Verse sind die ersten vergnüglichen Spielaktionen zwischen Eltern und Kleinkindern oder sogar schon Säuglingen. Bereits beim Neugeborenen sind alle Sinne aktiv, es nimmt die Anregungen der Umwelt umfassend wahr. Die unterschiedlichsten Sinnesreize beschäftigen es intensiv, gleichzeitig regen sie die Reifung des Gehirns und die allgemeine körperliche und geistige Entwicklung an. Lieder singen, liebevolles Ansprechen, rhythmische Verse vorsprechen, Berührungsreize geben und natürlich die Schaukelbewegungen des Getragenwerdens sind also mehr als bloße Unterhaltung, sie sind eine Zuwendung, die die Entwicklung fördert. Etliche dieser Spiele und Verse begleiten das Kind über Jahre, manche sind so eingängig, dass man sich noch als Erwachsener daran erinnert. So werden die lustigen Nonsens-Verse, Kniereiter und Fingerkrabbeleien von Generation zu Generation weitergegeben.

Sinnesreize wie Berührung, Gesang und Bewegung verbinden sich in Kniereitern und Fingerspielen zu einer entwicklungsfördernden Einheit, die schon die Kleinsten genießen.

Der Bär aus Konstanz

Zeige- und Mittelfinger laufen als »Bär« bzw. »Maus« den Arm des Kindes hinauf und kitzeln es am Hals. Statt »Hansele« kann der Name des Kindes genannt werden.

Es kommt ein Bär
von Konstanz her.
Wo will er hin?
Zum Hansele.
Es läuft ein Mäuschen
übers Häuschen.
Wo muss es rasten?
Im Kitzikitzikasten.

Die freche Maus

Die Finger einer Hand krabbeln schnell und leicht den Arm und den Hals des Kindes hinauf und »klingeln« an seinem Ohrläppchen.

Da kommt die Maus,
da kommt die Maus,
klingelingeling,
ist jemand zu Haus?

Längsweis

Längs und quer über die Handfläche des Kindes streichen, mit den einzelnen Fingerspitzen der Reihe nach in die Handfläche tippen und zum Schluss mit den Fingern kribbeln.

Längsweis,
kreuzweis,
kille Fingerlein,
kribbele, krabbele!

Auf zum Markt

In die Handfläche des Kindes patschen, als »Schwänzchen« den kleinen Finger ziehen und zum Schluss die Handfläche kribbeln.

Da hast ein' Taler,
geh auf den Markt,
kauf dir eine Kuh
und ein Kälbchen dazu.
Das Kälbchen hat ein Schwänzchen,
didel didel dänzchen.

Kribbelverse

Sanft an den Fingern des Kindes ziehen und die Handfläche kribbeln.

Taler, Maler,
Kühchen, Kälbchen,
Schwänzchen,
didel didel dänzchen.

Sälzchen, Schmälzchen,
Bütterchen, Brötchen,
Krabbelkrabbelkrötchen.

Kleine Tiere

Die Finger krabbeln und hüpfen den Arm des Kindes hinauf und kitzeln es am Hals.

Kommt eine Maus,
die baut ein Haus.
Kommt ein Mückchen,
baut ein Brückchen.
Kommt ein Floh,
der macht sieh! sah! so!

Langer Weg

Zeige- und Mittelfinger laufen vom Fuß des Kindes hoch, weiter den Arm hinauf, ziehen leicht am Ohr und tippen auf die Schulter. Zum Schluss das Kind anlächeln und deutlich nicken.

Kommt ein Mann von ferne an,
steigt den hohen Berg hinan,
klingelt lang
und klopft auch an.
Jemand da, der öffnen kann?

Ringele

In die Kinderhand mit dem Zeigefinger zwei Ringe zeichnen, dann ein Kreuz, den Ellbogen hineinlegen, am Näschen zupfen, ins Händchen patschen und die Handfläche kribbeln.

Ringele, Ringele,
kreuzweis,
Ellenbogen,
Näslein zogen,
großer Patsch,
kleiner Patsch,
kribbele krabbele krabbele.

Kommt ein Mann

Zeige- und Mittelfinger laufen den Arm hinauf. Als »Klingel« das Ohrläppchen ziehen, der Zeigefinger klopft an die Schläfe und tippt auf die Nasenspitze.

Kommt ein Mann die Treppe rauf,
klingeling,
klopft an,
guten Tag, Herr Nasemann.

Hasenjagd

Die Handlinien nachzeichnen, ein »Häschen« darüber laufen lassen und dann auf die einzelnen Finger zeigen.

Da läuft ein Weglein,
da springt ein Häslein.
Der hat's geschossen,
der hat's gewaschen,
der hat's gebraten,
der da hat den Tisch gedeckt,
und der Kleine hat den Teller
ausgeleckt.

Ein Stall voller Tiere

Die linke Hand bildet eine Höhle. Die Finger der rechten Hand stellen die Tiere dar, die erst der Reihe nach gezeigt werden und zum Schluss des Verses Unterschlupf im Stall finden.

Linke Hand, die ist der Stall,
die Finger sind die Tiere all.
Dieses dicke Däumelein
ist ein kleines, fettes Schwein.
Zeigefinger ist das Pferd,
ist dem Reiter lieb und wert.
Mittelfinger ist die Kuh,
hört nur, wie sie schreit: muh, muh!
Ringfinger ist der Ziegenbock,
hat 'nen langen Zottelrock.
Und das kleine Fingerlein
soll mein liebes Schäfchen sein.
Tiere laufen im Galopp
über Stock und Stein, hopp, hopp,
alle in den Stall hinein,
denn es bricht die Nacht herein.

Fingerzeigen

Je nachdem, was im Vers beschrieben wird, werden die Finger der Reihe nach angetippt, geschüttelt, gezogen oder umgelegt. Alter und Laune des Kindes bestimmen, ob Sie Ihre oder die Hand des Kindes in das Spiel mit einbeziehen. Während Säuglinge gerne der Hand der Mutter oder des Vater zuschauen, genießen Kleinkinder es, wenn sie sich aktiv beteiligen können.

Das ist der Daumen,
der schüttelt die Pflaumen,
der hebt sie auf,
der trägt sie nach Haus,
und der kleine Schelm
isst sie alle auf.

Der ist ins Wasser gefallen,
der hat ihn herausgezogen,
der hat ihn ins Bett gelegt,
der hat ihn zugedeckt,
und der Kleine – hat ihn wieder
aufgeweckt.

Der Erste sagt:
»Wenn's regnet, da werd ich nass.«
Der Zweite sagt:
»Wenn's regnet, das ist kein Spaß.«
Der Dritte sagt:
»Wenn's regnet, da geh ich nicht aus.«
Der Vierte sagt:
»Wenn's regnet, bleib ich zu Haus.«
Doch der Kleinste,
der will nicht warten,
der läuft mit dem Schirm
in den Kindergarten!

Der ist in den Wald gegangen,
der hat's Häschen gefangen,
der hat's heimgebracht,
der hat's gebraten,
und der Kleine – hat's verraten!

Fünf Männlein sind in den
Wald gegangen,
sie wollten den
Osterhasen fangen.
Der Erste, der war so dick
wie ein Fass,
der brummte immer:
»Wo ist denn der Has?«
Der Zweite rief:
»Sieh da, sieh da!
Da ist er ja, da ist er ja!«
Der Dritte war der allerlängste,
doch leider auch der allerbängste,
der fing gleich an zu weinen:
»Ich sehe keinen, ich sehe keinen!«
Der Vierte sagte:
»Das ist mir zu dumm,
ich mach nicht mehr mit,
ich kehre jetzt um!«
Der Kleinste aber, der hat's gemacht,
der hat den Hasen nach Hause
gebracht.
Da haben alle Leute gelacht.
Ha, ha, ha, ha, ha!

Daumen, neig dich,
Zeiger, streck dich,
Mittler bückt sich,
Goldner hebt sich,
Kleiner, duck dich,
ja, ja duck dich.

Wer kommt?

Ei, wer kommt denn da daher?
Ist das nicht ein brauner Bär?
Mit flachen Händen auf den Tisch schlagen.
Oder gar ein Elefant
aus dem fernen, heißen Land?
Mit den Fäusten auf den Tisch trommeln.
Nein, es ist ein kleines Mäuschen,
und es sucht ein kleines Häuschen.
Mit den Fingern auf der Tischkante krabbeln.
Ei, wo ist es, sag es doch!
Hier – ein wutzi-butzi kleines
Mauseloch!
Die Finger krabbeln langsam an der
Brust des Kindes bis zum Hals hinauf, wo
das »Mauseloch« ist.

Aus: Waltraud Singer/Erika Schirmer,
Der neue Daumen Knudeldick

Steigt ein Bübchen auf den Baum

Steigt ein Bübchen auf den Baum,
ei, so hoch, man sieht es kaum.
Zeige- und Mittelfinger laufen den Arm
des Kindes hoch.
Hüpft von Ast zu Ästchen,
Finger hüpfen von Schulter zu Schulter.
schlüpft ins Vogelnestchen.
Hände zu einer Kugel formen.
Hui, da lacht es,
bums, da kracht es,
In die Hände klatschen.
plumps, da liegt es unten.
Die Hände klatschen laut auf die Schenkel.

Der Daumen Knudeldick

Das ist der Daumen Knudeldick,
das sieht man auf den ersten Blick.
Einen Daumen hochrecken.
Und macht das Kind ein Fäustchen,
kriecht Knudeldick ins Häuschen.
Daumen verschwindet in der Faust.

Der Zeigefinger, der ist klug,
der droht, wenn jemand Böses tut.
Mit dem Zeigefinger drohen.
Bringt unser Kind zum Lachen
beim Kille-kille-Machen.
Zeigefinger kitzelt unterm Kinn.

Der Dritte ist der Größte hier,
viel länger als die andern vier.
Den Mittelfinger hochstrecken.
Da kann er schön bewachen,
was seine Brüder machen.
Mittelfinger wackelt nachdrücklich.

Der Vierte ist ein eitles Ding,
der trägt am liebsten einen Ring.
Pantomimisch einen Ring überstülpen.
Und schmückt er sich zum Feste,
denkt er, er wär der Beste.
Die Hand dreht sich.

Von allen Fingern kommt zum Schluss
der winzig kleine Pfiffikus.
Mit dem kleinen Finger wackeln.
Der wedelt mit dem Schwänzchen
beim frohen Fingertänzchen.
Alle fünf Finger wackeln und tanzen lustig
durcheinander.

Händeklatschen

Zwei Kinder stehen sich gegenüber und sprechen oder singen die folgenden Verse. Bei jeder Silbe wird geklatscht: erst auf die Schenkel, dann in die Hände und schließlich mit den einzelnen Händen kreuzweise oder beiden Hände parallel auf die Händflächen des Gegenübers.

Bei Müllers hat's gebrannt-brannt-brannt,
und ich bin hingerannt-rannt-rannt.
Da kam ein Polizist-zist-zist,
der schrieb mich auf die List-List-List.
Die List fiel in den Dreck-Dreck-Dreck,
da war mein Name weg-weg-weg.

Scherenschleifen,
Scherenschleifen,
ist die beste Kunst.
Die rechte Hand,
die linke Hand,
die geb ich dir zum Unterpfand,
da nimm sie, da nimm sie,
da hast du alle beide.
Wer das nicht kann,
der ist ein rechter Hampelmann.

Finger zählen

Nacheinander die ausgestreckten Finger antippen und zum Schluss die Hand zur Faust schließen.

Zum Daumen sag ich eins,
zum Zeigefinger zwei,
zum Mittelfinger drei,
zum Ringfinger vier,
zum kleinen Finger fünf.
Hab alle ins Bettchen schlafen gelegt,
still, dass keines sich mehr regt!

Pinkepank

Ein Bonbon in einer Faust verstecken.
Dann die Fäuste abwechselnd übereinander stellen.
Am Schluss muss das Kind raten, wo das Bonbon ist.

Pinkepank,
der Schmied ist krank.
Wo soll er wohnen?
Unten oder oben?
Pinkepank,
wo steht der Schrank?
Oben oder unten?

Butterstampfen

Der erste Mitspieler setzt die Faust mit nach oben gerecktem Daumen auf den Tisch. Der zweite umschließt mit seiner Faust den Daumen des ersten Mitspielers, der dritte mit seiner den Daumen des zweiten usw. Die zweite Hand aller Mitspieler folgt in die Faustpyramide. Wenn alle Hände in diesem Turm stecken, wird er in langsamem Rhythmus auf und ab bewegt, wobei alle sprechen: »But-ter-stam-pfen, But-ter-stam-pfen, ei-ne-Hand-muss-weg!«
In diesem Moment wechselt die jeweils unterste Hand ganz nach oben. Mit der Zeit wird die Stampfbewegung immer schneller, die Hände wechseln immer hektischer von unten nach oben, bis schließlich alles in einem wilden Durcheinander endet.

Himpelchen und Pimpelchen

Bei den zur Faust geballten Händen zeigen die angelegten Daumen nach oben.

Himpelchen und Pimpelchen
Die Daumen richten sich auf.
steigen auf den Berg.
Die Fäuste klettern hoch in die Luft.
Himpelchen war ein Wichtelmann,
Ein Daumen wackelt.
Pimpelchen ein Zwerg.
Der andere Daumen wackelt.
Sie blieben lang dort oben sitzen
und wackelten mit den Zipfelmützen.
Beide Daumen wackeln.
Doch nach fünfundsiebzig Wochen
sind sie in den Berg gekrochen.
Beide Daumen verschwinden in der Faust.
Dort schlafen sie in großer Ruh.
Sei mal still, und hör gut zu: chrr, chrr, chrr.
Das Kind horcht an den Fäusten.

Die beliebte Geschichte von Himpelchen und Pimpelchen eignet sich auch für mehrere Kinder, die zum Schluss der Reihe nach an den Fäusten lauschen können.

Wer fährt wie?

So fahren die Damen,
so fahren die Damen.
Langsames Hin- und Herwiegen.
So reiten die Herren,
so reiten die Herren.
Sanftes Auf und Ab.
So juckelt der Bauer,
so juckelt der Bauer.
Hoppelndes, ruppiges Auf und Nieder, bei dem das Kind auf den Knien hüpft.

Pferdchen im Galopp

Hopp, hopp, hopp,
Pferdchen lauf Galopp.
Über Stock und über Steine,
aber brich dir nicht die Beine.
Hopp, hopp, hopp, hopp, hopp,
Pferdchen lauf Galopp.

Hoppe Reiter

Am Schluss des Liedchens das Kind je nach Temperament leicht oder auch etwas weiter nach hinten plumpsen lassen und auffangen.

Hoppe, hoppe Reiter,
wenn er fällt, dann schreit er.
Fällt er in den Graben,
fressen ihn die Raben.
Fällt er in die Hecken,
fressen ihn die Schnecken.
Fällt er in den Sumpf,
macht der Reiter plumps!

Reiter vor der Sonne

Hopp, hopp, hopp zu Pferde,
wir reiten um die Erde.
Die Sonne reitet hinterdrein,
wie wird sie abends müde sein.
Hopp, hopp, hopp.

Glück im Unglück

Das Kind plumpst von den Knien und wird wieder nach oben gezogen.

Ist ein Mann in' Brunnen gefallen,
hab ihn hören plumpsen,
hätt ich ihn nicht rausgeholt,
wäre er ertrunken.

Wilde Schifffahrt

Am Ende des Reims wird das Kind zur Seite geneigt, rutscht von den Knien und wird sanft aufgefangen.

Fährt das Schifflein über'n See,
wackelt's hin und wackelt's her.
Kommt ein starker Sturm,
wirft das Schifflein um!

Widerspenstiges Pferdchen

Schacke, schacke, Rillchen,
wir reiten auf dem Füllchen,
wenn wir größer werden,
reiten wir auf Pferden,
macht das Pferdchen tripp und trapp,
fällt der kleine Bub herab.

Reiterleben

Hoppe, hoppe Reiterlein,
wenn die Kinder kleine sein,
reiten sie auf Stöckelein.
Wenn sie größer werden,
reiten sie auf Pferden,
reiten sie nach Sachsen,
wo die schönen Mädchen
auf den Bäumen wachsen,
reiten auf des Königs Schloss,
reiten auf dem schönsten Ross.

Hanselmann

Der Hanselmann
hat Stiefel an,
ein' Degen an der Seiten;
hat's Ross verkauft,
hat's Geld versauft,
jetzt kann er nimmer reiten.
Und wenn er an ein Bächlein kommt,
dann muss er drüber schreiten.

Das Rösslein

Mein Büblein hat ein Rösslein,
will reiten auf das Schlösslein.
Hopp, hopp, hopp,
Rösslein lauf Galopp.

Das Rösslein will nicht laufen,
das Büblein will's verkaufen.
Da läuft das Rösslein Trab
und wirft das Büblein ab.

Der Reiter von Soest

Reiter zu Pferd
von Soest nach Wörth,
was hat er gebracht?
Ein Säckchen voll Mäuse,
einen Pelz voll Läuse,
ein Haus voll Kinder,
einen Stall voll Rinder,
einen Ziegenbock,
einen hölzernen Stock:
Hopp, hopp, hopp, hopp, hopp!

Ponypferd

Von den Knien auf den Boden und wieder herauf.

Ponypferd macht trippeltrapp,
wirft den kleinen Reiter ab.
Reiter steigt gleich wieder auf,
Pferdchen lauf – Pferdchen lauf.

Aus: Waltraud Singer/Erika Schirmer,
Der neue Daumen Knudeldick

Hoppe, hoppe, Reiterlein

Hoppe, hoppe, Reiterlein,
wir reiten über Stock und Stein.
Hoppe, hoppe, Reiter,
wir reiten immer weiter.
Kommt ein Kauz,
mein Kind macht bautz!

Aus: Waltraud Singer/Erika Schirmer,
Der neue Daumen Knudeldick

Sprechspiele

Kinder entwickeln ihre sprachlichen Fähigkeiten entsprechend den Anregungen, die sie von ihrer Umgebung erhalten. Selbst wenn ein Kind erst wenige Worte sprechen kann, fördern rhythmische Reime ebenso wie Lieder oder Singspiele die Artikulation, den Wortschatz, das Rhythmusgefühl und auch die Sprachgewandtheit. Die Bedeutungsunterschiede einzelner Silben richtig zu erkennen und zu gebrauchen, setzt Hör- und Sprecherfahrungen voraus, die unter anderem mit einfachen Reimen und Liedern spielerisch erworben werden können. Sprechsicherheit geht auch einher mit sprichwörtlicher Zungenfertigkeit, mit der Fähigkeit also, die Sprechwerkzeuge richtig einzusetzen. Spielerisch werden die dafür notwendigen feinmotorischen Voraussetzungen mit Atem-, Zungen- und Pustespielen eingeübt. Für Fortgeschrittene sind die kompliziert aneinander gereihten Wortkonstruktionen der Zungenbrecher eine Herausforderung.

Eltern, die viel mit ihrem Kind sprechen und singen, motivieren es auch, die eigene Sprachfähigkeit schnell zu entwickeln.

Was für Sachen!

Vögel, die nicht singen,
Glocken, die nicht klingen,
Pferde, die nicht springen,
Pistolen, die nicht krachen,
Kinder, die nicht lachen,
was sind das für Sachen?

Was?

Wenn's regnet, wird's nass,
wenn's schneit, wird's weiß,
wenn's friert, gibt's Eis,
wenn's taut, wird's grün,
da werden alle kleinen Jungfern schön.

Auf der Mauer, auf der Lauer

Dieses einfache Lied mögen vor allem kleinere Kinder. Beim ersten Mal wird es langsam und vollständig gesungen. In den folgenden Strophen werden die Wörter »Wanze« und »tanzen« nach und nach immer kürzer. Bei der ersten Wiederholung lässt man das »e« bei »Wanze« und das »en« bei »tanzen« weg, die restlichen Buchstaben werden gesungen. In der dritten Wiederholung entfällt bei beiden Wörtern das »z«, dann in der vierten das »n«, das »a« und schließlich das »W« bzw. das »t« und damit das ganze Wort. Es kommt immer darauf an, die Pausen richtig zu setzen. Mit etwas größeren Kindern können auch mehrere Buchstaben oder ganze Silben auf einmal ausgelassen werden.

Drei Chinesen mit dem Kontrabass

Das Lied von den drei Chinesen mit dem Kontrabass wird zunächst ganz normal und deutlich gesungen, wobei die einzelnen Silben mit Händeklatschen begleitet werden. Danach werden alle Vokale und Umlaute durch jeweils einen einzigen ersetzt.

2. Dra Chanasan mat dam Kantrabass ...

3. Dre Chenesen met dem Kentrebess ...

4. Dri Chinisin mit dim Kintribiss ...

5. Dro Chonoson mot dom Kontroboss ...

6. Dru Chunusun mut dum Kuntrubuss ...

7. Drä Chänäsän mät däm Känträbäss ...

8. Drö Chönösön möt döm Köntröböss usw.

Wer es ganz schwierig mag, kann zum Schluss noch die Doppellaute (ei, eu, ea, au) einsetzen. Diese Varianten erfordern allerdings viel Konzentration und Zungenfertigkeit, sodass sie sich erst für Kinder im Schulalter eignen. Der Witz an diesen schier unaussprechlichen Wortbildungen besteht darin, dass sie sich kaum noch im richtigen Rhythmus singen lassen.

Die Geschichte von der Maus

Bei diesem Zungenspiel werden die Erlebnisse einer kleinen Maus erzählt und mit der Zunge nachgespielt. Man sollte sich etwas Zeit für diese schöne Geschichte nehmen und dafür sorgen, dass der Text schon ein wenig »sitzt« – dann macht die Zungenakrobatik viel Spaß.

Es ist sieben Uhr morgens, die Sonne scheint schon, die Vögel zwitschern und das Mäuslein schläft noch. Es hat verschlafen.
Zunge liegt flach im Mund. Schnarchen.
Plötzlich wacht es auf und reibt sich verwundert die Augen.
Es läuft zum Fenster und schaut rechts und links hinaus.
Offener Mund. Die Zunge spitzt rechts und links aus dem Mund.
Doch weil es nicht genug sehen kann, steigt es auf das Balkongeländer und läuft dort hin und her, um zu sehen, was da draußen alles passiert.
Zunge auf die Unterlippe legen; Zunge leckt Unterlippe ab von einem Mundwinkel zum anderen.
Da bekommt das Mäuschen Lust, einen Spaziergang zu machen.
Es läuft ganz schnell aus dem Haus.
Zunge herausstrecken.
Doch kaum ist es draußen, da fällt ihm ein, dass es seine Sonnenbrille vergessen hat. Es läuft schnell noch einmal in den zweiten Stock.
Zunge zur Nase.
Dann holt es sich noch aus dem Keller etwas zu trinken.
Zunge ans Kinn.
Es wirft die Tür zu und klemmt sich dabei die Pfote ein.
Sanft auf die Zunge beißen.
Das Mäuschen kommt auf seinem Spaziergang zuerst zum Spielplatz.
Dort steigt es auf die Wippe,
Zunge rauf und runter.
fährt Karussell,
Lippen mit der Zunge umfahren.
dann macht es noch einen Handstand.
Zunge an Gaumen.
Das Mäuschen geht weiter und trifft unterwegs ein anderes Mäuschen.
»Hallo du, willst du nicht mit mir gehen?«
Doch das andere Mäuschen hat ein Gipsbein
Schnalzen.
und kann nicht gut gehen. So geht unser Mäuschen allein weiter.

Es klettert auf einen Berg
Zunge an die Nase.
und taucht im Bach nach Fischen.
Zunge ans Kinn.
Danach macht es sich wieder auf den Heimweg.
Unterwegs muss es noch durch einen Tunnel.
Lippen zum »o« formen, Zunge durchstrecken.
Als es dann noch der Katze begegnet, pfeift es vor lauter Angst,
Pfeifen.
doch es kann sich noch retten. Zu Hause angekommen, hat
es dann großen Hunger und isst sich ganz dick voll.
Zunge breit machen.
Dann sucht es sich ein schönes Schlafplätzchen
Zunge in rechte und linke Wange, suchend.
und legt sich hin zum Schlafen.
Zunge flach im Mund.

Aus: Adelheid von Schwerin, Sprache haben – sprechen können

Bunte Seifenblasen

Aus Schmierseife oder Spülmittel und warmem Wasser eine Seifenlauge mischen. Als Pustehilfe einen Trinkhalm an einem Ende kreuzförmig einschlitzen. Wer macht die größte Seifenblase?

Watte pusten

Aus Watte werden etliche möglichst gleich große Bäuschchen gezupft. Dann verteilen sich die Kinder an den gegenüberliegenden Seiten eines Tisches. Jetzt pusten sich immer zwei Kinder gegenseitig ein Wattebäuschchen zu. Nach einer Weile wird das Gruppenspiel eröffnet.
In die Mitte des Tisches werden mehrere Wattebäuschchen gelegt, und auf ein Kommando hin beginnen alle zu pusten. Jede Gruppe versucht, die Bäuschchen möglichst weit auf die Seite der anderen Gruppe zu pusten. Fällt ein Bäuschchen auf einer der beiden Seiten vom Tisch, darf es nicht mehr aufgehoben werden. Das Spiel ist beendet, wenn alle Wattebäuschchen vom Tisch gepustet wurden, wobei die Bäuschchen, die seitlich herunterfallen, immer wieder in die Tischmitte gelegt werden.

Mein Hut, der hat drei Ecken

Zunächst wird das Lied langsam gesungen, beim zweiten Mal wird immer das Wort »mein« ausgelassen und durch eine Geste ersetzt: Jeder zeigt auf sich selbst. Beim dritten Mal werden »mein« und »Hut« ausgelassen, die Kinder deuten nun mit dem Finger auf den Kopf, statt »Hut« zu sagen. Beim vierten Mal werden »mein«, »Hut« und »drei« ausgelassen, die Kinder strecken drei Finger hoch, statt »drei« zu sagen. Beim fünften Mal werden »mein«, »Hut«, »drei« und »Ecken« ausgelassen. Die Ecken werden dargestellt, indem die Fingerspitzen beider Hände aufeinander gelegt werden. Schritt für Schritt werden die Gesten nun wieder durch die entsprechenden Worte ersetzt, sodass das Lied am Schluss wieder ganz gesungen wird. Sprachlicher Ausdruck und pantomimische Darstellungsweise wechseln sich hier ab, was vor allem für kleinere Kinder nicht ganz einfach zu bewältigen ist.

Flaschenkonzert

Die Lippen richtig formen und dosiert pusten – diese Geschicklichkeit ist gefragt beim Flaschenkonzert. Jedes Kind erhält eine Flasche, der es einen Ton entlocken soll. Das können große oder kleine, dickbauchige oder schlanke, eckige oder runde Flaschen sein. Der Flaschenhals wird vor die Lippen gehalten, die wie beim Pfeifen zugespitzt werden müssen, bevor man vorsichtig pustet. Ein mehr oder weniger dumpfer Ton ist das Ergebnis. Die Kinder füllen ihre Flaschen nun unterschiedlich voll mit Wasser, sodass jede Flasche einen anderen Ton von sich gibt. Nun lassen sich mit ein paar Flaschen einfache Liedmelodien vertonen, oder die Kinder erfinden ihr eigenes Lied und geben ein kleines Flaschenkonzert.

Kuckuck und Jägersmann

2. Da kam ein junger Jägers – sim saladim ... da kam ein junger Jägersmann.

3. Der schoss den armen Kuckuck – sim saladim ... der schoss den armen Kuckuck tot.

4. Und als ein Jahr vergangen – sim saladim ... und als ein Jahr vergangen war.

5. Da war der Kuckuck wieder – sim saladim ... da war der Kuckuck wieder da.

Ambambie

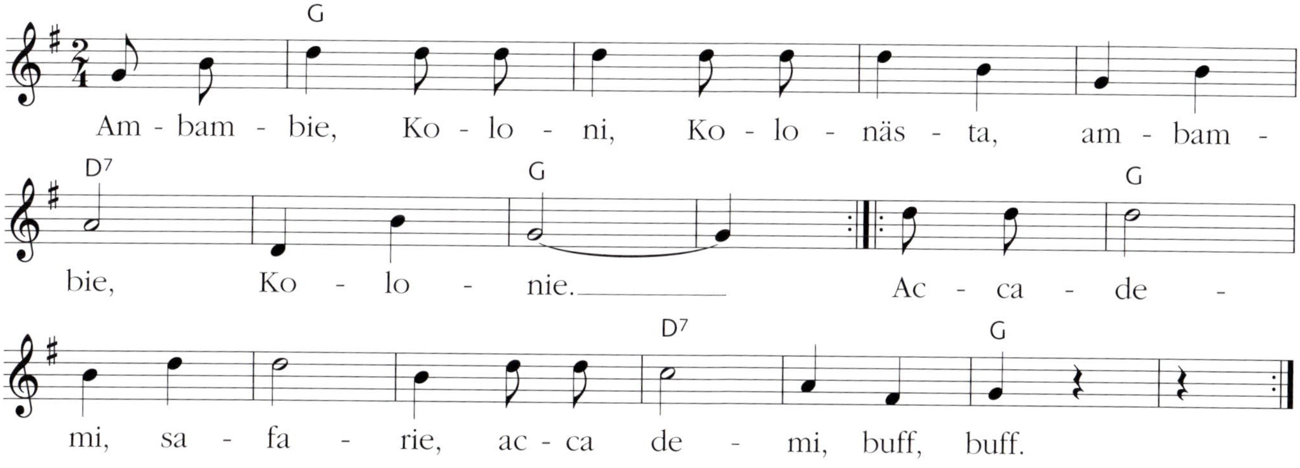

Alternativ werden zusätzlich Koordination und Konzentration herausgefordert, wenn man dieses Lied als Klatschspiel spielt.

Nachtigall und Frosch

2. Doch die Frösch' in ihren Lachen, hört nur, welchen Lärm sie machen!
Quak, quak, qua qua qua qua qua ..., hört nur, welchen Lärm sie machen.

3. Mancher Bursch fängt an zu singen, und er meint, es müsse klingen.
Tjo, tjo ..., ja, so meint er, müsst es klingen.

4. Doch es klingt wie Froschgequake und wie aus dem Dudelsacke:
Quak, quak ..., ja, wie aus dem Dudelsack.

5. Wenn die Küh' in ihrem Stalle, muhen um die Wette alle:
Muh, muh ... ei, wem soll das nicht gefallen.

Alle singen gemeinsam das Lied und ahmen an den entsprechenden Stellen das Tirilieren der Nachtigall, das Quaken der Frösche, das Jodeln der Burschen und das Muhen der Stallkühe so naturgetreu wie möglich nach. Welche anderen Geräusche von Tieren aus Wald und Feld oder auf dem Bauernhof können die Kinder nachahmen? Mit ein wenig Fantasie lassen sich weitere Strophen dazureimen, und dann können alle gackern wie ein Huhn, krähen wie ein Hahn, bellen wie ein Hund, schreien wie ein Esel, miauen wie eine Katze usw.

Weitschießen

Die Mitspieler bekommen einen Trinkhalm und ein paar Streichhölzer, denen die Zündköpfchen entfernt wurden. Nun werden die Streichhölzer mit Filzstift farbig markiert, sodass man sie gut auseinander halten kann. Dann stellen sich alle Kinder nebeneinander auf. Jeder schiebt ein Streichholz in seinen Trinkhalm und pustet kräftig in den Halm. Wer schießt sein Hölzchen am weitesten? Gemeinsam wird geschaut, wo die Hölzchen liegen, dann geht es in die nächste Spielrunde.

Zungenbrecher

Zungenbrecher sind die witzigsten und beliebtesten Sprechspiele. Mit großem Vergnügen lassen Kinder ihre Zunge über die meist kurzen Zeilen stolpern, die am Anfang nur sehr schwer, mit der Zeit und viel Übung aber immer leichter über die Lippen gehen.

Als Anna abends aß,
aß Anna abends Ananas.

Blaukraut bleibt Blaukraut und
Brautkleid bleibt Brautkleid.

Bürsten mit schwarzen
Borsten bürsten
besser als Bürsten
mit weißen Borsten.

Der Potsdamer
Postkutscher putzt
den Potsdamer
Postkutschenkasten.

Metzger, wetz dein
Metzgermesser!
Dein Metzgermesser wetz,
Metzger!

Wir Wiener Waschweiber würden weiße
Wäsche waschen, wenn wir wüssten, wo
warmes Wasser wäre.

Zehn Ziegen zogen zehn Zentner
Zucker zum Zoo.

Zwischen zwei Zwetschgenzweigen
zwitscherten zwei Zeisige.

Dies ist ein Scheit.
Dies ist ein Schleißenscheit.
Dies ist ein wohlgeschlissenes
Schleißenscheit.
Das schickt die Frau Weißen aus Meißen
und lässt sagen frei,
dass sie die allergeschickteste
Schli-Schla-Scheitschleißerin sei
und ihr Mann, der Fritze,
hinter der Scheune sitze und fleißig
Schli-Schla-Schleißenscheite schnitze.

Hinter Hermann Hannes' Haus
hängen hundert Hemden raus.
Hundert Hemden hängen raus,
hinter Hermann Hannes' Haus.

Reim dich, oder ich fress dich

2. Amtmann, Müller, Äpfel, wie reimt sich das zusamm'n? Der Amtmann tut befehlen, der Müller soll nicht stehlen, den Apfel muss man schälen, so reimt sich das zusamm'n.

3. Studenten, Diebe, Teufel, wie reimt sich das zusamm'n? Studenten, die tun lügen, Diebe tun betrügen, der Teufel wird sie kriegen, so reimt sich das zusamm'n.

4. Kantor, Katz und Bettler, wie reimt sich das zusamm'n? Der Kantor singt die Weise, die Katze fängt die Mäuse, der Bettler, der hat Läuse, so reimt sich das zusamm'n.

Das Lied wird gemeinsam gesungen, wobei die Unterschiede in den Silben deutlich betont werden. Welche Wörter reimen sich noch und können von den Sängern vielleicht zu einer weiteren Strophe zusammengereimt werden?

Wörter singen

Dieses Spiel eignet sich gut für eine Kindergruppe. Ein Mitspieler wird ausgewählt und geht vor die Tür, die anderen überlegen sich ein Wort, das aus mehreren Silben besteht, etwa »Kaugummi« oder »Türöffner«. Je nach Anzahl der Silben werden die Kinder in entsprechend viele Grüppchen aufgeteilt. Jedem Grüppchen wird eine Silbe des Wortes zugewiesen, die es auf eine einfache Melodie, etwa »Hänschen klein«, singt. Wenn alle ihre Silbe singen, darf der Mitspieler wieder hereinkommen und muss nun die Silben erkennen und in der richtigen Reihenfolge zusammensetzen. Hat er das Wort erraten, darf das nächste Kind vor die Tür.

Den Reim finden

Wörter klingen gleich oder ganz unterschiedlich, und manchmal liegt der Unterschied nur in einer kurzen Silbe oder einem einzigen Buchstaben. Die bedeutungsvollen Winzigkeiten reizen zum Spiel, ganz besonders zum endlosen, in seiner Vielfalt unerschöpflichen Spiel mit Reimen.

In diesem kleinen Haus, da wohnt
die kleine ... Maus oder Laus.

Sie kaut das Gras und das Heu dazu,
du weißt es schon, es ist die ... Kuh.

Wer fängt die Maus mit einem Satze?
Das ist unsre liebe ... Katze.

Wer kriecht ganz langsam um die Ecke?
Was langsam kriecht, das ist 'ne ...
Schnecke.

Wer schleicht ganz leise auf vier Tatzen?
So leise schleichen nur die ... Katzen.

Vom Himmel fällt's, tut sich nicht weh,
ist weiß und kalt, es ist der ... Schnee.

Wer sitzt auf dem Kopf und kleidet gut?
Errate schnell, es ist der ... Hut.

Im Wasser schwimmt er schnell umher,
im Fluss, im See und auch im Meer.
Gebraten kommt er auf den Tisch,
nun sag es mir: Es ist der ... Fisch.

Durch Feld und Wald läuft er ganz flugs,
mit rotem Pelz: Es ist der ... Fuchs.

Mit bunten Flügeln schwebt das Ding
durch die Luft als ... Schmetterling.

Es sind ganz kleine Wesen, die leben
hinter dem Berge. Schneewittchen kam
zu ihnen, es sind die sieben ... Zwerge.

Sie strahlt vom Himmel voll Wonne,
die helle, warme ... Sonne.

Es ist gebunden und doch kein Tuch;
man kann drin lesen, es ist ein ... Buch.

Von den Schuhen, das ist wahr, braucht
man immer gleich ein ... Paar.

Ein Mann, der näht die Kleider, das ist
doch wohl ein ... Schneider.

Man nimmt's an die Leine, es hat
Schnauze statt Mund, es geht auf vier
Beinen, das ist doch ein ... Hund.

Wäsche, weiße, reine, hängt man
auf die ... Leine.

Über witzige Sachen müssen alle ...
lachen.

Rätsel muss man raten, Schnitzel muss
man ... braten.

Kartoffeln kann man reiben, Briefe muss
man ... schreiben.

Der Bär brummt, die Biene ...
summt.

Bewegungsspiele

Kinder sind immer in Bewegung, und Bewegung ist für die kindliche Entwicklung von großer Bedeutung. Sich zu drehen, zu krabbeln, sich an Möbeln hochzuziehen und schließlich mit ersten, wackeligen Schritten die Umgebung zu erforschen, sind Meilensteine in der Entwicklung vom Baby zum Kleinkind. Bewegungsspiele geben Impulse zur körperlichen Weiterentwicklung, zum Muskel- und Skelettaufbau und zur Stärkung der Ausdauer. Über den Gleichgewichtssinn und die Koordination von Bewegungen hinaus wird die Reifung des Gehirns entscheidend gefördert. Und schließlich stimulieren Bewegungsreize auch die intellektuellen Fähigkeiten von Kindern, denn bei zahlreichen Bewegungserfahrungen treten die beiden Hirnhemisphären in aktiven Austausch. Für kleinere Kinder sind Bewegungsspiele im Haus, Bewegungsbaustellen und Bewegungslieder besonders gut geeignet. Aber auch die schwierigeren Bewegungsabläufe und die Koordination der Feinmotorik können spielerisch eingeübt und vertieft werden.

Bewegung schafft die Voraussetzung für den Wissenserwerb und die »Eroberung« der Welt – deshalb ist sie auch so wichtig für die Entwicklung des Kindes.

Brüderchen, komm tanz mit mir

2. Mit den Füßchen trap, trap, trap, mit den Händchen klapp, klapp, klapp!
Einmal hin, einmal her, rundherum, das ist nicht schwer.

3. Mit dem Köpfchen nick, nick, nick, mit dem Fingerchen tick, tick, tick!
Einmal hin, einmal her, rundherum, das ist nicht schwer.

4. Ei, das hast du gut gemacht, ei, das hätt ich nicht gedacht!
Einmal hin, einmal her, rundherum, das ist nicht schwer.

5. Noch einmal das schöne Spiel, weil es mir so gut gefiel!
Einmal hin, einmal her, rundherum, das ist nicht schwer.

Egal ob zu zweit oder in der großen Gruppe, das Bewegungsspiel mit diesem Lied macht vor allem kleineren Kindern Spaß. Zu zweit stehen sie sich gegenüber, reichen sich die Hände, gehen einen Schritt nach links, einen Schritt nach rechts und drehen sich im Kreis. Die Bewegungen für die weiteren Strophen (stampfen, klatschen, nicken, Fingerticken, Hände reichen) werden entsprechend im Liedtakt ausgeführt, und zum Schluss haken sich alle mit den Armen unter und drehen sich im Kreis.

Laurentia

Bei diesem Bewegungslied stehen alle Kinder im Kreis oder nebeneinander und fassen sich an der Hand. Gemeinsam singen sie das Lied, indem sie dabei die Strophen für die folgenden Wochentage – Montag, Dienstag, Mittwoch, Donnerstag usw. – jedes Mal wiederholen. Bei »Laurentia« sowie bei jedem Wochentag gehen alle kurz in die Knie, hüpfen hoch oder bewegen sich synchron in einer anderen abgesprochenen Art. In der letzten Strophe werden schließlich alle Wochentage noch einmal aufgezählt.

Dreh dich, kleiner Kreisel

Gemeinsam singen alle Kinder das Lied, während sich ein Mitspieler wie ein Kreisel auf einem Bein um sich selbst dreht. Am Ende des Liedes zeigt er auf ein anderes Kind, das sich nun beim Wiederholen des Liedes ebenso wie ein Kreisel drehen muss, aber in die andere Richtung. Das Spiel geht so lange, bis alle Kinder an der Reihe waren.

Luftballontennis

Wie richtiges Tennis wird auch Luftballontennis zu zweit gespielt, also finden sich die Kinder zu Paaren zusammen. Jedes Paar bekommt einen Luftballon, den es aufblasen und gut zuknoten muss. Außerdem gibt es ein Handtuch oder Geschirrtuch, das beide an je zwei Ecken fassen und spannen. Mit diesem »Schläger« wird der Luftballon geschlagen bzw. hochgeschleudert. Ziel des Spiels ist es, den Luftballon möglichst lange in der Luft zu halten und ihn dabei so selten wie möglich mit dem Handtuch zu schlagen. Nach einer kurzen Übungsphase kommt das eigentliche Spiel. Je zwei Paare stehen sich dabei gegenüber und spielen sich einen Luftballon mit dem Handtuch zu. Dabei geht es darum, wer den Luftballon am weitesten schlagen kann. Mit etwas Übung und genügend Platz kann sogar mit zwei Luftballons gleichzeitig gespielt werden, oder es wird ein Seil als »Netz« aufgespannt, das der Ballon bei jedem Schlag überqueren muss.

Siamesischer Zwillingstanz

Jeweils zwei Mitspieler bilden ein siamesisches Zwillingstanzpaar. Die Musik beginnt, und alle Paare tanzen durch den Raum, wobei sie sich immer an Händen, Unter- oder Oberarmen berühren müssen – die genaue Körperstelle wird vorher festgelegt. Egal wie langsam oder schnell der Rhythmus ist, die beiden Tanzpartner bewegen sich immer im Takt der Musik und dürfen sich nicht loslassen. Schwierig, aber auch besonders lustig wird es, wenn sich die Paare an Fuß, Knie oder Po berühren müssen. Jeweils ein Mitspieler gibt vor dem nächsten Musikstück bekannt, wo die siamesischen Zwillingspaare im nächsten Tanz »zusammengewachsen« sind. Sind die Paare geübt, müssen sie beim Tanzen einen Luftballon zwischen sich einklemmen. Wer ihn fallen lässt, scheidet aus.

Ballonzug

Jeder Mitspieler erhält einen Luftballon, den er prall aufbläst und gut zuknotet.
Alle stellen sich hintereinander auf und klemmen den Luftballon in Brusthöhe zwischen sich und den Mitspieler davor. Auf ein Kommando setzt sich dieser Ballonzug zu einer gemütlichen Musik langsam in Bewegung. Jeder muss darauf achten, dass sein Luftballon nicht zu Boden fällt. Schritt für Schritt geht es voran. Der Ballonzug bewegt sich zunächst ein paar Mal durch den Raum, bevor er auch andere Räume, das ganze Haus oder sogar den Garten erobert. Mit der Zeit wird der Ballonzug immer schneller, die Bewegungen werden unkontrollierter, und irgendwann purzeln die Ballons auf den Boden und das Spiel ist beendet.

Luftballonkissen

Ein alter Bettbezug und viele Luftballons sind die Materialien für dieses Spiel. Die Luftballons werden aufgeblasen und gut zugeknotet. Dann wird der Bettbezug mit Luftballons gefüllt und zugeknöpft. So ist ein großes Luftballonkissen entstanden, das zum Turnen und Spielen einlädt. Nacheinander dürfen sich alle Kinder mit ausgebreiteten Armen auf das Kissen fallen lassen, einen Purzelbaum darauf schlagen oder einfach seitlich darüber rollen. Auf glattem Parkett- oder Linoleumboden lässt sich das Kissen auch durch den Raum ziehen. Ein Kind legt sich auf das Kissen, drei oder vier andere ziehen es auf dem Kissen eine Runde durch den Raum; dann ist das nächste Kind an der Reihe, gezogen zu werden.

Luftballons sammeln

Zu Beginn des Spiels bekommt jedes Kind fünf Luftballons in einer Farbe. Wenn nicht genügend Farben verfügbar sind, werden die Ballons mit Filzstiften markiert. Die aufgeblasenen Ballons werden auf einen großen Haufen gelegt, dann stürmen alle Spieler los und wirbeln sie wild durcheinander. Auf ein Signal hin versucht jetzt jeder, möglichst schnell die fünf Luftballons seiner Farbe oder Markierung einzusammeln. Das ist gar nicht so einfach, weil alle anderen auch umherflitzen und die Luftballons wild durch die Luft fliegen. Jeder Mitspieler sammelt seine Ballons in einer ruhigen Ecke, etwas abseits vom Tumult. Sieger ist, wer als Erster alle fünf Ballons zusammenhat.

Luftballon-Kopfball

Luftballons sind leicht, sie tun nicht weh und können beinahe nichts kaputtmachen, deswegen eignen sie sich sehr gut zum Kopfballspiel. Ein aufgeblasener Luftballon wird in die Runde geworfen und darf nun nur mit Hilfe des Kopfes von einem zum anderen Mitspieler weitergegeben werden. Nur ausnahmsweise können auch die Ellbogen benutzt werden, doch das gibt einen Punkt Abzug. Auch wer den Luftballon zu Boden fallen lässt oder so schlecht abspielt, dass der Nächste keine Chance hat, ihn anzunehmen, bekommt einen Punkt Abzug. Hat ein Mitspieler zehn Minuspunkte, scheidet er aus. Gespielt wird so lange, bis nur noch einer übrig ist.

Häslein, hüpf!

Dieses bekannte Kinderlied lässt sich in ein Bewegungsspiel umsetzen, das schon den Kleinsten gefällt. Zunächst hocken alle Kinder im Kreis. Bei »schlief« legen alle die gefalteten Hände an die Wange, mit »Häslein, hüpf« beginnen alle, kreuz und quer durch den Raum zu hüpfen. Kleinere Kinder stützen sich beim Hüpfen mit den Händen auf dem Boden ab, um das Gleichgewicht zu halten. Für die zweite Strophe werden die Kinder in »Hunde« und »Häschen« aufgeteilt. Bei »hüte dich« wackeln mahnend die Zeigefinger, »Häslein, lauf« ist das Startkommando für die »Hunde«, die »Häslein« zu fangen.

Der dicke Tanzbär

Ein Kind tappt mit ausgestreckten Armen von einem Bein auf das andere. Es stellt den Tanzbären dar, der sich eine »Freundin« bzw. einen »Freund« aussucht, der mit ihm tanzt. Wenn das Lied erneut gesungen wird, stellt ein anderes Kind den Tanzbären dar. Zum Schluss singen alle Kinder gemeinsam und torkeln wie Tanzbären durch den Raum.

Raupenlauf

Der Raupenlauf wird am besten mit einer möglichst großen Kindergruppe gespielt. Tische, Stühle oder auch Bäume sind die Hindernisse. Alle Kinder haben ein Kissen oder einen Ball in der Hand. Sie stellen sich, nicht zu dicht hintereinander, mit gespreizten Beinen auf und beugen sich vornüber. Durch die Beine dieser großen Raupe gibt nun das hinterste Kind sein Kissen nach vorn weiter. Während das Kissen weitergereicht wird, läuft das Kind selbst ganz nach vorn und stellt sich an die Spitze der Raupe. Hat es vorn sein Kissen erhalten, folgt das nächste Kind vom Ende der Raupe usw.

Die Insel

Ähnlich wie bei der »Reise nach Jerusalem« (→ Seite 47) laufen alle Mitspieler um eine »Insel«, die aus stabilen Stühlen gebildet wird. Stoppt die Musik, müssen alle Platz auf der Insel finden. Nach jedem Stopp wird ein Stuhl entfernt, sodass es auf der Insel immer enger wird und sich die Mitspieler auf einer immer kleineren Fläche gegenseitig helfen müssen, auf der Insel zu bleiben. Das Spiel endet, wenn die Insel so klein ist, dass ein Mitspieler beim besten Willen keinen Platz mehr findet und nicht mit seinen Füßen vom Boden wegkommt.

Sich bewegen wie ...

Bei diesem Spiel sollen die Kinder sich die Bewegungen unterschiedlichster Tiere ins Gedächtnis rufen und versuchen sie nachzuahmen. Wer kann am besten krabbeln wie ein Käfer usw.? Das sieht manchmal ganz schön komisch aus, aber immer ist es nach kurzer Zeit ziemlich anstrengend. Deswegen ist es wichtig, Arme und Beine zwischendurch auszuschütteln. Zum Schluss darf jeder ein Tier darstellen, und die anderen müssen erraten, welches Tier gemeint ist.

Schleichen wie eine Katze.
Kriechen wie eine Schnecke.
Trotten wie ein Elefant.
Hüpfen wie ein Känguru.
Über den Boden schlängeln wie eine Schlange.
Sich einrollen wie ein Igel.

Der Hampelmann

Während das Lied gesungen wird, hüpfen alle Kinder kreuz und quer umher.
Beim zweiten Teil des Lieds macht ein Kind eine Bewegung vor, die die anderen nachmachen müssen.
Statt durch den Raum zu hüpfen, können die Kinder während des ersten Liedteils
auch die klassische Hampelmannbewegung machen:
Ausgangsposition sind geschlossene Beine, die Hände liegen an den Oberschenkelseiten.
Dann wird in die Grätsche gesprungen, während gleichzeitig die Hände über dem Kopf zusammengeführt werden.
Zurück in die Ausgangsstellung usw.

Zisch, zisch, zisch, die Eisenbahn

Ein Kind läuft mit kleinen Schritten durch den Raum. Am Schluss nennt es den Namen eines Kindes, das sich ihm anschließen darf. Die beiden sind die Eisenbahn und nehmen nach und nach alle anderen mit.

Der lustige Springer

Die Kinder hüpfen zu diesem Lied im Kreis umher. Ein Kind stellt den lustigen Springer dar, der an der entsprechenden Liedstelle in den Kreis springt, mit dem Kopf schüttelt, an seinen Kleidern rüttelt oder mit dem Fuß aufstampft und ein anderes Kind auswählt, mit dem es sich zum Tanz im Kreis dreht. Das ausgewählte Kind wird dann der neue Springer.

Tücherlauf

Alle Mitspieler verteilen sich in einem großen Raum oder draußen auf einer freien Fläche. Jedes Kind hat ein Tuch, das es mit beiden Händen an zwei Ecken festhält. Ein Kind gibt mit einem Tamburin oder einer Triangel die Geschwindigkeit vor. Die Kinder halten ihr Tuch hoch über den Kopf, sodass es beim schnelleren Gehen wie eine Fahne im Wind weht. Langsam steigert sich das Lauftempo. Wenn das Tamburin ganz schnell geschlagen wird, halten die Kinder das Tuch während des Laufens vor der Brust und lassen es los. Durch den Luftwiderstand wird es an den Körper gepresst und fällt nicht zu Boden. Wird der Lauftakt langsamer, müssen sie ihr Tuch wieder festhalten. Zum Schluss hüpfen die Kinder langsam durch den Raum, schwenken ihr Tuch abwechselnd mit der linken und rechten Hand und beschreiben damit große Kreise.

Dominoschlange

Es gehört Geduld und Geschicklichkeit dazu, eine Schlange aus möglichst vielen Dominosteinen zu legen. Die Steine werden dabei auf die schmale Kante gestellt, und zwar in so einem Abstand zueinander, dass ein fallender Stein den nächsten umwerfen kann. Wenn alle Mitspieler genügend Dominosteine haben, kann es losgehen. Jeder stellt seine Steine in Schnecken- oder Schlangenform auf. Wenn alle fertig sind, wird der erste Stein umgestoßen und die ganze Schlange rasselt zusammen – wenn nicht ein Abstand zu groß oder eine Kurve zu spitz war. Statt einzelne Dominoschlangen zu bilden, können auch alle gemeinsam an einer großen Schlange arbeiten. Sie windet sich vielleicht durch mehrere Zimmer, und wenn dann die Steine fallen, gehen alle nebenher und schauen bei diesem Schauspiel zu.

Ketten fädeln

Jeder Mitspieler bekommt eine Stopfnadel und einen langen, stabilen Faden. Der Faden wird eingefädelt, halb durchgezogen und am Ende gut verknotet. Alle Mitspieler sitzen um einen Berg aus unterschiedlichen Knöpfen und Perlen verschiedenster Formen und Farben. Ein Mitspieler wird durch Auszählen bestimmt und darf vorgeben, was alle auffädeln müssen, etwa eine blaue Perle, einen schwarz-silbernen Knopf usw. Wer den geforderten Gegenstand als Erster aufgefädelt hat, darf den nächsten bestimmen. Nach einer Weile entstehen so schöne Ketten, und wer möchte, kann sie am Ende des Spiels zusammenknoten. Material und Vorgaben können ganz einfach gehalten werden, es können auch Schnelligkeit und Wettbewerb im Vordergrund stehen. So kann das Spiel an Altersgruppen ab zwei Jahren bis zu größeren Schulkindern angepasst werden.

Tunnelkriechen

Für dieses Spiel wird zunächst ein Tunnel gebaut. Dazu werden Stühle, mit den Lehnen zueinander gewandt, in zwei Reihen so aufgestellt, dass zwischen ihnen bequem Platz zum Durchkriechen ist. Über die Stühle werden nun Tücher und Decken geworfen, fertig ist der dunkle Tunnel. Die Tunnelröhre kann auch mit einem Tisch verlängert werden, der ebenfalls mit Decken überworfen wird, sodass die Seiten geschlossen sind. Dann versammelt sich auf jeder Seite des Tunnels die Hälfte der Mitspieler und stellt sich in einer Reihe auf. Das erste Kind einer Gruppe bekommt einen aufgeblasenen Luftballon in die Hand, den es jetzt durch den Tunnel auf die andere Seite transportieren muss. Auf ein Startzeichen hin krabbelt der Mitspieler auf allen vieren so schnell wie möglich durch den Tunnel, während alle anderen laut die Sekunden mitzählen. Auf der anderen Seite angekommen, gibt er den Ballon dem Mitspieler, der dort an erster Stelle in der Reihe steht, und stellt sich selbst ganz hinten an. Sobald er den Ballon übergeben hat, fangen alle wieder an, die Sekunden zu zählen. Die erste Runde ist zu Ende, wenn alle Kinder einmal durch den Tunnel gekrabbelt sind. Wer ist am schnellsten durch den Tunnel gekrochen?

Kleiner Hindernisparcours

Einen Plastikreifen und zwei Stühle in einem großen Raum verteilen. Ein Mitspieler nach dem anderen läuft nun los und meistert den Hindernisparcours. Zuerst muss der Reifen durchstiegen werden, das heißt, jeder Mitspieler tritt mit einem Bein in den Reifen, hebt ihn an und kriecht hindurch, legt ihn wieder auf den Boden und steht schließlich mit dem anderen Bein im Reifenrund. Nun steigt er über den ersten Stuhl, krabbelt unter dem zweiten Stuhl hindurch und hat es geschafft. Im Laufe des Spiels kommen neue Hindernisse dazu. So müssen vielleicht alle unter einem Tisch durchkriechen, zuerst mit dem einen, dann mit dem anderen Bein in einen Papierkorb steigen usw. Bei diesem Spiel kommt es darauf an, den Hindernisparcours möglichst elegant zu durchqueren. Schnelligkeit steht an zweiter Stelle.

Ball rollen

Alle Mitspieler sitzen mit gegrätschten Beinen auf dem Boden. Zwischen ihnen ist genug Platz, sodass ein Ball ungehindert in die Grätsche hinein rollen kann. Ein Kind beginnt und rollt nun den Ball einem anderen, ihm gegenübersitzenden Kind zu. Wahlweise werden die Beine auch weit gegrätscht oder bilden eine eher enge Öffnung, der Ball ist klein und schnell oder eher groß und langsam, die Mitspieler sitzen weit auseinander oder näher beisammen usw.

Baum

Alle Kinder verteilen sich im Raum. Der Spielleiter appelliert an die Fantasie der Mitspieler und bittet sie, sich vorzustellen, ein Baum zu sein. Alle stehen aufrecht da, grätschen leicht die Beine und breiten die Arme als Äste weit aus. Die Kinder schwanken leicht hin und her und spüren, dass sie fest und sicher stehen. Nun werden die Beine geschlossen. Da ist es schon schwieriger, sich im Wind leicht hin und her zu wiegen. Am Schluss des Spiels stehen alle Kinder aber so sicher, dass sie sich mit geschlossenen Augen leicht hin und her bewegen können wie ein Baum im lauen Wind.

Zimmerball

Zimmerball wird zu zweit gespielt, und zwar am besten in einem möglichst leeren Raum. Aus jeweils zwei Stühlen können die Tore markiert werden. Zuerst gehen die beiden Mitspieler auf allen vieren und versuchen, den Ball mit dem Kopf ins gegnerische Tor zu befördern. Danach wird er nur noch mit dem Ellbogen gestoßen. Wichtig: Der Ball darf nur rollen und nicht durch die Luft fliegen. Am Ende kann der Ball auch mit dem Knie gespielt werden.

Im Rückwärtsgang

Material
Spiegel

Alle Mitspieler legen im Haus gemeinsam eine Strecke fest, die von einem Startpunkt an verschiedenen Hindernissen vorbei bis zu einem Ziel führt. Am Startpunkt bekommt ein Mitspieler einen kleinen Spiegel in die Hand. Er setzt den Spiegel als Rückspiegel ein und muss nun die festgelegte Strecke vom Start zum Ziel rückwärts gehen, ohne sich umzudrehen.

Blind malen

Material
Papier
Stifte
Augenbinden

Die Kinder sitzen an einem Tisch oder auf dem Boden und haben ein Blatt Papier und einen Stift vor sich liegen. Nun verbindet sich jeder die Augen und malt blind ein Tier. Wenn die Aufgabe noch schwieriger sein soll, drehen sich die Kinder um und malen hinter dem Rücken. Der Mitspieler, dessen Tier am deutlichsten zu erkennen ist, darf das nächste Motiv vorgeben.

Fußkünstler

Material
Zeitungen
Tapetenrollen
Wasserfarben
Pinsel

Für dieses Spiel benötigt man alte Zeitungen, Tapetenrollen, Wasserfarben und Pinsel. Zur Vorbereitung wird der Fußboden gut mit Zeitungspapier ausgelegt, damit keine Farbe durchdringen kann. Kleider, an denen ein Farbklecks nicht tragisch ist, gehören auch dazu. Alle Mitspieler ziehen Schuhe und Strümpfe aus, denn wer ein richtiger Fußkünstler sein will, muss bei diesem Spiel mit den Füßen ein Bild malen. Zum Anrühren der Farben dürfen die Hände zu Hilfe genommen werden, doch dann gilt es, ein vorgegebenes oder selbst erfundenes Motiv »frei Fuß« auf ein Stück Tapetenbahn zu bringen. Am Anfang ist es ziemlich schwierig, gerade Linien und schöne Bögen zu ziehen, aber mit der Zeit geht es immer besser. Wenn alle ihre Bilder fertig haben, dürfen die anderen raten, was es darstellen soll. Zum Schluss wird ein gemeinsames Bildprojekt in Angriff genommen, bei dem jeder einige Details beisteuert.

Spinnennetz

Material
Wollfaden

Ein langer Wollfaden wird etwa in 50 Zentimeter Höhe an einem Tischbein festgeknotet und von dort aus kreuz und quer an Stühle, den Heizkörper, den Schrank usw. gespannt, bis sich ein regelrechtes Spinnennetz durch den ganzen Raum gebildet hat. Der Faden sollte mal höher, mal niedriger gespannt werden, aber immer so hoch, dass man noch darunter hindurchkriechen kann. Wenn das ganze Zimmer zugesponnen ist, stellen sich alle an den Zimmereingang und werfen einen Ball ins Zimmer. Ein Mitspieler muss jetzt loskriechen und den Ball holen, ohne das Spinnennetz zu berühren. Bei der ersten Berührung rufen alle: »Netz berührt«, bei der zweiten: »Spinne alarmiert«, und bei der dritten Berührung heißt es: »Die Spinne kommt!« Der Mitspieler ist dann ausgeschieden.

Von Stein zu Stein

Im Raum werden verschieden große Stücke Papier in unterschiedlichen Abständen verteilt, manche nur so groß wie ein Bierdeckel, andere von der Größe eines DIN-A-3-Blatts. Diese Papierstücke stellen Steine in einem Bach dar, der überquert werden muss. Ein Kind nach dem anderen hüpft von Stein zu Stein und darf nicht ins Wasser treten. Auf den großen Steinen kann man mit beiden Beinen stehen und sich kurz ausruhen, auf den kleinen Steinen hat gerade mal ein Fuß Platz, sodass man nur kurz darauf auftreten kann oder auf einem Bein balancieren muss, um nicht in den Bach zu treten. Am Anfang sind die Steine noch so verteilt, dass der Fluss problemlos überquert werden kann, doch mit der Zeit wird das immer schwieriger, denn nach jedem Durchgang werden einige »Trittsteine« entfernt. Wer ins Wasser fällt, muss auf einem Bein zum Ausgangspunkt zurückhüpfen und einen neuen Versuch starten.

Rollmops

In einem großen Raum werden die Möbel zur Seite gestellt, denn für das Rollmopsspiel braucht man viel freie Fläche. Ideal ist es, wenn im Raum ein Teppich oder Teppichboden liegt, sodass der Untergrund einigermaßen weich ist. Zwei Spieler legen sich nun als Rollmops auf den Boden. Sie haben die Schuhe ausgezogen und liegen sich so gegenüber, dass sie mit ausgestreckten Beinen die Fußsohlen fest gegeneinander drücken. Auf ein Startzeichen hin rollen sich die beiden in einer Richtung. Vorsichtig drehen sie sich, denn sie dürfen den Kontakt zur anderen Rollmopshälfte nicht verlieren. Der Rollmops rollt so weit, bis sich die Fußsohlen der beiden Spieler nicht mehr berühren oder die beiden an einer Zimmerwand angekommen sind. Dann gehen sie neu in Position und rollen in die andere Richtung zurück.

Vater Abraham

Das Lied von Vater Abraham wird zunächst nur gesungen. Am Ende kommt der rechte Fuß zum Einsatz, mit dem im Rhythmus auf den Boden gestampft wird, während das Lied erneut gesungen wird. Nun wird es schon schwieriger, denn der Rhythmus soll anschließend mit dem rechten und linken Fuß abwechselnd begleitet werden. Dann kommt der rechte Arm dazu, der abwechselnd zum Fußstampfen hochgestreckt wird, der linke Arm und schließlich der Kopf, mit dem genickt wird. All diese Bewegungen in der richtigen Reihenfolge zu kombinieren und dazu noch zu singen, ist ganz schön schwierig und sieht sehr witzig aus.

Dreibeinlauf

Bei dieser interessanten Fortbewegungsart stellen sich jeweils zwei Mitspieler nebeneinander. Das linke Bein des rechten Mitspielers wird mit dem rechten Bein des linken Mitspielers knapp unterhalb des Knies mit einem weichen Tuch zusammengebunden. Nun haben die beiden ein gemeinsames Bein und begeben sich auf einen Dreibeinlauf, der durchs gesamte Haus führt. Vorsicht ist an engen Stellen geboten: Kommt man nebeneinander durch, oder müssen sich die beiden Mitspieler seitlich vorbeischieben? Auch das Treppensteigen stellt eine besondere Herausforderung dar, die man koordiniert und Schritt für Schritt langsam meistert. Mit der Zeit geht es aber ganz gut – dann wird die Seite gewechselt. Welches »Dreibeinläufer«-Paar stellt sich besonders geschickt dabei an?

Drehmühle

Zwei Kinder stehen sich dicht gegenüber, die Hände fassen über Kreuz, und die Fußspitzen stoßen aneinander. Beide lehnen sich weit nach hinten und werden dabei vom Gegengewicht des anderen getragen. Sie beginnen sich zu drehen und sagen dabei: »Die Mühle geht langsam, die Mühle geht schneller«. Sie drehen sich immer schneller, bis beide im Gras liegen.

Rettungsboot

Auf dem Boden wird eine größere Fläche mit Zeitungspapier ausgelegt. Zu fröhlicher Musik tanzen und hüpfen alle Mitspieler um diese Fläche. Sie darf nicht betreten werden, solange die Musik läuft. Plötzlich stoppt die Musik, und alle springen in das Rettungsboot aus Papier. Nach jedem Stopp wird das Boot verkleinert. Schließlich drängen sich die Mitspieler auf dem Boot und müssen sich gegenseitig festhalten. Wenn beim besten Willen nicht mehr alle ins Boot passen, ist das Spiel zu Ende.

Säge, säge Holz entzwei

Zu zweit sitzen sich die Kinder mit weit gespreizten Beinen auf dem Boden gegenüber und halten sich an den Händen. Sie singen das Lied und ziehen sich gegenseitig im Takt der Melodie von der einen zur anderen Seite. Am Schluss des Liedes lassen sie sich plötzlich los und sinken nach hinten zu Boden.

Wer will fleißige Handwerker seh'n

2. O wie fein, o wie fein, der Glaser setzt die Scheiben ein.

3. Tauchet ein, tauchet ein, der Maler streicht die Wände fein.

4. Poch, poch, poch, poch, poch, poch, der Schuster flickt im Schuh das Loch.

5. Zisch, zisch, zisch, zisch, zisch, zisch, der Schreiner hobelt glatt den Tisch.

6. Stich, stich, stich, stich, stich, stich, der Schneider näht ein Kleid für mich.

7. Rühre ein, rühre ein, der Kuchen wird bald fertig sein.

Gemeinsam wird das Lied von den fleißigen Handwerkern gesungen.
Im Takt der Musik stellen die Kinder pantomimisch dar,
welche Arbeit der jeweilige Handwerker ausführt.

Die Reise nach Jerusalem

Je mehr Kinder bei diesem Spiel mitmachen, desto spannender wird es. Nebeneinander werden Stühle aufgestellt, mit den Sitzflächen abwechselnd nach links und rechts gerichtet. Es soll ein Stuhl weniger sein als die Anzahl der Kinder beträgt, die mitspielen. Wenn die Musik einsetzt, hüpfen alle Mitspieler in einem Kreis um die Stuhlreihe herum. Stoppt die Musik, müssen sich alle blitzschnell auf einen Stuhl setzen. Das Kind, das keinen Sitzplatz erwischt, scheidet aus. Ein weiterer Stuhl wird aus der Reihe genommen, sodass wieder ein Sitzplatz fehlt, und das Spiel beginnt von vorn. Das Spiel endet, wenn im Finale einer von zwei Mitspielern den letzten Sitzplatz ergattert hat.

Verrückte Roboter

Dieses Spiel ist für mindestens drei Spieler gedacht. Einer ist der Robotertechniker, die anderen stellen Roboter dar. Normalerweise funktionieren Roboter zuverlässig, doch diese Roboter scheinen verrückt geworden zu sein. Sie bewegen sich wild und unberechenbar, laufen immer im Kreis, zucken mit den Schultern, wackeln mit dem Kopf, stampfen mit den Füßen, winken mit den Armen usw. Der Robotertechniker geht von einem Roboter zum anderen und versucht verzweifelt, den Ausschaltknopf zu finden. Der Ausschaltknopf ist irgendwo am Rücken, an den Beinen oder Armen, aber bei jedem Roboter sitzt er woanders. Tückisch ist, dass jeder Roboter aber noch viele andere Knöpfe hat, und so kann es sein, dass er nach dem Drücken eines »Knopfs« nicht stoppt, sondern mit dem Kopf wackelt oder irgendeine andere Bewegung macht. Nach einer Weile jedoch findet der Robotertechniker bei jedem Roboter den Ausschaltknopf, und ein anderer Mitspieler wird zum Robotertechniker bestimmt.

Roboter-Bewegungen

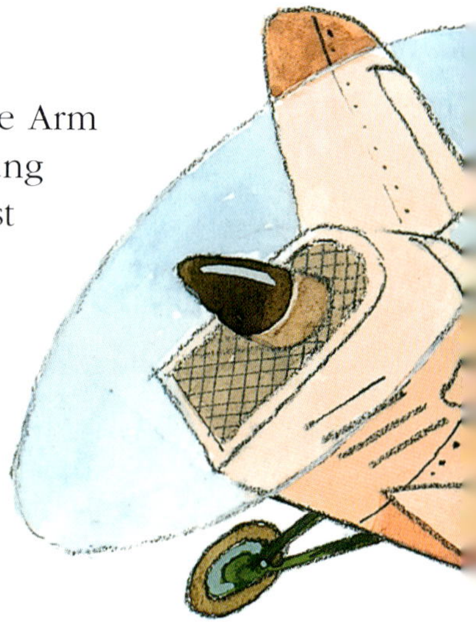

»Über-Kreuz«-Bewegungen, bei denen zum Beispiel gleichzeitig der linke Arm und das rechte Bein etwas machen, stellen eine besondere Herausforderung dar. Hier ist gute Koordination gefragt, die auch mancher Erwachsene erst einüben muss. Bei diesem Spiel ist ein Kind oder ein Erwachsener der Ober-Roboter, der alle Bewegungen vormacht. Zunächst stehen alle im Kreis und schauen, was der Ober-Roboter macht. Dann gehen alle Roboter langsam im Raum umher und wiederholen die Bewegungen während des Gehens. Mit möglichst abgehackten Bewegungen wird das Spiel besonders roboterhaft!

Den linken Arm in die Höhe strecken und das rechte Bein anziehen.

Das linke Knie anheben, mit dem rechten Ellbogen das Knie berühren.

Mit der linken Hand über dem Kopf und mit der rechten Hand vor dem Bauch kreisende Bewegungen machen, erst in die eine, dann in die andere Richtung.

Mit der linken Hand einen großen Kreis und eine große »8« in die Luft malen, erst linksherum, dann rechtsherum. Dann die Hand wechseln und mit der rechten Hand malen. Das Ganze wird schwieriger, wenn man dabei nur auf einem Bein steht.

Blinder Pilot und Steuermann

Ein Mitspieler wird zum blinden Piloten bestimmt. Er bekommt die Augen verbunden oder muss sie ganz fest zukneifen. Da der blinde Pilot nichts sieht, braucht er einen Steuermann. Dieser Steuermann ruft ihm die notwendigen Richtungswechsel zu, wenn sich der blinde Pilot im Zimmer langsam in Bewegung setzt. Schließlich soll er ja nicht gegen einen Stuhl, den Tisch oder die Wand laufen. Damit es nicht zu schwierig wird, gibt der Steuermann nur die Befehle »nach links«, »nach rechts«, »geradeaus«, »umdrehen« und – ganz wichtig! – »stopp«. Der blinde Pilot muss sich voll und ganz auf diese Anweisungen verlassen können. Zunächst geht der blinde Pilot nur ganz langsam, doch mit der Zeit wird er immer sicherer und auch schneller. Nach ein paar Minuten werden die Rollen getauscht.

Motorflugzeuge

Ein Bewegungsspiel, das Platz braucht und bei dem ein Kind oder Erwachsener als Spielleiter vorgibt, wie schnell oder langsam die Flugzeuge umherfliegen. Der Spielleiter ist das Führungsflugzeug, das den Kindern vorausfliegt. Langsam geht es nun los. Mit ausgebreiteten Armen laufen alle mit kleinen Schritten durchs Zimmer. Die Möbel werden dabei vorsichtig umflogen, schließlich würde eine Kollision zum Absturz des Flugzeugs führen. Vorsicht, Flügel kurz einklappen, wenn es aus dem Zimmer hinaus in den Flur geht, die Treppen hinunter, ins nächste Zimmer usw.! Immer werden die Gegenstände umflogen, das Führungsflugzeug gibt bekannt, welche Gegenden und Sehenswürdigkeiten überflogen werden und wovor die Flugzeuge sich in Acht nehmen müssen: hohe Berge, langsam fliegende Enten, Wolkenkratzer, Fesselballons, entgegenkommende Flugzeuge usw. Auch die Geschwindigkeit wird vom Führungsflugzeug festgelegt und hängt davon ab, wie viel Platz im Luftraum vorhanden ist. Ein schneller Flug dauert nicht so lang wie ein langsamer, denn schließlich müssen alle Flugzeuge einen Tankstopp einlegen und tanken. Wenn sie wieder aufsteigen, übernimmt ein anderes Flugzeug die Führungsposition.

Versteck- und Blindekuhspiele

Versteckspiele sind bei kleinen wie großen Kindern gleichermaßen beliebt. Die Spannung beim Verstecken und Suchen ist ein außerordentlicher Reiz, dem sich kein Kind entziehen kann. Das gilt auch für Blindekuhspiele, die eine besondere Variante von Versteckspielen darstellen. Neben Schnelligkeit und Reaktionsvermögen ist hier auch Gewitztheit gefragt. Zur Belustigung oder unter dem Beifall der anderen eine Aufgabe unter erschwerten Bedingungen zu lösen, stellt eine besondere Herausforderung dar. Rollenverteilung und Regeleinhaltung stehen bei diesen Spielen im Vordergrund, aber auch eine gewisse Frustrationstoleranz wird geübt. Denn als »blinde Kuh« steht ein Kind nicht immer im glanzvollen Mittelpunkt: Jeder wird einmal durch den Kakao gezogen oder an der Nase herumgeführt. Damit es bei der Rollenverteilung gerecht zugeht, wird zu Beginn der Spiele durch Abzählreime bestimmt, wer welche Rolle einnimmt.

Blindekuhspiele sind vor allem für Kinder ab sechs Jahren interessant, denn hier werden rund ums Verstecken und Suchen alle möglichen Schwierigkeiten eingebaut. Die fordern von der Blindekuh vor allem eins: Sie muss auch mal verlieren können!

Abzählreime

Bevor es mit dem eigentlichen Spiel losgehen kann, wird mit einem Abzählreim derjenige bestimmt, der als Erster suchen muss. Viele Abzählreime sind schon so alt, dass die Großeltern der heutigen Kindergeneration sie noch kennen. Häufig weisen vor allem diese alten Reime mundartliche Ausdrücke auf. Weil sie meist nur mündlich von Generation zu Generation weitergegeben werden, kursieren mehrere Varianten. Einzelne Silben, Wörter oder ganze Strophen können dazugedichtet oder weggelassen werden. Diese Lebendigkeit gehört zu den Abzählreimen und macht sie zu einer interessanten kleinen Form der Dichtung.

Früher wurde mehr auf der Straße und in größeren Gruppen gespielt. In älteren Abzählreimen findet man daher oft freche Sprüche oder soziale Bezüge, die Hinweise auf die Zeit ihrer Entstehung geben.

Auf der Leiter sitzt ein Hahn,
der kräht lustig: Du bist dran!

Eine kleine Dickmadam,
fuhr mal mit der Eisenbahn.
Eisenbahn, die krachte,
Dickmadam, die lachte.
Eins, zwei, drei,
du bist frei.

Ene, mene, miste,
es rappelt in der Kiste.
Ene, mene, meck,
und du bist weg.
Ene, mene, ditsche, datsche,
ene in die Fresse klatsche,
ene noch dazu
und raus bist du.

Eins, zwei, drei,
auf der Treppe liegt ein Ei,
wer darauf tritt,
der spielt nicht mit.

Eins, zwei, drei,
Butter in den Brei,
Salz auf den Speck,
und du bist weg.

Eins, zwei, drei, vier, fünf, sechs, sieben,
ein Tiroler hat geschrieben:
Liebe Mutter, sei so gut,
schick mir 'nen Tirolerhut,
nicht zu groß und nicht zu klein,
denn er soll zur Hochzeit sein.
Eins, zwei, drei – du bist frei!

Ich bin Peter,
du bist Paul.
Ich bin fleißig,
du bist faul.
Eins, zwei, drei,
du bist frei!
Ene, mene, mu,
und raus bist du.
Raus bist du noch lange nicht,
sag mir erst, wie alt du bist.

Ene, mene, subtrahene,
divi, davi, domino,
ebbe, bebbe, bembio,
bio, bio, buff.
Eck, Speck, Dreck,
und du bist weg.

Eins, zwei, drei,
wir alle sind dabei.
Vier, fünf, sechs,
die Birn ist ein Gewächs.
Sieben, acht, neun,
du musst sein!

Ene, mene, Rätsel,
wer bäckt die Brezel,
wer bäckt den Kuchen,
der muss suchen.

Ene, mene, Tintenfass,
geh zur Schul' und lerne was.
Wenn du was gelernet hast,
komm nach Haus und sag mir was.
Eins, zwei, drei,
und du bist frei.

Auf einem Gummi-Gummi-Berg,
da wohnt ein Gummi-Gummi-Zwerg,
der Gummi-Gummi-Zwerg
hat eine Gummi-Gummi-Frau,
die Gummi-Gummi-Frau
hat ein Gummi-Gummi-Kind,
das Gummi-Gummi-Kind
hat ein Gummi-Gummi-Kleid,
das Gummi-Gummi-Kleid
hat ein Gummi-Gummi-Loch,
und du bist doch!

Kaiser, König, Edelmann,
Bürger, Bauer, Bettelmann.
Du bist nicht, doch du bist dran.

Ich und du,
Müllers Kuh,
Müllers Esel,
der bist du.

Eins, zwei, drei, vier, fünf, sechs, sieben,
eine alte Frau kocht Rüben,
eine alte Frau kocht Speck,
und du bist weg.

Wollen zählen,
wollen wählen,
einen aus dem Haufen,
der soll laufen.
Eins, zwei, drei,
und du bist frei!

Ilse Bilse,
keiner will se,
kam der Koch,
nahm se doch.

Zehn Polizisten
hüpfen in die Kisten,
hüpfen wieder raus
und du bist draus.

Eine kleine Piepmaus
lief ums Rathaus,
wollte sich was kaufen,
hatte sich verlaufen,
schillewipp, schillewapp,
du bist ab.

Nigel, Nagel, Fingerhut,
wenn du stirbst, dann geht's dir gut.
Gehn drei Engel mit der Leich,
tragen dich ins Himmelreich.
Kommt ein altes Weib,
beißt dir ein Stück vom Leib.
Kommt ein alter Mann,
klebt es wieder an,
und du bist dran.

Wollt ein Schmied ein Pferd beschlagen,
wie viel Nägel muss er haben?
Drei, sechs, neun,
Bub, hol Wein,
Knecht, schenk ein,
Herr, trink aus,
du bist raus!

Ene, mene, Mäuse,
wer hat Läuse?
Ene, mene, muh,
und die hast du!

Müllers dicke, faule Grete,
saß auf einem Baum und nähte.
Plumps, fiel sie herab,
und du bist ab.

Zipp, zapp,
Knopp ist ab.
So ein Dreck –
du bist weg.

Bim, bam, bum,
du bist dumm.
Bim, bum, bam,
du bist dran.

Gretchen ist allein zu Haus,
schleckt die heiße Pfanne aus,
steckt den Finger rein,
fängt dann an zu schrein:
A-E-I-O-U
und raus bist du!

Ich, du, er, wir, ihr, sie,
wen es trifft, der streite nie.
Auf den letzten Puff kommt's an,
darum bist du jetzt dran.

Eine Fliege wollt nach Wien,
fiel jedoch in den Kamin,
brach sich alle Knochen,
lag im Bett acht Wochen,
dann flog sie wieder aus,
und du bist raus.

Der Kreis ist rund,
da läuft ein Hund,
da läuft 'ne Kuh,
die macht laut Muh
und raus bist du!

Eine kleine Mickymaus,
zog sich mal die Hose aus,
zog sie wieder an,
und du bist dran.

Guten Tag, auf Wiedersehn,
tut mir Leid, du musst jetzt gehn.

Schnicke, schnacke, Schnecke,
kriecht langsam um die Ecke,
schnick, schnack, schneck
und du bist weg.

Im Keller ist's finster

Alle Kinder stellen sich in einem großen Kreis auf. In seiner Mitte steht ein Mitspieler mit verbundenen Augen und einem Stock. Dann gehen die Kinder im Kreis und singen das Lied. Am Ende des Liedes bleiben alle stehen und fragen: »Wer soll's sein?« Der Mitspieler mit den verbundenen Augen versucht nun, ein Kind aus dem Kreis mit seinem Stock zu berühren. Das Kind gibt einen Laut von sich, und der Mitspieler in der Kreismitte muss raten, um welches Kind es sich handelt. Errät er es, tauschen die beiden die Rollen, ansonsten bleibt es eine weitere Spielrunde in der Kreismitte.

Räuber und Gendarm

Am besten spielt man Räuber und Gendarm in weiträumigem Gelände wie dem Hof oder in einem kleinen Wald oder Park. Mindestens sollte es eine große Wohnung oder ein Haus sein. Nachdem abgesprochen wurde, was zum Spielfeld zählt, werden durch Auszählen die Räuber und die Gendarmen bestimmt. In der Regel gibt es mehr Räuber als Gendarmen, denn es macht mehr Spaß, sich zu verstecken, als die Räuber zu suchen und festzunehmen. Die Gendarmen binden sich ein Tuch um den Arm oder tragen ein anderes Zeichen. Sie bestimmen den Ort, der das Gefängnis sein soll, und warten, bis sich die Räuber versteckt haben. Dann schwärmen sie aus und suchen die Räuber. Nach und nach werden die Räuber entdeckt und ins Gefängnis gebracht. Dort werden sie von einem Gendarmen bewacht. Während die anderen Gendarmen weitersuchen, können sich die noch freien Räuber ans Gefängnis heranschleichen. Dort versuchen sie die Gefangenen wieder zu befreien, indem sie ihnen drei Mal auf die Hand klatschen. Der Räuber, der als Letzter gefunden wird, wird zum Räuberhauptmann ernannt. Dann wird erneut ausgezählt, und das Spiel beginnt von vorn.

Verstecken mit Anschlagen

Ein spannendes Spiel für einen Garten oder einen kleinen Park ist Verstecken mit Anschlagen. Ein Kind wird durch Abzählen bestimmt; es muss die anderen suchen. Es stellt sich an eine Mauer oder einen Baum. Diese Stelle ist das Freimal, an dem die gefundenen Mitspieler angeschlagen werden müssen. Nun hält sich das Kind die Augen zu und zählt laut bis 20 oder ruft den Eckstein-Reim, während die anderen sich verstecken.

Eins, zwei, drei, vier, Eckstein,
alles muss versteckt sein.
Hinter mir und vor mir
gilt es nicht.
Eins, zwei, drei – ich komme!

Dann beginnt die Suche nach den anderen. Hat der Suchende einen Mitspieler entdeckt, rennt er sofort los, um ihn am Freimal anzuschlagen und dabei seinen Namen zu rufen. Ist aber das Kind, das sich versteckt hatte, schneller, kann es sich mit einem lauten »frei!« am Mal freischlagen. Während das suchende Kind unterwegs ist, versuchen die Versteckten, unentdeckt zum Freimal zu kommen und sich dort freizuschlagen. Wer als Erstes angeschlagen wurde, muss in der nächsten Spielrunde suchen.

Ochs am Berg

Ein Kind ist der Ochse. Es stellt sich mit dem Gesicht zu einer Wand oder an einen Baum. Etwa 20 Schritte vom Ochsen entfernt wird mit Kreide oder Steinen ein Strich auf dem Boden markiert. Dahinter stehen die restlichen Mitspieler in einer Reihe. Das Gesicht in den Händen verborgen, ruft der Ochse laut: »1, 2, 3, 4, Ochs am Berg!« und dreht sich dann schnell um. Während der Ochse ruft, versuchen die anderen Kinder, so weit wie möglich an ihn heranzukommen. Sieht der Ochse aber, wie sich ein Mitspieler bewegt, darf er ihn wieder hinter die Startlinie zurückschicken. Wer den Ochsen zuerst erreicht, hat gewonnen und darf der nächste Ochse sein.

Schatzwächter

Ein Kind wird durch Abzählen zum Wächter bestimmt. Mit verbundenen Augen steht es mitten in einem großen Raum oder im Freien auf einem Platz. Die anderen Mitspieler haben sich in einem Abstand von drei bis fünf Metern um ihn herum aufgestellt. Zwischen die Füße des Wächters wird ein kleiner Gegenstand gelegt, der Schatz. Ein Mitspieler schleicht sich nun so leise wie möglich an den Wächter heran. Dieser lauscht angestrengt, und wenn vermutet, dass sich da jemand anschleicht, zeigt er in die entsprechende Richtung.

Stimmt seine Vermutung, muss der Mitspieler zurückgehen und ein anderer darf sein Glück versuchen. Wem es gelingt, den Schatz zu berühren, ohne dass der Wächter ihn bemerkt oder berührt, der ist in der nächsten Runde der Wächter.

Gut versteckt

Ein Mitspieler wählt einen kleinen Gegenstand, zum Beispiel eine Spielfigur. Er versteckt sie in einem Zimmer, während die anderen draußen vor der Tür warten und laut bis 20 zählen. Sind die Mitspieler bei 20 angekommen, stürmen sie den Raum und suchen das Versteck. Das Kind, das die Spielfigur versteckt hat, darf nun seinerseits laut bis 20 zählen. Ist die Figur bei 20 nicht gefunden, darf es diese noch einmal verstecken. Hat ein anderes Kind die Figur rechtzeitig gefunden, so darf es in der nächsten Runde ein Versteck suchen. Im Haus sollte man häufiger das Zimmer wechseln. Auf dem Spielplatz ist ein Sandhaufen ein geeignetes Spielfeld.

Topfschlagen

Material
Topf
Kochlöffel
Süßigkeiten

Durch Abzählen wird ein Kind bestimmt, das den Raum verlassen und warten muss, bis die anderen Kinder eine Süßigkeit unter einem umgedrehten Topf versteckt haben. Dem vor der Tür wartenden Kind werden die Augen verbunden, und es bekommt einen Kochlöffel in die Hand. Dann wird es zurück ins Zimmer geführt. Vorsichtig mit dem Kochlöffel auf den Boden schlagend, tastet es sich nun auf allen vieren durchs Zimmer. Die anderen Kinder versuchen, das suchende Kind mit Rufen abzulenken und in die Irre zu führen, dürfen es aber nicht behindern oder sich in den Weg stellen. Gespielt wird so lange, bis das suchende Kind den Topf gefunden hat und mit dem Kochlöffel darauf schlägt. Als Belohnung erhält es, was sich unter dem Topf verbirgt. Einfacher, und damit auch für kleinere Kinder geeignet, wird das Spiel, wenn die anderen Kinder mit »Heiß«- und »Kalt«-Rufen dem suchenden Kind helfen. Sind jüngere Spieler dabei, wird das suchende Kind auch nicht vor die Tür gestellt, sondern bekommt vor dem Verstecken des Topfes die Augen verbunden.

Heiß oder kalt

Ein Kind verlässt das Zimmer, und die anderen verstecken einen beliebigen Gegenstand irgendwo im Raum. Das Kind wird wieder hereingerufen und muss diesen Gegenstand jetzt suchen. Dabei helfen ihm die anderen, indem sie je nach Entfernung des Kindes zum Versteck »heiß« oder »kalt« mit allen möglichen Zwischenstufen, etwa »lauwarm«, »eiskalt« usw., rufen. Je »wärmer« es ist, desto näher ist der gesuchte Gegenstand. Die Suche ist nicht ganz einfach, denn das suchende Kind weiß nicht, welchen Gegenstand die anderen versteckt haben.

Der verlorene Ring

Auf der Wiese stehen alle Kinder in einem großen Kreis. In der Kreismitte steht ein Mitspieler, dem die Augen verbunden werden. Dann wird irgendwo innerhalb des Kreises ein Stein oder eine kleine Figur abgelegt. Die Kinder beginnen, das Lied zu singen und im Kreis zu gehen, während der Mitspieler in der Kreismitte versucht, den Gegenstand auf dem Boden zu finden. Er muss ihn gefunden haben, bevor das Lied drei Mal gesungen wurde. Gelingt ihm das nicht, so wählt er ein Kind aus dem Kreisrund aus, das ihn ablöst.

Links oder rechts?

Ein Spielerpaar erhält eine Anzahl Bonbons. Ein Kind beginnt. Es nimmt ein Bonbon, führt beide Hände hinter den Rücken und versteckt es in der linken oder rechten Hand. Dann streckt es die beiden geschlossenen Fäuste vor und fragt: »Links oder rechts?« Der Mitspieler tippt nun auf eine Hand, die daraufhin geöffnet wird. War es in dieser Hand verborgen, wird das Bonbon zu den anderen zurückgelegt, war die Hand aber leer, darf das Kind das Bonbon behalten.

Formen ertasten

Material
Knetmasse
Küchentücher

Alle Mitspieler bekommen ein Stück Knetmasse. Dann drehen sie sich um, und jeder formt eine Figur. Das kann eine einfache Form wie ein Würfel oder eine Schlange sein oder aber eine schwierigere Figur wie eine Maus oder eine Katze. Es ist wichtig, dass die Mitspieler nicht sehen, was die anderen formen. Die fertigen Figuren werden mit Küchentüchern abgedeckt. Der Reihe nach fasst nun jedes Kind unter ein Küchentuch und betastet vorsichtig die Figur. Erst wenn alle einmal dran waren, wird geraten, was sie wohl darstellen könnte. So werden der Reihe nach alle Knetfiguren ertastet und erraten.

Glöckchen suchen

Material
Glöckchen

Allen Mitspielern werden die Augen verbunden, nur einer von ihnen darf bei diesem Spiel sehen und bekommt ein kleines Glöckchen in die Hand. Die Kinder mit den verbundenen Augen tasten sich nun vorsichtig durch den Raum, während das sehende Kind ab und zu das Glöckchen erklingen lässt. Wer den Glöckchenträger berührt und festhalten kann, darf ihm die Augenbinde abnehmen und selbst das Glöckchen nehmen.

Laut und leise

Vor der Tür wartet ein Mitspieler, während die anderen eine kleine Süßigkeit irgendwo im Raum verstecken. Dann wird der Mitspieler hereingerufen. Ihm werden die Augen verbunden, und er beginnt mit der Suche. Die anderen helfen ihm, indem sie laut oder leise summen, je nachdem, wie nah der Mitspieler am Versteck der Süßigkeit ist.

Burgherr

Material
Decken
Große Tücher

An die Mitspieler werden Decken und Tücher verteilt. Dann geht jeder zu einem Stuhl oder Sessel und baut daraus seine Burg. Die Decke muss so weit herunterhängen, dass ein Kind darunter kriechen und sich ganz verstecken kann. Sind die Burgen fertig, wird durch Abzählen der Junker bestimmt. Er verlässt den Raum. Jedes Kind verkriecht sich nun in einer Burg, allerdings nicht in seiner eigenen, sondern in einer fremden. Der Junker wird wieder hereingerufen. Er tritt an eine Burg, klopft an und fragt: »Wer ist hier Burgherr?« Das in der Burg versteckte Kind antwortet mit verstellter Stimme: »Ich.« Errät der Junker, wer sich in der Burg versteckt, tauschen die beiden die Rollen, und die nächste Spielrunde kann mit einem neuen Junker beginnen.

Blinde Kuh

In einem möglichst großen Zimmer bestimmen die Mitspieler durch Abzählen das Kind, das die »blinde Kuh« darstellt. Diesem Kind werden die Augen verbunden, dann wird es ein paar Mal um die eigene Achse gedreht. Mit ausgestreckten Armen irrt die blinde Kuh nun umher und versucht, einen der Mitspieler zu erwischen, ohne gegen die Wand zu laufen oder über Tische und Stühle zu stolpern. Die anderen Kinder locken die blinde Kuh mit Rufen an, weichen ihr dann aber möglichst knapp aus. Wer jedoch allzu kaltblütig und dreist ist und von der blinden Kuh erwischt wird, der muss ihre Rolle übernehmen. Erwischt sie keinen der Mitspieler, wird die blinde Kuh nach ein paar Minuten erlöst, und ein anderes Kind wird durch Abzählen zur blinden Kuh bestimmt.

Blinde Maulwürfe

Material
Kreide oder
Seile

Je nach Gruppengröße werden bis zu drei Kinder durch Abzählen als Maulwürfe bestimmt. Die anderen Kinder sind die Würmer. Die Würmer verteilen sich auf dem Spielfeld und ziehen mit Kreide einen kleinen Kreis um sich. Statt mit Kreide kann der Kreis auch mit einem Seil markiert werden. Dann werden die Maulwürfe ein Stück weggeführt und bekommen die Augen verbunden. Sie machen sich nun daran, die Regenwürmer in ihren Kreisen aufzuspüren. Die Regenwürmer dürfen ihre Kreise nicht verlassen, können aber durch Ducken und Ausweichen versuchen, sich der Berührung durch die Maulwürfe zu entziehen. Das Spiel ist beendet, wenn alle Regenwürmer gefunden wurden.

Blind kegeln

Material
Tennisbälle
Plastikbecher

An einer Wand werden Plastikbecher nebeneinander wie Kegel oder wie eine Pyramide aufeinander gestellt. Dann ist ein Mitspieler, der durch Abzählen bestimmt wurde, an der Reihe und darf kegeln. Zunächst werden ihm aber die Augen verbunden und er wird drei Mal im Kreis gedreht. Die anderen Kinder sind dann mucksmäuschenstill, damit der Mitspieler sich ganz allein orientieren kann. Er kegelt mit fünf Tennisbällen, und wenn es ihm gelingt, alle Kegel oder die ganze Pyramide umzuwerfen, wird er von allen durch den Raum getragen. Nach und nach kann jeder Mitspieler sein Glück versuchen.

Jakob, wo bist du?

Zwei Mitspieler werden durch Abzählen bestimmt, anschließend werden Ihnen die Augen verbunden. Der eine ist Jakob, der andere der Herr. Alle anderen Kinder stellen sich in einem großen Kreis auf. Dann werden Jakob und der Herr an zwei entgegengesetzte Stellen des Kreises geführt und ein paar Mal um die eigene Achse gedreht. Der Herr ruft dann: »Jakob, wo bist du?« und begibt sich auf die Suche. Jakob antwortet: »Hier!«, versucht aber, dem Herrn auszuweichen. Hat der Herr Jakob gefunden, ist ein anderes Spielerpaar an der Reihe.

Packesel

Material
Augenbinde
Rucksack
Verschiedene Gegenstände

Einem Kind werden die Augen verbunden, und es bekommt den Rucksack aufgesetzt. Die anderen reichen ihm nun einen Gegenstand nach dem anderen, den es jeweils befühlen darf. Errät es, um welchen Gegenstand es sich handelt, darf es ihn weglegen. Errät es den Gegenstand nicht, wird er in den Rucksack gepackt. Nach und nach füllt sich so der Rucksack des Packesels.

Hinz und Kunz

Aus allen Mitspielern wird durch Abzählen einer zum Kunz bestimmt. Kunz bekommt eine Augenbinde und irrt mit verbundenen Augen durchs Zimmer. So kann er nicht sehen, welches weitere Kind die anderen zum Hinz bestimmen. Trifft Kunz auf ein Kind, gibt es ihm die Hand und fragt: »Hinz?« Das Kind sagt daraufhin seinen richtigen Namen. Nur der Mitspieler, der tatsächlich Hinz darstellt, antwortet nicht. Kunz muss nun, wenn er den stummen Hinz getroffen hat, seinen richtigen Namen raten.

Schinken klopfen

Ein Kind setzt sich auf einen Stuhl. Durch Abzählen wird ein Mitspieler bestimmt, der sich vornüber über seinen Schoß beugt und sich mit den Händen die Augen zuhält. Die anderen stellen sich im Halbkreis hinter ihm auf. Ein Kind tritt vor, gibt ihm einen leichten Klaps auf den »Schinken« (seinen Po) und stellt sich wieder in den Halbkreis. Der Mitspieler darf sich nun aufrichten, umdrehen und raten, wer der Schinkenklopfer war. Rät er richtig, ist er von seiner Rolle erlöst, rät er falsch, muss er sich noch einmal einen Klaps geben lassen

Nachtwächter

Alle Kinder bilden eine lange Schlange und halten den Vordermann irgendwo an der Kleidung fest. Der Erste in der Schlange ist der Nachtwächter. Er hat die Augen verbunden und kann nichts sehen. Der Nachtwächter muss nun versuchen, eines der letzten drei Kinder in der Schlange zu berühren. Gelingt ihm das, wird er von dem betreffenden Kind abgelöst, und die Schlange formiert sich neu.

Hänschen, piep einmal

Alle Kinder sitzen im Kreis auf Stühlen. Einem Mitspieler werden die Augen verbunden, dann wechseln alle leise die Plätze. Das Kind mit den verbundenen Augen wird zu einem Mitspieler geführt. Er setzt sich auf dessen Schoß und sagt: »Hänschen, piep einmal!«
Nach einem »Piep« mit verstellter Stimme muss das Kind mit den verbundenen Augen raten, auf wessen Schoß es sitzt. Rät es richtig, werden die Rollen getauscht, sonst versucht es sein Glück beim nächsten Hänschen.

Wer reitet das Pferd?

Ein Mitspieler ist das Pferd. Auf allen vieren läuft es langsam im Kreis und hat dabei die Augen verbunden. Nun steigt eines der anderen Kinder auf und fragt mit verstellter Stimme: »Wer reitet das Pferd?« Erkennt das »Pferd«, wer auf ihm sitzt, wird der Reiter zum Pferd.

Wer steckt dem Esel den Schwanz an?

Material
Tapete
Stift
Schnur
Stecknadel
Augenbinde

Auf ein langes Stück Tapete wird groß der Umriss eines Esels gezeichnet, nur der Schwanz soll fehlen. Die Tapetenbahn wird an der Wand befestigt. Einem Kind werden die Augen verbunden. Es bekommt die Schnur und die Stecknadel in die Hand und wird vor das Eselsporträt geführt. Es soll nun versuchen, die Schnur als Eselsschwanz an die richtige Stelle der Zeichnung zu pinnen. Dabei muss es sich auf seine Erinnerung verlassen. Hat es die Schnur festgemacht, darf es die Augenbinde ablegen und schauen, ob es gut getroffen hat. Die Stelle wird eingezeichnet, und das nächste Kind ist nun an der Reihe, dem Esel mit verbundenen Augen den Schwanz anzustecken.

Katz und Maus

Alle Kinder sitzen auf Stühlen oder stehen im Raum verteilt. Einem Kind werden vor der Tür die Augen verbunden. Dann kommt es als Maus auf allen vieren in den Raum und krabbelt umher, bis es an ein Paar Beine gelangt. Das Kind sagt: »Ich bin das Mäuschen und bin sehr schlau. Du, Kätzchen, sag doch mal miau.« Darauf muss das angesprochene Kind mit »miau« antworten. Errät die Maus, um welches Kind es sich handelt, wird das Kind zur neuen Maus.

Umkreisen

Auf dem Boden im Zimmer oder draußen liegt eine Süßigkeit, beispielsweise ein Riegel Schokolade oder ein paar Bonbons. Durch Abzählen wird ein Kind bestimmt, das sich mindestens 15 Schritte von der Stelle entfernt aufstellt und die Augen verbunden bekommt. Das Kind nähert sich jetzt mit vorsichtigen Schritten der Süßigkeit und geht in einem Bogen um sie herum. Wer es schafft, die Süßigkeit zu umkreisen, bekommt sie als Belohnung.

Welcher Wecker weckt?

Material
Wecker

Die Mitspieler betrachten mindestens zwei oder drei verschiedene Wecker und horchen genau, wie sich ihr Ticken anhört. Ein Wecker wird so gestellt, dass er in wenigen Minuten klingelt. Dem Kind, das durch Abzählen bestimmt wurde, werden die Augen verbunden. Es dreht sich um, während die anderen die Wecker im Raum verteilen. Sie müssen alle ohne Klettern oder waghalsige Manöver erreichbar sein. Das Kind mit den verbundenen Augen wird drei Mal im Kreis gedreht. Dann sind alle ganz still und lassen es suchen. Es muss nicht alle, zumindest aber den Wecker finden, dessen Weckzeit eingestellt wurde.

Fernsteuerung

Material
Papier
Buntstifte

Auf ein großes Blatt Papier werden viele schwarze und ein großer roter Punkt in die Mitte gemalt. Ein Kind versucht mit verbundenen Augen einen Stift so übers Blatt zu führen, dass es die schwarzen Punkte nicht berührt und am Ende den roten Punkt trifft. Die anderen Kinder spielen Fernsteuerung und helfen ihm dabei mit ihren Kommandos.

Es brennt

Zwei Kindern werden die Augen verbunden. Sie stellen sich in einem Abstand von etwa 20 Metern auf und gehen langsam und vorsichtig mit ausgestreckten Armen aufeinander zu. Dabei darf keiner einen Laut von sich geben. Gelingt es den beiden, sich zu begegnen? Sind sie aneinander vorbeigegangen, rufen die anderen Mitspieler laut: »Es brennt!«

An der Hand erkannt

Ein durch Auszählen bestimmter Mitspieler drückt allen anderen Mitspielern die Hand. Dabei versucht er, sich die verschiedenen Arten des Händedrucks zu merken. Nun werden ihm die Augen verbunden, und er drückt den anderen Mitspielern wieder die Hand, nur diesmal in einer anderen Reihenfolge. Er soll allein am Händedruck erkennen, wer sein Gegenüber ist.

Sack und Pack, wer ist auf Reisen?

Alle Mitspieler hüpfen um ein Kind herum, dem die Augen verbunden wurden. Während das Lied gesungen wird, geht ein Mitspieler nach draußen. Ist das Lied zu Ende, wird dem Kind die Augenbinde abgenommen, und es muss raten, welcher Mitspieler fehlt.

Wortspiele und Ulkverse

So wie Kinder mit Bewegung die physische Welt erobern, erschließen sie sich mit Wörtern und Begriffen die Welt der Fantasie und des Denkens. Etwas benennen zu können bedeutet auch, es zu verstehen. Doch diese Fähigkeit entwickelt sich nicht linear, sondern die Grenzen zwischen Fantasie und Realität, zwischen Möglichem und Unmöglichem sind zunächst noch fließend. Das drückt sich auch in der Sprache aus, und so sind Spiele mit Wörtern, Endlosgeschichten und Ulkverse, bei denen die Realität umgekehrt oder ins Absurde geführt wird, ein beliebter Zeitvertreib. Nicht zuletzt stellt die spielerische Beschäftigung mit den einzelnen Elementen der Sprache, wie ihren Klangbildern, den Silben und Buchstaben, eine wichtige Schulung für die kognitiven Leistungen von Vorschul- und frühen Grundschulkindern dar. Mit Hilfe von einfachen Versen können Kindern ebenso spielerisch wichtige Grundkenntnisse wie Jahres- oder Uhrzeiten vermittelt werden.

Wortspiele greifen das auf, was die meisten Kinder ohne die Hilfe von Erwachsenen ohnehin ständig tun – sinnvolle oder sinnlose Wörter, Sätze und Geschichten spielbegleitend vor sich hin zu murmeln und endlos zu erweitern.

Geschickt

Klatschspiel für zwei Kinder

Meine Mu, meine Mu, meine Mutter
schickt mich her.
Ob der Ku, ob der Ku, ob der
Kuchen fertig wär.
Wenn er no, wenn er no, wenn er noch
nicht fertig wär.
Käm ich mo, käm ich mo, käm ich
morgen wieder her.

Verkehrte Welt

Des Abends, wenn ich früh aufsteh,
des Morgens, wenn ich zu Bette geh,
dann krähen die Hühner,
dann gackert der Hahn,
dann fängt das Korn zu dreschen an.

Die Magd, die steckt
den Ofen ins Feuer,
die Frau, die schlägt drei
Suppen in die Eier,
der Knecht, der kehrt mit
der Stube den Besen,
da sitzen die Erbsen,
die Kinder zu lesen.

O weh, wie sind mir
die Stiefel geschwollen,
dass sie nicht in
die Füße rein wollen!
Nimm drei Pfund Stiefel und
schmiere das Fett,
dann stelle mir vor die Stiefel das Bett.

Der Ball der Tiere

Mit verteilten Rollen wird das Gedicht aufgesagt. Anschließend überlegen alle, ob es nicht durch weitere Reime ergänzt werden kann.

Auf, wir geben einen Ball!,
sagt die Nachtigall.
So?, spricht der Floh.
Was werden wir essen?,
fragen die Wespen.
Nudeln!, sagen die Pudeln.
Was werden wir trinken?,
fragen die Finken.
Bier!, sagt der Stier.
Nein, Wein!, sagt das Schwein.
Wo werden wir tanzen?,
fragen die Wanzen.
Im Haus, sagt die Maus,
und der Ball ist jetzt aus.

Es war einmal ein Mann

Reihum sagen die Kinder die Verszeilen auf. Wem fallen noch mehr Zeilen zu diesem Gedicht ein?

Es war einmal ein Mann,
der hatte einen Schwamm.
Der Schwamm war ihm zu nass,
da ging er auf die Gass.
Die Gass war ihm zu kalt,
da ging er in den Wald.
Der Wald war ihm zu grün,
da ging er nach Berlin.
Berlin war ihm zu groß,
da ging er nach Hallmoos.
Hallmoos war ihm zu klein,
da ging er wieder heim.

Stunden zählen

Morgens früh um sechse
kommt die kleine Hexe.
Morgens früh um sieben
schabt sie gelbe Rüben.
Morgens früh um acht
wird Kaffee gemacht.
Morgens früh um neune
geht sie in die Scheune.
Morgens früh um zehn
holt sie Holz und Spän.
Feuert an um elf,
kocht dann bis um zwölf
Fröschebeine,
Krebs und Fisch.
Hurtig, Kinder,
kommt zu Tisch!

Lügengeschichte

Ich will euch erzählen und will nicht lügen:
Ich sah drei gebratene Hühner fliegen.
Sie flogen alle sehr schnelle,
sie hatten die Bäuche gen Himmel gekehrt,
den Rücken nach der Hölle.

Ein Amboss und ein Mühlenstein,
die schwammen zusammen über den Rhein.
Sie schwammen also leise.
Da fraß ein Frosch einen glühenden Pflug
zu Pfingsten auf dem Eise.

Es wollten drei Kerls einen Hasen fangen,
sie kamen auf Krücken und Stelzen
gegangen.
Der eine konnt' nicht hören,
der andre war blind, der dritte stumm,
der vierte konnt' sich nicht rühren.

Nun will ich euch sagen wie es geschah:
Der Blinde zuerst den Hasen sah
im Feld geschwind hertraben.
Der Stumme rief dem Lahmen zu,
der fasst ihn schon beim Kragen.

Es segelten etliche über Land,
die Segel hatten sie in den Wind gespannt
und segelten auf den Feldern.
Sie segelten auf einen hohen Berg,
da ertranken sie all in den Wäldern.

Kettenreim

Eins, zwei, drei,
alt ist nicht neu,
neu ist nicht alt,
warm ist nicht kalt,
kalt ist nicht warm,
reich ist nicht arm,
arm ist nicht reich,
ungrad ist nicht gleich,
gleich ist nicht ungrad,
ein Wagen ist kein Pflugrad
Pflug ist kein Wagen,
singen ist nicht sagen,
sagen ist nicht singen,
tanzen ist nicht springen,
springen ist nicht tanzen,
Flöh sind keine Wanzen,
Wanzen sind keine Flöh,
ein Hirsch ist kein Reh,
Reh ist kein Hirsch,
faul ist nicht frisch,
frisch ist nicht faul,
ein Ochs ist kein Gaul,
ein Gaul ist kein Ochs,
ein Has ist kein Fuchs,
ein Fuchs ist kein Has,
die Zunge ist keine Nas,
die Nas ist keine Zunge,
Leber ist keine Lunge,
Lunge ist keine Leber,
der Schneider ist kein Weber
ein Weber ist kein Schneider,
ein Bauer ist kein Schreiber,
ein Schreiber ist kein Bauer,
süß ist nicht sauer,
sauer ist nicht süß,
die Händ' sind keine Füß',
die Füß' sind keine Händ',
die Geschicht ist zu end.

Dunkel war's, der Mond schien helle

Dunkel war's, der Mond schien helle,
Schnee lag auf der grünen Flur,
als ein Wagen blitzesschnelle
langsam um die Ecke fuhr.
Drinnen saßen stehend Leute,
schweigend ins Gespräch vertieft,
als ein totgeschossner Hase
auf der Sandbank Schlittschuh lief.

Drin auf einer grünen Banke,
die rot angestrichen war,
saß ein blond gelockter Jüngling
mit kohlrabenschwarzem Haar.
Neben ihm 'ne alte Schrulle,
die kaum sechzehn,
siebzehn Jahr,
in der Hand 'ne Butterstulle,
die mit Schmalz
bestrichen war.

Jockel und der Herr

Eine Merkgeschichte als Gedächtnisübung

Der Herr, der schickt den Jockel aus,
er soll den Hafer schneiden.
Der Jockel schneidt den Hafer nicht
und kommt auch nicht nach Haus.

Da schickt der Herr den Pudel aus,
er soll den Jockel beißen.
Der Pudel beißt den Jockel nicht,
der Jockel schneidt den Hafer nicht
und kommt auch nicht nach Haus.

Da schickt der Herr den Prügel aus,
er soll den Pudel hauen.
Der Prügel haut den Pudel nicht,
der Pudel beißt den Jockel nicht,
der Jockel schneidt den Hafer nicht
und kommt auch nicht nach Haus.

Da schickt der Herr das Feuer aus,
es soll den Prügel brennen.
Das Feuer brennt den Prügel nicht,
der Prügel haut den Pudel nicht,
der Pudel beißt den Jockel nicht,
der Jockel schneidt den Hafer nicht
und kommt auch nicht nach Haus.

Da schickt der Herr das Wasser aus,
es soll das Feuer löschen.
Das Wasser löscht das Feuer nicht,
das Feuer brennt den Prügel nicht,
der Prügel haut den Pudel nicht,
der Pudel beißt den Jockel nicht,
der Jockel schneidt den Hafer nicht
und kommt auch nicht nach Haus.

Da schickt der Herr den Ochsen aus,
er soll das Wasser saufen.
Der Ochse säuft das Wasser nicht,
das Wasser löscht das Feuer nicht,
das Feuer brennt den Prügel nicht,
der Prügel haut den Pudel nicht,
der Pudel beißt den Jockel nicht,
der Jockel schneidt den Hafer nicht
und kommt auch nicht nach Haus.

Da schickt der Herr den Metzger aus,
er soll den Ochsen schlachten.
Der Metzger schlacht' den Ochsen,
der Ochse säuft das Wasser,
das Wasser löscht das Feuer,
das Feuer brennt den Prügel,
der Prügel haut den Pudel,
der Pudel beißt den Jockel,
der Jockel schneidt den Hafer
und kommt dann auch nach Haus.

ABC

Ein lustiger Schnellsprechreim zum Auswendiglernen des Alphabets. Es macht besonders viel Spaß, wenn das Gedicht als rasende Wechselrede zu zweit gespielt wird.

A, B, C, Kopf in die Höh!
D, E, F, wart, ich treff!
G, H, I, das macht Müh!
J, K, L, nicht so schnell!
M, N, O, lauf nicht so!
P, Q, R, das ist schwer!
S, T, U, hör mir zu!
V, W, X, mach 'nen Knicks!
Ypsilon, Z, ab ins Bett!

Rätselfragen

Hinter den rätselhaften Umschreibungen oder Fragen verbergen sich meist ganz einfache und alltägliche Begriffe. Gemeinsam suchen alle Mitspieler die Lösung.

Es hat viele Häute und beißt alle Leute. Zwiebel

Was geht um einen Baum herum, ohne müde zu werden? Rinde

Welche Steine stehen aufrecht? Schornsteine

Es geht und geht und kommt doch nicht von der Stelle. Uhr

Welches Spiel sollte man stets anderen geben? Beispiel

Was hängt an der Wand ohne Nagel und Band? Spinnennetz

Was ist fertig und wird doch jeden Tag gemacht? Bett

Was findet man in keinem Monat, außer im Dezember? Das »d«

Wer steht bei der Kirche, geht aber nie hinein? Kirchturm

Wie kann man Wasser in einem Sieb tragen? Wenn es gefroren ist.

Welcher Hut passt auf keinen Kopf? Fingerhut

Er geht übers Feld und bewegt sich nicht. Weg

Welches Tier hat die Sintflut überlebt, obwohl es nicht auf Noahs Arche war? Fisch

Welche Mühle hat keinen Bach? Kaffeemühle, Getreidemühle

Was geht übers Wasser und wird nicht nass? Brücke

Was hört ohne Ohren, spricht ohne Mund und redet in allen Sprachen? Echo

Welcher Abend fängt schon morgens an? Sonnabend

Was hat vier Beine und kann nicht laufen? Tisch, Stuhl

Welcher Stuhl hat keine Beine? Dachstuhl

Wer hat einen Kamm und kämmt sich nicht? Hahn

Wie heißt ein dreckiger Vogel? Schmutzfink

Was wird nie von der Sonne beschienen? Schatten

Was kann man mit Worten nicht ausdrücken? Schwamm

Begriffspaare ergänzen

Paarformeln gehören zu unserer ganz alltäglichen Sprache, und wir benutzen sie, ohne nachzudenken. Es können gleichbedeutende oder ähnlich lautende Wörter sein, die sich so zusammenfügen, aber auch Gegenteile. Jeweils ein Begriff aus den Paaren wird auf eine Karte geschrieben oder laut vorgelesen. Welcher Mitspieler ergänzt die Paarformel am schnellsten?

Mann und Maus
Strich und Faden
Hülle und Fülle
hin und wieder
Haut und Haar
fix und fertig
Kind und Kegel
Rast und Ruh
Freud und Leid
Hopfen und Malz
kreuz und quer
Geld und Gut
Stock und Stein

heiß und kalt
dick und dünn
Kopf und Kragen
Haus und Hof
Stein und Bein

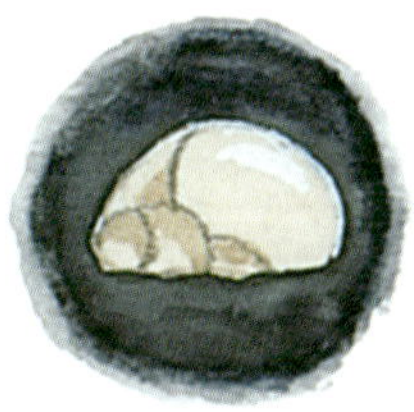

auf und nieder
ganz und gar
Sack und Pack
drauf und dran
frank und frei
Gift und Galle
kurz und klein
Hund und Katze
Hinz und Kunz

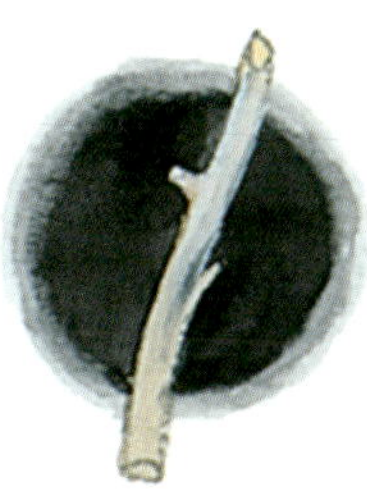

Wind und Wetter
Jubel und Trubel
Bausch und Bogen
Pauken und Trompeten

Heller und Pfennig
Nacht und Nebel
Mark und Bein
groß und klein
Saus und Braus
Ross und Reiter

voll und ganz
Schall und Rauch
Stumpf und Stiel
ab und zu
Hand und Fuß

Reih und Glied
samt und sonders

Merkwürdige Körperteile und Tiere

Wörter, die aus mehreren Silben bzw. Lauten zusammengesetzt sind, lassen sich manchmal so trennen, dass neue Begriffe entstehen. Die Kinder setzen sich in Zweier- oder Dreiergruppen zusammen und suchen die Lösungswörter. Mit etwas Fantasie und Überlegung finden sie weitere rätselhafte Fragen.

Welche Zungen nehmen es nicht so genau? Schät-Zungen

Welche Assel suhlt sich gern im Dreck? Schlam-Assel

Welche Rippe ist sehr nahrhaft? Futterk-Rippe

Welche Waden vermindern die Sicht? Nebelsch-Waden

Welcher Arm warnt vor Hitze? Feueral-Arm

Welche Ente ist ein echter Prahlhans? Proz-Ente

Welche Leber kann man beim Basteln gebrauchen? Allesk-Leber

Welche Ente liebt Wasserpflanzen? Tang-Ente

Welcher Aal legt Wert auf Kultur? Konzerts-Aal

Mit welchem Ohr kann man auch sehen? Sehr-Ohr

Welcher Rachen ist ein beliebtes Spielzeug? Lenkd-Rachen

Welche Laus tritt im Dezember auf? Niko-Laus

Welcher Rumpf ist sehr zäh? Lederst-Rumpf

Welche Lungen sind wichtige Verbindungen? Kupp-Lungen

Bemerkenswerte Berufe

Wenn man einmal genauer hinsieht, haben manche Wörter eine zweite, verdeckte Bedeutung – zum Beispiel die folgenden Berufsbezeichnungen. Welcher Mitspieler kommt auf die gefragten Berufe? Wer findet neue?

Wer betrachtet den Niederschlag? Regen-Schauer

Wer hält, was andere lesen? Buch-Halter

Wer verschleudert viel Geld? Schein-Werfer

Wer schaut, wie groß die Einkaufsbeutel sind? Taschen-Messer

Wer zerkleinert, was Getränke kühlt? Eis-Brecher

Wer gibt Geflügel seinen Segen? Enten-Weiher

Komische Täler

Es ist nicht ganz einfach, hinter diesen Fragen das entsprechende »Tal« zu finden. Welcher Mitspieler ist gewitzt und findet immer eine Lösung?

Wie ist es im Tal der Schläger? Bru-Tal

Wie ist es im Tal der Hoffnungslosen? Fa-Tal

Wo hausen denn die Kranken? Hospi-Tal

Welches Tal gefällt den Reichen? Kapi-Tal

Durch welches Tal kann man aus- und eingehen? Por-Tal

Wie leben die ganz Gesunden? Vi-Tal

Wie geht es im Tal der Dekorationskünstler zu? Ornamen-Tal

Die Lücke schließen

Zwischen den Begriffen fehlt immer ein verbindendes, ergänzendes Wort. Wie könnte es lauten? Wer findet weitere Begriffe, die auf gleiche Weise eingesetzt werden können?

Apfel	Baum	Wipfel
Bau	Leiter	Sprossen
Christ	Baum	Kuchen
Hand	Teller	Wäscher
Hosen	Knopf	Leiste
Kokos	Nuss	Knacker

Sprechende Namen

Die Lösung liegt den Mitspielern schon auf der Zunge, wenn sie den ersten Teil des gesuchten Begriffs als Vorname getarnt aussprechen. Wer reagiert zuerst und ruft die richtige Lösung in die Runde?

Welche Ellen kann sich biegen und strecken? Ellen Bogen

Welcher Frank gehört nicht zu den Ärmsten? Frank Reich

Welche Marga mag keine Butter? Marga Rine

Welche Lotte lebt vom Glück? Lotte Rie

Welcher Peter sorgt für Würze? Peter Silie

Welcher Mario wird von anderen gelenkt? Mario Nette

Welche Inge braucht man beim Bau? Inge Nieur

Welcher Franz wohnt im Nachbarland? Franz Ose

Welcher Johann ist ein Helfer in der Not? Johann Iter

Welcher Max geht immer aufs Ganze? Max Imal

Welcher Leo arbeitet im Zirkus? Leo Pard

Wörterschlangen

Ein Mitspieler nach dem anderen überlegt sich eine Wörterschlange. Dabei können die anderen natürlich helfen, aber es ist gar nicht so schwer, wenn man nach folgendem Muster vorgeht:

Firmen, die sich mit dem Betrieb von Flugzeugen beschäftigen, nennt man Luftfahrtgesellschaft.

Wenn man in den Urlaub fliegt, ist man unterwegs mit einem Luftfahrtgesellschaftsflugzeug.

Es wird gesteuert von einem Luftfahrtgesellschaftsflugzeugkapitän.

Der trägt auf dem Kopf eine Luftfahrtgesellschaftsflugzeugkapitänsmütze.

Die ist geschmückt mit einem besonders schönen Luftfahrtgesellschaftsflugzeugkapitänsmützenband.

Das Band wurde speziell dafür hergestellt von einer Luftfahrtgesellschaftsflugzeugkapitänsmützenbandnäherin.

Diese Dame ist organisiert in einer Luftfahrtgesellschaftsflugzeugkapitänsmützenbandnäherinnengenossenschaft.

Diese Genossenschaft trifft sich ...

Eingeschlossene Wörter

Die folgenden Begriffe werden einzeln auf kleine Kärtchen geschrieben und an die Mitspieler verteilt. Wer entdeckt die eingeschlossenen Wörter? Gemeinsam suchen alle nach weiteren Begriffen mit eingeschlossenen Wörtern.

Arabella	Rabe
Freistil	Eis
Torte	Ort
Teilentscheidung	Eile
Vanillearoma	Nil, Rom
Geheimrat	Ehe
Zisterne	Stern
Krume	Rum
Eigelb	Igel
Gesellschaft	Esel, Schaf
Hafengasse	Gas
Knoten	Not, Note
Kaffee	Affe
Beule	Eule
Dunkel	Unke

Eins folgt dem anderen

Eine lustige Merkgeschichte, in der es vor allem darum geht, die Logik der Abläufe gegen die Unsinnslogik der ganzen Geschichte beizubehalten. Um die Geschichte als Wechselrede zu spielen, muss das Kind den Text natürlich bereits kennen.

Kätzchen fraß die Butter.
Wo ist das Kätzchen?
Steckt in der Scheune.
Wo ist die Scheune?
Krachte zu Boden.
Wo ist der Boden?
Schwemmte ins Wasser.
Wo ist das Wasser?
Das soff der Ochse.
Wo ist der Ochse?
Brüllt auf der Wiese.
Wo ist die Wiese?
Es blitzte die Sense.
Wo ist die Sense?
Liegt auf dem Baumstumpf.
Wo ist der Baumstumpf?
Den fraß die Larve.
Wo ist die Larve?
Pickte der Hahn.
Wo ist der Hahn?
Kräht auf der Fichte.
Wo ist die Fichte?
Fällte die Axt.
Wo ist die Axt?
Hinter der Wand.
Wie krieg ich sie?
Kannst sie greifen
mit Espenscheiten,
kannst sie langen
mit Birkenstangen.

Lesefallen

Jeweils zwei Begriffe stehen auf einem Kärtchen. Ein Kind hält es fest und verdeckt mit einem zweiten Kärtchen den zweiten Begriff. Ein Mitspieler liest laut den ersten Begriff, dann wird das Kärtchen weggenommen und der Mitspieler muss sofort laut den zweiten Begriff lesen. Wer tappt in die Falle und betont falsch? Gemeinsam suchen die Kinder weitere Lesefallen.

Absender Tausender	Abendstern Zwergelstern
Nachteil Nachteilzug	Heidelbeere Heidelerche
Talent Talentwässerung	Dachsbau Dachseite
Hühnerei Ziegelei	Rostentfernung Kostenteilung

Tipp

Weitere Spiele mit Wörtern: Geben Sie Wörter vor, und lassen Sie die Kinder in alten Zeitschriften oder auch Büchern danach suchen.
Oder Begriffe aus dem Fremdwörterlexikon wählen und von den Mitspielern schriftlich erklären lassen: Die glaubwürdigste Erklärung gewinnt.

Kreisspiele

Der Kreis ist die beliebteste feste Organisationsform beim Kinderspiel. In einem Kreis stehen alle gleichberechtigt nebeneinander, jeder kann mit dem anderen in Kontakt treten, und alle bilden ein gemeinsames Ganzes. Die Kreisform vermittelt auch in einer größeren Gruppe ein Gefühl von Sicherheit und Geborgenheit, denn jeder hat links und rechts einen Nachbarn , mit dem er unmittelbar in Verbindung steht. Die Spielaufgaben laufen rundum und müssen von allen gelöst werden. Während die Kinder im Kreisrund eine feste Position haben, übernimmt ein Mitspieler innerhalb oder außerhalb des Kreises eine besondere Aufgabe. Er stellt zum Beispiel etwas dar und wird dann wieder in den Kreis aufgenommen. Auch das spielerische Ausprobieren von Ausgrenzung und Integration kann ein wichtiger und reizvoller Aspekt von Kreisspielen sein. So gehört der Versuch, den geschlossenen Kreis zu durchbrechen oder sich im Austausch mit einem anderen Kind wieder einzureihen, zu zahlreichen Spielen dazu. Lustige Tanz- und Bewegungsspiele, sprachorientierte Merkspiele, die die Konzentration fördern, und Reaktionsspiele bilden ein vielfältiges Spektrum für Gruppen ab drei Kindern.

Bei der »Treibjagd« geht es darum, zu den schnellsten Hasen zu gehören, denen es immer wieder gelingt, an den Jägern vorbeizulaufen und in den Kreis zurückzukehren.

Kreiswettlauf

Ohne jede Vorbereitung und gänzlich ohne Material kommt dieses einfache Laufspiel aus, das man am besten im Freien spielen sollte. Richtig Spaß macht es in größeren Gruppen mit zehn Kindern oder mehr. Ähnlich wie beim »Plumpsack« stehen alle Mitspieler außer einem im Kreis, mit dem Gesicht zur Kreismitte. Ein Kind geht außen um den Kreis herum, gibt einem der Kinder im Kreisrund einen leichten Schlag auf den Rücken und sagt: »Komm mit!« Daraufhin läuft es sofort los, ebenso wie das geschlagene Kind, das aber in der entgegengesetzten Richtung um den Kreis laufen muss. Wer zuerst die Lücke im Kreis erreicht, stellt sich hinein. Der andere läuft um den Kreis und klopft nach ein paar Runden einem anderen Kind auf den Rücken.

Gefangen ist das Vögelein

2. Oh, bitte schön, oh, bitte schön, lasst mich doch endlich raus!

3. *(Alle)* Wir können nicht, wir können nicht, flieg nur zum Schornstein raus!

Die Kinder gehen im Kreis und fassen sich dabei an den Händen.
Innen im Kreis hüpft das »Vögelein« in entgegengesetzter Richtung.
Während es die zweite Strophe singt, bleiben alle stehen, und es schreitet den Kreis von innen ab.
Beim letzten Vers öffnet sich der »Schornstein«, das Vögelein schlüpft unter den Händen von zwei Kindern aus dem Kreis, und das Spiel beginnt von neuem mit einem anderen Kind in der Kreismitte.

Es tanzt ein Bi-Ba-Butzemann

Aus einem verknoteten Tuch wird das Säckchen hergestellt.
Ein Kind tanzt während des Singens als Bi-Ba-Butzemann mit dem Säckchen um die anderen Kinder,
die sich dazu in einem regelmäßigen Kreis aufgestellt haben.
Wie im Lied rüttelt und schüttelt er sich, und das Kind,
vor dem er schließlich das Säckchen abwirft, ist der nächste Bi-Ba-Butzemann.

Der Plumpsack geht um

Ein Taschentuch, das in der Mitte ein paar Mal verknotet wird, stellt den Plumpsack dar. Alle Mitspieler stehen im Kreis, mit dem Blick zur Kreismitte. Außen um den Kreis hüpft ein Kind mit dem Plumpsack und sagt: »Dreht euch nicht um, der Plumpsack geht um. Wer sich umdreht oder lacht, der wird mit Prügel bedacht.« Das Kind versucht, möglichst unbemerkt den Plumpsack hinter einem der Mitspieler fallen zu lassen. Wenn ein Mitspieler sich umdreht, ohne dass der Plumpsack hinter ihm liegt, bekommt er einen Schlag mit dem Plumpsack. Wenn der Plumpsack aber wirklich hinter ihm liegt, muss er ihn schnell aufheben und versuchen, den ehemaligen Plumpsackträger zu erwischen, bevor dieser um den Kreis gerannt ist und den Platz des Mitspielers im Kreis einnehmen kann. Erwischt der Mitspieler das Kind nicht, muss er es ablösen und nun seinerseits um den Kreis gehen und versuchen, den Plumpsack loszuwerden.

Hacke, Spitze, eins, zwei, drei

Die Mitspieler stehen in einer langen Reihe oder im Kreis und fassen sich an den Händen. Mit dem rechten Fuß werden Hacke und Spitze angetippt, dann ein Seitstellschritt ausgeführt, dasselbe anschließend mit dem linken Fuß. Die Bewegungen wiederholen. Dann vier Schritte vor, einmal aufstampfen, vier Schritte zurück, aufstampfen. Dann beginnen das Lied und der Tanz von vorn.

Ei so klar, wie ein Haar

Alle Kinder fassen sich an der Hand und gehen im Kreis, das Gesicht zur Kreismitte gewandt. Nur ein Kind steht verkehrt herum und schaut nach außen. Gemeinsam singen sie das Lied. An der Stelle, an der ein Name genannt wird, sagt das nach außen gewandte Kind den Namen eines Kindes, das sich nun ebenfalls nach außen dreht. So wird weiter gespielt, und jeweils das zuletzt aufgerufene Kind nennt den Namen des nächsten Kindes, das sich umdrehen darf. Das Spiel ist zu Ende, wenn alle im Kreis nach außen schauen.

Es geht eine Zipfelmütz'

Alle Mitspieler stehen im Kreis und singen das Lied von der Zipfelmütze.
Ein Kind geht innen im Kreis umher und hält die Hände wie eine spitze Mütze über dem Kopf.
Bei »bleib stehn« stellt sich das Kind vor einen Mitspieler aus dem Kreis,
rüttelt sich, schüttelt sich, wirft die Beine und klatscht in die Hände.
Schließlich haken sich die beiden unter und drehen sich im Kreis.
Dann wird das Lied erneut gesungen, und zwei Zipfelmützenkinder sind im Kreis unterwegs.
Beim nächsten Mal sind dann bereits vier »Zipfelmützen« unterwegs usw.
Das Spiel geht so lange, bis der Kreis aufgelöst ist.

Ich steh' hier im Kreise

Die Kinder hüpfen im Kreis, während ein Kind in der Kreismitte die erste Liedstrophe singt. Es sucht sich einen Mitspieler aus, mit dem es gemeinsam die zweite Liedstrophe singt. Die beiden hüpfen und tanzen, halten sich an den Händen und drehen sich um sich selbst. Am Ende der zweiten Strophe tritt das erste Kind in das Kreisrund, das hereingeholte Kind ist nun allein und singt die erste Strophe usw.

Die eingemauerte Königstochter

Ein Kind kniet in der Mitte. Um das Kind herum stehen die anderen im Kreis und halten mit beiden Händen sein Kleid oder seine Jacke fest. Außen läuft ein anderes Kind um den Kreis herum und sagt den unten stehenden Spruch auf. Mit dem letzten Satz schlägt das Kind, das in der Mitte kniet, auf eine der Hände, die es festhalten. Das Kind, dessen Hand abgeschlagen wurde, geht jetzt mit um den Kreis und sagt zusammen mit dem ersten Kind wiederum den Spruch auf. So wird ein Kind nach dem anderen aus dem Kreis gelöst, bis die eingemauerte Königstochter befreit ist. Damit der Kreis nicht schon nach dem Abwandern des ersten Kindes auseinander fällt, sollte er anfangs aus mindestens vier Kindern gebildet werden. Wenigstens sechs Mitspieler sind also erforderlich.

Flix, flax, florian!
Es war einmal eine schöne Königstochter,
die war ganz eingemauert.
Mauer muss man brechen,
Ziegel muss man stechen,
eine Hand ab!

Säckle flicken

Im Rhythmus des Liedes, das alle gemeinsam singen,
hüpfen die Kinder im Kreis und halten sich dabei an den Händen.
Ein Kind geht als Schneider in entgegengesetzter Richtung innen am Kreis entlang.
Ist das Lied zu Ende gesungen, sagt der Schneider: »Eins, zwei, drei, das Röcklein ist entzwei.«
Dabei holt er den Mitspieler, der vor ihm steht, aus dem Kreis, indem er dessen Hände antippt.
Nun wird das Lied erneut gesungen, und zwei Schneider sind unterwegs.
Beim nächsten Durchgang sind es dann bereits vier Schneider etc.
Auf diese Weise löst sich der Kreis schnell auf.

Mutter, verkaufst du dein liebes Kind nicht?

Alle Mitspieler stellen sich paarweise hintereinander in einem großen Kreis auf. Der hintere Mitspieler ist die Mutter, der vor ihr stehende Mitspieler das Kind. Ein einzelner Mitspieler läuft außen um den Kreis und bleibt vor einem Paar stehen.

Er fragt Mutter, verkaufst du dein liebes Kind nicht?
Die Mutter antwortet Nein, um tausend Taler nicht.
Lieber geh ich betteln laufen,
als mein liebes Kind verkaufen.
Betteln laufen mag ich nicht,
und mein Kind verkauf ich nicht.

Darauf laufen beide in entgegengesetzter Richtung um den Kreis. Wer zuerst wieder beim Kind ist, wird die Mutter, der andere muss weiter um den Kreis gehen und bei einer anderen Mutter mit Kind fragen.

Was tun wir denn so gerne?

2. Was tun wir denn ... Klatschen, klatschen, pitsche, patsche, patsch,
klatschen, klatschen, pitsche, patsche, patsch.

3. Was tun wir denn ... Wackeln, wackeln, wickel, wackel, wack,
wackeln, wackeln, wickel, wackel, wack.

4. Was tun wir denn ... Geigen, geigen, fidel, didel, dum,
geigen, geigen, fidel, didel, dum.

5. Was tun wir denn ... Tanzen, tanzen, hopp, hopp, hopp, hopp, hopp,
tanzen, tanzen, hopp, hopp, hopp, hopp, hopp.

6. Was tun wir denn ... Drehen, drehen, immer rundherum,
drehen, drehen, immer rundherum.

7. Was tun wir denn ... Fallen, fallen, fidi, fidi, bum,
fallen, fallen, fidi, fidi, bum.

*Die Mitspieler stehen im Kreis und singen das Lied.
Den Inhalt der Strophen stellen sie pantomimisch dar:
In die Hände klatschen, mit den Hüften wackeln, auf der Geige fideln, tanzen und sich im Kreis drehen und zuletzt auf den Boden plumpsen.
Wem fallen weitere Strophen ein?*

Den Teufel locken

Alle Kinder stehen in einem Kreis rund um ein Kind, das die Augen verbunden hat. Dieses Kind ist der Teufel. Nacheinander fragt nun jedes Kind: »Teufel, wie viele Schritte soll ich gehn?« Der Teufel antwortet beispielsweise: »Fünf Schritte, und dann sollst du stehn.« Nachdem alle Kinder die vom Teufel zugestandenen Schritte in eine beliebige Richtung gegangen sind, ruft das erste Kind wieder: »Teufel, Teufel, komm zu mir. Findest du mich, gehör ich dir.« Der Teufel geht jetzt vorsichtig los und versucht, das richtige Kind zu finden. Erwischt er das Falsche, muss er zurück in die Hölle, findet er das Richtige, ist er erlöst.

Wasser im Kreis

Alle Kinder stehen im Kreis und geben einen vollen Becher Wasser weiter. Dabei darf natürlich möglichst wenig verschüttet werden. Nach ein paar Minuten wird zusätzlich ein leerer Becher weitergegeben. Da der leere Becher schneller weitergegeben werden kann, hat er den vollen Wasserbecher bald eingeholt. Sobald beide Becher bei einem Mitspieler ankommen, muss der das Wasser vom vollen in den leeren Becher umfüllen. Dann wird der aufgefüllte Becher in Gegenrichtung weitergegeben. Er bekommt eine Runde »Vorsprung« bevor der jetzt leere Becher ebenfalls wieder in die gleiche Richtung weitergegeben wird. Je weniger Wasser im Becher ist, desto schneller wird das Spiel. Das Spiel endet, wenn kein Wasser mehr im Becher ist.

Pendeln

Alle Mitspieler bilden einen engen Kreis um ein Kind, das in der Mitte steht. Das Kind schließt die Augen, macht sich ganz steif und lässt sich in eine Richtung fallen. Es wird von den umstehenden Mitspielern sanft aufgefangen und in eine andere Richtung geschubst. So pendelt das Kind in der Kreismitte hin und her. Wichtig ist, dass die Mitspieler das pendelnde Kind früh abfangen.

Beruf und Werkzeug

Ein Kind in der Kreismitte hält einen Ball in der Hand. Es wirft ihn einem Mitspieler im Kreis zu und nennt einen Beruf, zum Beispiel Maurer. Der Mitspieler nennt daraufhin sofort ein Werkzeug, etwa Kelle, und wirft den Ball zurück. Wer nicht sofort ein Werkzeug weiß oder ein falsches Werkzeug nennt, scheidet aus oder muss in die Kreismitte.

Entlaufenes Pferd

Ein Kind steht in der Kreismitte und sagt laut diesen Vers auf. Die Kinder im Kreisrund nennen nacheinander in alphabetischer Reihenfolge eine Stadt oder eine Gegend, in die das Pferd gelaufen sein könnte. Schwierige Buchstaben wie C, Q und Y werden ausgelassen. Wer keine Stadt zu dem Buchstaben kennt, bei dem er an der Reihe ist, scheidet aus.

Ich hatt ein schönes weißes Pferd,
das ist mir nun entlaufen.
Es war wohl hundert Taler wert,
und kann kein andres kaufen.
Wohin nur mag mein Pferd wohl fliehn?
Wer sagt es mir, wo läuft es hin?

Stille Post

Die Kinder stehen oder sitzen im Kreis und halten sich gegenseitig an den Händen. Ein Kind steht in der Kreismitte und beobachtet ganz genau die Hände der anderen, denn über die Hände wird die Post weitergeleitet. Ein Kind beginnt und drückt die Hand seines Nachbarn, der wiederum die Post per Händedruck weitergibt. Das Kind in der Kreismitte versucht herauszubekommen, wo sich die stille Post gerade befindet. Sieht es, wie eine Hand gedrückt wird, hat es die Post abgefangen, und ein anderes Kind kommt in den Kreis.

Stoffel

Alle Mitspieler sitzen oder stehen im Kreis. Einer, »Stoffel« genannt, hält einen Stein in der Hand und gibt ihn nach rechts weiter. Dabei sagt er: »Stoffel hat den Stein verloren, Ralf hat ihn gefunden.« Ralf, so heißt in diesem Beispiel der Mitspieler rechts neben »Stoffel«, gibt ihn wieder nach rechts weiter, etwa an Susi, die dann sagen muss: »Stoffel hat den Stein verloren, Ralf hat ihn gefunden und auch verloren.« Dann gibt sie den Stein wieder weiter, etwa zu Michael, der dann sagt: »Stoffel hat den Stein verloren, Ralf hat ihn gefunden und auch verloren, Susi hat ihn gefunden und auch verloren.« So geht das Spiel weiter, bis einer der Mitspieler einen Fehler macht, etwa statt »Stoffel« den richtigen Namen des Mitspielers sagt, der die Runde begonnen hat, oder einen anderen Namen falsch sagt oder auslässt. Nun ist der nächste Spieler im Kreis der »Stoffel« und gibt den Stein weiter. Das Spiel ist beendet, wenn alle im Kreis einmal »Stoffel« waren.

Und wer im Januar Geburtstag hat

Alle Kinder gehen im Kreis und fassen sich an den Händen. Die Kinder, die im Januar Geburtstag haben, treten in die Mitte und bewegen sich wie im Lied beschrieben. Dann reihen sie sich in den Kreis wieder ein, und das Lied ruft alle Kinder auf, die im Februar Geburtstag haben. Sind alle Monate genannt, ist das Spiel zu Ende.

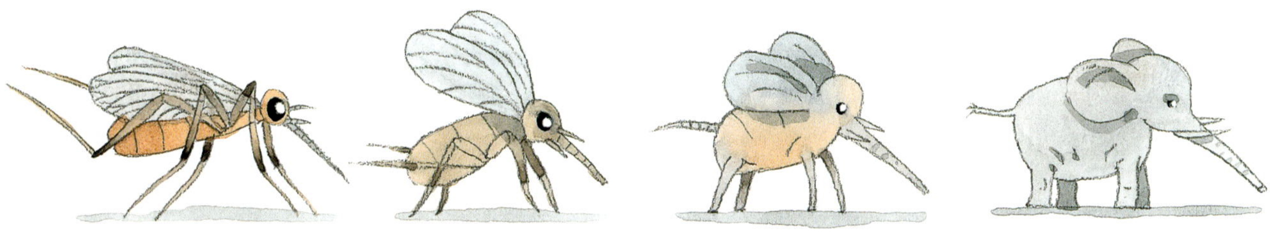

Weitersagen

Bei diesem Spiel stehen oder sitzen die Kinder in einem lockeren Kreis. Durch Abzählen wird ein Kind bestimmt, das sich einen Satz ausdenkt. Es sagt diesen Satz aber nicht laut, sondern nur ganz leise seinem linken Nachbarn ins Ohr. Der Nachbar gibt den Satz, oder das, was er verstanden hat, wiederum seinem linken Nachbarn leise weiter und so fort. Zum Schluss kommt die Botschaft wieder beim ersten Kind an, das dann laut den ursprünglichen Satz und die Version, die durch das Weitersagen daraus geworden ist, laut und deutlich sagt.

Hund und Katze

Ein Kind im Kreis hält zwei Gegenstände in der Hand, etwa einen Ball und eine Spielfigur. Nun gibt er den Ball an seinen rechten Nachbarn weiter und sagt: »Das ist ein Hund.« Der Mitspieler gibt ihm den Gegenstand wieder zurück und fragt dabei: »Was ist das?« Wieder gibt ihm das Kind den Gegenstand und wiederholt: »Das ist ein Hund.« Daraufhin gibt der Mitspieler nun seinerseits den Ball mit den gleichen Worten nach rechts weiter, wo sich der Ablauf wiederholt. Wenn rechts der Ball als Hund weitergereicht wird, gibt das Kind nun nach links die Spielfigur als Katze mit dem gleichen Frage-und-Antwort-Ritual weiter. Die beiden Gegenstände laufen nun gegeneinander durch den Kreis, und immer, wenn sie aufeinander treffen, ist die Verwirrung und das Gelächter groß. Das Spiel wird interessanter und lustiger, wenn weitere Gegenstände mit neuen Bezeichnungen in den Kreislauf gegeben werden.

Sachenmemory

Ein durch Auszählen bestimmter Mitspieler muss den Raum verlassen bzw. einige Meter weggehen und sich die Augen zuhalten. Die anderen Kinder sammeln alle möglichen kleinen Gegenstände auf, die sie im Raum oder in der Umgebung finden, etwa eine Münze, eine Glasmurmel, einen Ring, einen Schlüssel usw. Jedes Kind versteckt einen Gegenstand in seiner Hand. Alle stellen sich nun im Kreis auf.

Der Mitspieler wird herbeigerufen und schreitet den Kreis ab. Jeder zeigt ihm ganz kurz, was er in der Hand hat. Ist er am Ende des Kreises angelangt, geht er ihn noch einmal ab und versucht sich zu erinnern, wer welchen Gegenstand in welcher Hand hält. Je nach der Zahl der Mitspieler kann das ganz schön schwierig werden.

Plätze tauschen

Material
Notizzettel
Stifte

Alle Mitspieler sitzen in einem großen Stuhlkreis, einer steht in der Mitte des Kreises. Jeder bekommt nun einen Zettel, auf dem eine Zahl steht, auch das Kind in der Kreismitte. Die Zettel sind durchnummeriert, sie werden vor dem Austeilen gut gemischt, und jeder Spieler kennt nur seine Zahl. Das Kind in der Mitte ruft nun zwei Zahlen. Die beiden Mitspieler mit diesen Zahlen müssen jetzt ihre Plätze tauschen. Das Kind in der Mitte muss versuchen, einen der beiden Plätze einzunehmen. Deshalb ist es ratsam, nicht sofort aufzuspringen, wenn es die beiden Zahlen genannt hat, sondern durch Blickkontakt und Zeichen vorsichtig herauszubekommen, wer der jeweils andere ist, ohne die Aufmerksamkeit des Spielers in der Mitte zu erregen. Ergattert dieser einen Platz, muss der Mitspieler, dessen Stuhl er erobert hat, in die Kreismitte. Nach wenigen Durchgängen werden die Zahlen neu verteilt.

Kofferpacken

Ein beliebtes Kreisspiel ist das Kofferpacken. Ein Kind im Kreis beginnt mit der Aufzählung, was es in seinen Koffer packt, und sagt beispielsweise: »Ich packe in meinen Koffer Schwimmflossen.« Das nächste Kind ergänzt nun etwas: »Ich packe in meinen Koffer Schwimmflossen und ein Gummiboot.« Das dritte Kind packt vielleicht ein Wurstbrot ein, das vierte einen Kuschelteddy oder die beste Freundin – der Fantasie sind keine Grenzen gesetzt, und es muss auch nicht unbedingt realistisch sein. Reihum wiederholt so jeder Mitspieler in der richtigen Reihenfolge all die Gegenstände, die schon im Koffer sind, und ergänzt einen weiteren. Je ausgefallener die Sachen sind, desto leichter ist es, sich den Kofferinhalt zu merken. Vergisst ein Kind bei der Aufzählung etwas oder hält es die Reihenfolge der Dinge nicht ein, scheidet es aus – aber es kann ihm auch ein bisschen geholfen werden.

Der verlorene Schatz

In der Kreismitte steht ein Kind, die anderen Mitspieler sind mit dem Gesicht nach außen gewandt, halten sich an den Händen und gehen im Kreis. Das Kind in der Kreismitte sagt:

> Hier ist ein Grün, hier ist ein Grün unter meinen Füßen.
> Ich hab verloren meinen Schatz, ich werd ihn suchen müssen.
> Hier und da, hier und da, unter diesen allen,
> dieser mit dem bunten Rock könnte mir gefallen.
> Dreh dich um, ich kenn dich nicht, bist du's oder bist du's nicht?
> Nein, nein, du bist es nicht, geh nur fort, ich will dich nicht.

Nach »gefallen« steht der Kreis still, und alle Mitspieler schauen das Kind in der Mitte an. Wenn es sagt: »Geh nur fort, ich will dich nicht«, drehen sich alle wieder um, gehen weiter im Kreis, und das Spiel beginnt von vorn. Spätestens beim dritten Mal spricht das Kind in der Mitte eine neue letzte Zeile:

> Ja, ja, ja du bist es wohl, der mich im Kreis ersetzen soll.

Es verbeugt sich vor einem Mitspieler aus der Kette, und dieses Kind nimmt nun seinen Platz in der Kreismitte ein.

Greif zu!

Material
Besen

Ein Kind stellt sich mit einem Besen in die Kreismitte. Es stellt den Besen senkrecht auf den Boden und ruft: »Hans, greif zu!« Dann lässt es den Besenstiel los, und der genannte Mitspieler muss schnell in den Kreis springen und versuchen, den Besen zu halten, bevor der Besenstiel auf dem Boden aufschlägt. Gelingt ihm das, darf er den nächsten Namen aufrufen und den Besen fallen lassen.

Wir treten auf die Kette

Die Kinder gehen im Kreis und fassen sich an den Händen. Das aufgerufene Kind dreht sich um und schaut nun in die andere Richtung. Haben sich alle Kinder umgedreht, drehen sie sich nacheinander wieder zurück. Damit der Kreis dabei schön rund bleibt, stellen sich alle Kinder auf ein langes Seil, das im Kreis ausgelegt wurde.

Wandernder Ring

Eng an eng aneinander gedrückt stehen die Mitspieler bei diesem Kreisspiel. Dabei haben alle die Hände auf dem Rücken, sodass das Kind, das in der Kreismitte steht, nicht recht sehen kann, was sich da hinten abspielt. Hinter ihren Rücken geben sich die Kinder im Kreisrund einen kleinen Gegenstand weiter, einen Ring, eine Murmel, eine Spielfigur oder etwas anderes. Das Kind im Kreis muss raten, wo sich der Gegenstand gerade befindet. Rät es richtig oder lässt ein Mitspieler im Kreis den Gegenstand fallen, tauscht es die Rolle mit dem Betreffenden.

Treibjagd

Die Hälfte der Mitspieler stellt sich breitbeinig in einem großen Kreis auf, die andere Hälfte hockt als Hasen innerhalb des Kreises. Auf das Signal »Treibjagd!« hin krabbeln alle Hasen durch die Beine der stehenden Kinder, laufen einmal um den ganzen Kreis, krabbeln an der gleichen Stelle zurück in den Kreis und gehen wieder in Hockstellung. Die beiden letzten Kinder scheiden aus, und die Treibjagd ist zu Ende, wenn alle Hasen erlegt wurden. Dann werden die Rollen getauscht.

Ringlein, Ringlein, du musst wandern

Innerhalb des Kreises stehen oder sitzen zwei Kinder. Eines von ihnen hat einen Ring, das andere beobachtet es. Während das Lied gesungen wird, halten die Kinder im Kreisrund die geschlossenen Fäuste vor der Brust. Das Kind mit dem Ring geht von einem zum anderen. Dabei gibt es einem Kind möglichst unauffällig den Ring. Wenn das Lied zu Ende ist, wird gefragt: »Nun sag mir an, liebes Kind, wo sich das Ringlein denn befindt'?« Das Kind in der Kreismitte muss nun raten, bei wem der Ring zu finden ist. Hat es richtig geraten, tauschen die beiden Kinder die Plätze. Das Spiel beginnt nun von vorn.

Zublinzeln

Ein großer Stuhlkreis wird aufgestellt. Auf jeden Stuhl setzt sich ein Mitspieler und hinter jedem Stuhl steht ein weiterer Mitspieler als Aufpasser. In die Mitte des Kreises stellt sich ein einzelnes Kind. Es schaut sich im Kreis um und blinzelt einem Mitspieler auf einem Stuhl zu. Das angeblinzelte Kind muss nun versuchen, vom Stuhl aufzuspringen und zu entkommen. Doch der Aufpasser hält ihn auf dem Stuhl, indem er ihm schnell die Hände auf die Schultern legt. Wenn es dem Kind in der Kreismitte gelingt, einen Mitspieler loszublinzeln, tauscht es seine Rolle mit dessen Aufpasser.

Rechnen mit Pieps

Zu Beginn des Spiels wird ausgemacht, welche Zahlen durch das Wort »Pieps« ersetzt werden müssen. Also beispielsweise alle Zahlen, in denen eine 4 vorkommt. Gezählt wird dann reihum im Kreis: 1, 2, 3, Pieps, 5 ... 13, Pieps, 15 usw. Vergisst ein Kind, die 4 durch »Pieps« zu ersetzen, scheidet es aus. Schwieriger wird das Spiel, wenn alle Zahlen durch »Pieps« ersetzt werden müssen, die durch eine Zahl, zum Beispiel 5, teilbar sind. Wenn alle Mitspieler das Einmaleins gut beherrschen, kann so bis zu ziemlich hohen Zahlen gespielt werden.

Armer schwarzer Kater

Im Kreis sitzen die Mitspieler auf Stühlen, einer jedoch ist der schwarze Kater, der auf allen vieren traurig innerhalb des Kreises umherstreunt und jämmerlich miaut. Schließlich sucht er sich einen der Mitspieler aus, zu dem er nun geht und dem er seinen Kopf auf den Schoß legt. Der Mitspieler muss den schwarzen Kater trösten. Er sieht ihm in die Augen, streichelt ihm über den Kopf und sagt: »Armer schwarzer Kater.« Dabei darf er aber nicht lachen und muss ganz ernst bleiben. Egal, wie herzzerreißend der arme schwarze Kater schnurrt und miaut, der Mitspieler muss ihm immer ernst und gefasst über den Kopf streicheln und darf nur »armer schwarzer Kater« sagen. Kann er sich das Lachen nicht mehr verkneifen, wird er selbst zum armen schwarzen Kater, und der andere ist erlöst. Gelingt es ihm aber, ernst zu bleiben, trollt sich der Kater wieder und sucht ein weichherzigeres Opfer.

Vertauscht

Ein Kind in der Kreismitte stellt sich vor einen Mitspieler im Kreis. Es zeigt beispielsweise mit dem Finger auf sein Knie und sagt: »Das ist meine Nase.« Daraufhin muss der angesprochene Mitspieler sofort mit dem Finger auf seine Nase zeigen und sagen: »Und das ist mein Knie.« Körperteile und ihre Bezeichnungen werden also exakt ausgetauscht. Dazu gehören Konzentration und Koordination, denn der erste Impuls ist immer, die Bewegung des Gegenübers nachzumachen. Wer sich im Eifer des Spiels vertut und nicht genau das ergänzende Gegenteil zeigt und sagt, tauscht mit dem Kind im Kreis den Platz. Während die ersten Runden noch in gemächlicher Ruhe gespielt werden, kann sich späterhin das Tempo immer mehr steigern.

Flaschendrehen

Alle Kinder sitzen im Kreis auf dem Boden um eine leere Flasche, die auf der Seite liegt. Ein Mitspieler denkt sich nun eine Aufgabe aus, die derjenige ausführen muss, auf den die Öffnung der Flasche nach dem Drehen zeigt. Solche Aufgaben könnten zum Beispiel sein: Dreimal ums Haus laufen und rufen: »Ich bin ein bisschen verrückt!«, den anderen Mitspielern ein Getränk aus dem Kühlschrank holen, so schnell wie möglich in den Keller und wieder hoch laufen, von 100 rückwärts bis 0 zählen, ein langes Wort rückwärts buchstabieren usw. Nachdem die Aufgabe gestellt ist, dreht der Mitspieler die liegende Flasche mit Schwung, und alle warten gespannt, auf wen die Flaschenöffnung zeigt. Dieser Mitspieler muss nun die Aufgabe erfüllen und darf die nächste stellen, bevor er die Flasche dreht.

Ich armer Mann

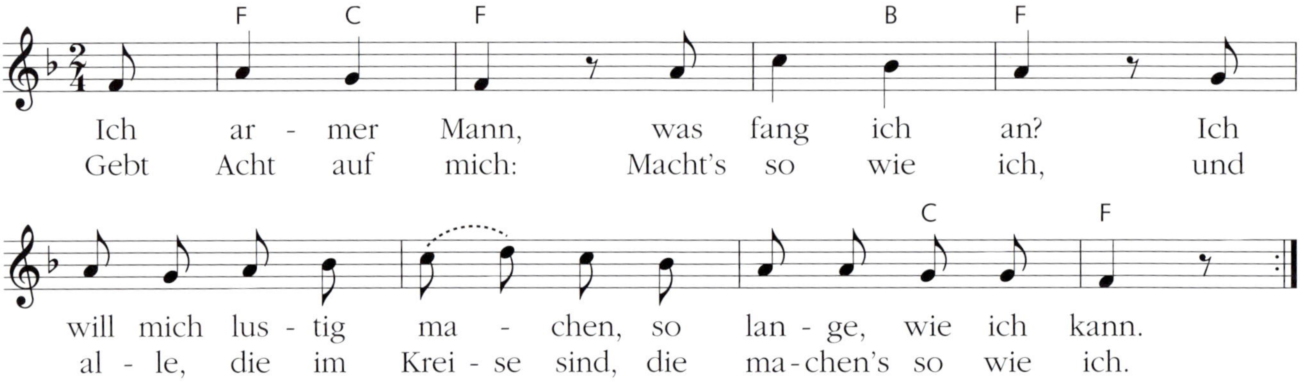

Während alle Kinder den ersten Teil des Lieds singen, gehen sie im Kreis. I nnen geht in entgegengesetzter Richtung der »arme Mann«. Dann bleiben alle stehen und der »arme Mann« macht einem Kind eine Bewegung vor, die es nachmachen muss. Nun wird das Kind zum »armen Mann«, und das Lied beginnt von vorn.

Wir gehen jetzt im Kreise

Die Mitspieler gehen im Kreis und singen das Lied. Nach dem ersten Liedteil bleiben alle stehen, und das genannte Kind zeigt eine Bewegung, die alle nachmachen müssen. Alle gehen dann weiter im Kreis. Nach dem letzten Kind wird zum Abschluss gesungen: »(Name des Kindes) das war wirklich fein, doch jetzt muss ein Ende sein.«

Du bist mein Spiegel

In der Kreismitte steht ein Kind, die anderen fassen sich an den Händen und gehen im Kreis um dieses Kind herum. Dabei singen sie das Lied. Bei »du stehst still« bleibt der Kreis stehen, und das Kind in der Mitte hüpft innen am Kreis entlang. Bei »Spiegel, Spiegel« bleibt es vor einem Mitspieler im Kreisrund stehen und macht eine Bewegung, die das ausgewählte Kind nachmachen muss, während die anderen »La, la …« singen und in die Hände klatschen. Anschließend tauschen die beiden Kinder ihre Rollen, und das Kreisspiel beginnt von vorn.

Rote Kirschen ess ich gern

Alle Kinder singen das Lied und gehen im Kreis, während Teil A gesungen wird. Bei Teil B bricht ein Kind, das zuvor durch Abzählen bestimmt wurde, in den Kreis ein und verlässt ihn auf der gegenüberliegenden Seite wieder. In Teil C sucht sich das einzelne Kind ein weiteres Kind aus, das mit ihm kommt. Nun beginnt das Lied von vorn, und das Spiel geht so lange, bis sich der Kreis aufgelöst hat.

Die Kamele gehn

Je nach Anzahl der Kinder wird bei dem Lied mit der entsprechenden Anzahl Kamele begonnen, zum Beispiel zehn. Alle Kinder gehen im Kreis, und am Schluss des Liedes setzt sich jedes Mal ein Kind auf den Boden. Die Anzahl der Kamele wird so immer kleiner, bis sich schließlich auch das Letzte auf den Boden setzen darf.

Verbrannt

Material
Kassettenrekorder
Stock

Während Musik aus einem Kassettenrekorder gespielt wird, reichen sich die Mitspieler im Kreis einen Stock so schnell wie möglich weiter. Stoppt die Musik, scheidet der Mitspieler aus, der den Stock gerade in der Hand hält.

Kreisziehen

Material
Kreide oder Seil

Auf dem Boden wird ein Kreis mit Kreide aufgezeichnet oder mit einem Stück Seil gelegt. Der Kreis ist im Durchmesser ungefähr einen halben Meter kleiner als der Kreis, den die Mitspieler um ihn herum bilden. Alle fassen sich nun an den Händen und versuchen, sich möglichst weit vom Kreidekreis zu entfernen und gleichzeitig andere in den Kreis hineinzuziehen. Wer die Kreidelinie übertritt, scheidet aus. Entsprechend dem Kreis der Mitspieler, der immer kleiner wird, muss auch der Kreidekreis immer kleiner gezeichnet werden.
Das Spiel ist zu Ende, wenn nur noch ein Mitspieler übrig ist.

Sing- und Reigenspiele

Schon Kleinkinder lieben Reigenspiele, die zunächst von den Erwachsenen, mit zunehmendem Alter dann von den Kindern allein gesungen und auch initiiert werden. In Kindergruppen machten Sing- und Reigenspiele bis vor wenigen Jahrzehnten den Hauptbestandteil des gemeinsamen Spiels aus. Auch heute noch ist die Verbindung von – meist pantomimischer – Darstellung und Lied ein wichtiger Bestandteil beim Gruppenspiel in Krabbelgruppen und Kindergärten. Diese Spielform eignet sich aber durchaus auch für wenige Kinder, für das Spiel auf der Straße oder zu Hause. Auch beim Kindergeburtstag im Alter von zwei bis vier, wenn die beliebten Klassiker einfach noch zu schwierig sind, können Kreisspiele für Gemeinschaftsgefühl sorgen. Rhythmusgefühl und Sprachgewandtheit werden dabei genauso gefördert wie die Koordination von Text, Melodie und Bewegung und die Sensibilisierung des Gehörs. Im Tausch der Rollen erhalten alle Kinder die Gelegenheit, beliebte Figuren darzustellen und im Mittelpunkt des Geschehens zu stehen.

Verbindlichkeit im Spiel und die Koordinationsleistung zwischen Text, Melodie und Bewegung stehen bei Sing- und Reigenspielen im Vordergrund.

Schmetterling, du kleines Ding

Zum gemeinsam gesungenen Lied laufen alle Kinder los und flattern mit den Händen. Dann finden sie sich paarweise zusammen, halten sich gegenseitig an den Händen und drehen sich im Kreis. Wenn das Lied von vorn beginnt, flattern sie wieder weiter und suchen sich andere Tanzpartner.

Tanz, Kindlein, tanz!

Im Rhythmus des gemeinsam gesungenen Liedes tanzen und hopsen die Kinder während der ersten Strophe paarweise mit eingehakten Armen im Kreis. In der zweiten Strophe wird der Tanzpartner gewechselt. Wenn es nur zwei Kinder sind, wechselt die Richtung.

Die Kinder unterm Hollerbusch

2. Ringel, rangel, Rosen, schöne Aprikosen,
Veilchen und Vergissmeinnicht,
alle Kinder setzen sich!

Dieses Kreisspiel ist ein altbekannter Frühlingsreigen, bei dem die Mitspieler einander an den Händen fassen und singend im Kreis gehen, abwechselnd einmal linksherum und einmal rechtsherum. Am Schluss jeder Strophe setzen sich alle ganz schnell nieder oder lassen sich auf den Boden plumpsen.

Als der Großvater die Großmutter nahm

Bei diesem Spiel stehen alle Kinder im Kreis und halten sich an den Händen.
Ein Kind in der Kreismitte stellt den Großvater dar, der sich aus dem Kreisrund eine Großmutter sucht, sich vor ihr verbeugt und im Kreis Arm in Arm mit ihr einherschreitet.
Sobald die Großmutter ausgewählt ist, klatschen die anderen Kinder im Takt des gesungenen Liedes.
Am Liedende reiht sich der Großvater in den Kreis ein.
Die Großmutter stellt nun den Großvater dar, wenn das Spiel wieder von vorn beginnt.

Tipp

Dieser fröhliche Reigen greift das beliebte Spiel mit Familienrollen auf, das vor allem Kinder im Kindergartenalter lieben. Dazu gehören auch traditionelle Berufsrollen wie die der Waschfrau (→ Seite 117).

Die dumme Liese

2. Kommt ein Kaufmannssohn daher, auf der grünen Wiese,
hat ein Wams aus Seide an, neigt sich vor der Liese.
Jungfer ...

3. Kommt ein Schneiderlein daher, auf der grünen Wiese,
hat ein grünrot Röcklein an, neigt sich vor der Liese.
Jungfer ...

4. Liese wartet Jahr um Jahr, auf der grünen Wiese,
doch kein König kommen mag, der da spricht zur Liese:
Jungfer ...

5. Kommt ein Schweinehirt daher, namens Christian Stoffel,
hat nicht Schuh noch Strümpfe an, trägt nur Holzpantoffel.
Lieber Stoffel, tanz mit mir, auf der grünen Wiese!
Und der Stoffel tanzt mit ihr, mit der dummen Liese!

Die Rollen vom Reitersmann, vom Kaufmannssohn, vom Schneiderlein, dem Schweinehirten und der Liese werden unter den Kindern verteilt. Sie spielen die Geschichte nach, während die anderen Kinder im Kreis stehen und klatschen. Zum Schluss dreht sich der Schweinehirt mit der Liese im Kreis. Das Lied kann mit vertauschten Rollen noch einmal gesungen werden.

Machet auf das Tor

2. Wer sitzt darin, wer sitzt darin? Ein Mann mit gold'nen Haaren.

3. Was will er denn, was will er denn? Er will die Schönste haben.

4. Was tat sie denn, was tat sie denn? Sie hat sein Herz gestohlen.

5. Wo ist sie denn, wo ist sie denn? Sie ist gefangen worden.

Zwei Mitspieler bilden mit ausgestreckten Armen ein Tor,
durch das alle anderen gehen, während das Lied gesungen wird.
Am Ende des Lieds senken sich die Arme und das Kind,
das gefangen wurde, muss zwischen zwei Wörtern wählen,
die sich die Torkinder ausgedacht haben, zum Beispiel: »Essig oder Öl?«
Hinter einem der Begriffe verbirgt sich die Hölle, hinter dem anderen der Himmel.
Nach und nach werden so alle Mitspieler gefangen und stellen sich,
je nachdem, für welchen Begriff sie sich entschieden haben,
hinter eines der Torkinder. Zum Schluss wird aufgelöst,
wer in der Hölle und wer im Himmel ist.
Die Höllenkinder werden geschüttelt,
die Himmelskinder gewiegt.

Hänsel und Gretel

2. Huhu, da schaut eine alte Hex' heraus.
Sie lockt die Kinder ins Pfefferkuchenhaus.
Sie stellte sich gar freundlich, o Hänsel, welche Not!
Ihn wollt sie braten im Ofen, braun wie Brot.

3. Doch als die Hexe zum Ofen schaut hinein,
ward sie gestoßen von Hans und Gretelein.
Die Hexe musste braten, die Kinder gehn nach Haus!
Nun ist das Märchen von Hans und Gretel aus.

Mit verteilten Rollen stellen die Mitspieler das Märchen dar. Hänsel und Gretel hüpfen zunächst unbeschwert durch den Raum, wo Kinder mit erhobenen Händen die Bäume darstellen. Die Hexe steht bucklig da und lächelt, dann lockt sie die beiden in einen Kreis. Dem Lied entsprechend agieren die Mitspieler, zum Schluss tanzen alle im großen Kreis um die Hexe im Ofen.

Tipp

Traditionelle Märchen spiegeln Grunderfahrungen des Lebens. Die Geschichte von Hänsel und Gretel thematisiert Trennungsängste, aber auch die irrationale Angst vor der »bösen Hexe«.

Dornröschen

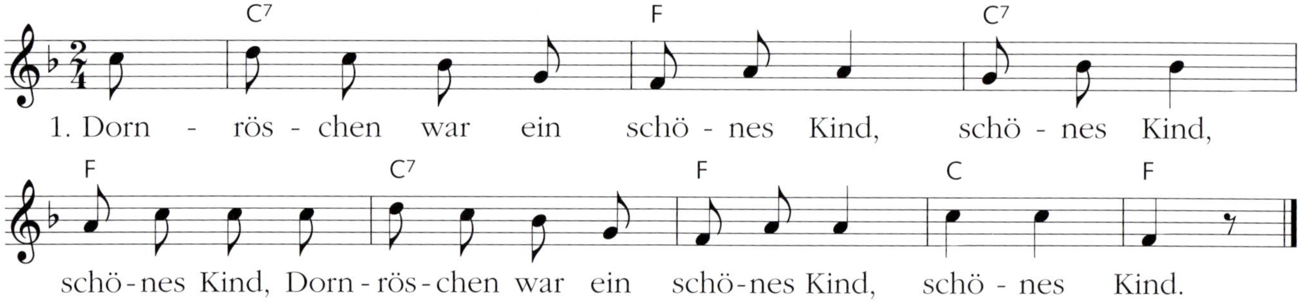

In der Mitte eines kleinen Kreises aus Hofgesinde sitzt ein Mädchen, das durch Abzählen zum Dornröschen bestimmt wurde. Ein weiterer größerer Kreis steht um den kleinen Kreis, und außerhalb dieses großen Kreises stehen die beiden Feen und der Königssohn.

2. Es wohnt in einem Zauberschloss, Zauberschloss, Zauberschloss.
Es wohnt in einem Zauberschloss, Zauberschloss.
Die Kinder halten sich an den Händen und gehen im Kreis.

3. »Dornröschen, nimm dich ja in Acht, ja in Acht, ja in Acht.
Dornröschen, nimm dich ja in Acht vor einer bösen Fee«.
Alle Kinder erheben mahnend den Finger gegen Dornröschen.

4. Da kam die böse Fee herein, Fee herein, Fee herein.
Da kam die böse Fee herein und sprach zu ihr.
Die böse Fee durchbricht beide Kreise und stellt sich zu Dornröschen.

5. »Dornröschen, du musst sterben, sterben, sterben.
Dornröschen, du musst sterben, sterben.«
Die Fee droht mit dem Finger, und Dornröschen vergräbt das Gesicht in ihren Händen.

6. Da kam die gute Fee herein, Fee herein, Fee herein.
Da kam die gute Fee herein und sprach zu ihr.
Die böse Fee verlässt den Kreis, die gute Fee tritt zu Dornröschen.

7. »Dornröschen, schlafe hundert Jahr, hundert Jahr, hundert Jahr.
Dornröschen, schlafe hundert Jahr, hundert Jahr.«
Die Fee breitet die Hände über Dornröschen und das Hofgesinde, die zu Boden sinken und einschlafen.

8. Und eine Hecke riesengroß, riesengroß, riesengroß und
eine Hecke riesengroß wuchs um das Schloss.
Die Kinder des äußeren Kreises rücken näher, heben die Arme und stellen die wachsende Hecke dar.

9. Es schlief das ganze Königreich, Königreich, Königreich,
es schlief das ganze Königreich, Königreich.
Das Hofgesinde schläft ruhig, auch die Heckenkinder lassen die Köpfe hängen.

10. Als hundert Jahr vergangen war'n, vergangen war'n, vergangen war'n,
als hundert Jahr vergangen war'n, vergangen war'n.

11. Da kam ein junger Königssohn, Königssohn, Königssohn,
da kam ein junger Königssohn, Königssohn.
Der Königssohn umrundet den Kreis.

12. Er schlug die Hecke mittendurch, mittendurch, mittendurch,
er schlug die Hecke mittendurch, mittendurch.
Der Königssohn durchbricht die Hecke und dringt bis zu Dornröschen vor.

13. Er weckt Dornröschen wieder auf, wieder auf, wieder auf.
Er weckt Dornröschen wieder auf mit einem Kuss.
Der Königssohn neigt sich zu Dornröschen.

14. »Dornröschen, wache wieder auf, wieder auf, wieder auf,
Dornröschen, wache wieder auf und alle mit.«
Der Königssohn singt die Strophe allein.
Dornröschen und das Hofgesinde erwachen und stehen auf.

15. Sie feierten ein großes Fest, großes Fest, großes Fest,
sie feierten ein großes Fest, das Hochzeitsfest.

16. Und ihr seid alle Hochzeitsgäst', Hochzeitsgäst', Hochzeitsgäst' und
ihr seid alle Hochzeitsgäst', Hochzeitsgäst'.
Der Königssohn und Dornröschen reihen sich in den Kreis des Hofgesindes ein.
Beide Kreise tanzen nun in Gegenrichtung rundherum.

Im Märzen der Bauer

2. Die Bäurin, die Mägde, sie dürfen nicht ruhn,
sie haben im Haus und im Garten zu tun.
Sie graben und rechen und singen ein Lied,
und freun sich, wenn alles schön grünet und blüht.

Die Mitspieler werden nach Jungen und Mädchen getrennt.
Je nach Liedtext agieren die Gruppen einzeln oder gemeinsam.

Petersilie, Suppenkraut

Im Takt des Liedes geht ein Mädchen im Raum umher und pflückt pantomimisch Petersilie.
Bei der Stelle »und was dann?« stellt sie sich vor einen Jungen, der sich vor dem Mädchen verbeugt.
Dann ist das nächste Mädchen an der Reihe, sich einen Bräutigam zu suchen,
und das Lied wird von vorn gesungen.

Ei Bau'r, was kost' dein Heu?

2. *Bauer* Mein Heu, das kost' ein Taler ...

3. *Alle* Ei Bauer, das ist zu viel ...

4. *Alle* Da sagt der Bauer zur Frau ...

5. *Bauer* Das ist meine liebe Frau ...

6. *Alle* Da sucht der Bauer ein Kind ...

7. *Bauer* Das ist mein liebes Kind ...

8. *Alle* Da sucht der Bauer ein' Knecht ...

9. *Bauer* Das ist mein lieber Knecht ...

10. *Alle* Da kriegt der Bauer ein' Schubs ...

Um einen Mitspieler, den Bauern, stehen die anderen Kinder im Kreis. Bei den entsprechenden Strophen zeigt der Bauer auf Mitspieler, die sich zu ihm gesellen und ihn am Ende aus dem Kreis schubsen. Je nachdem, wie viele Kinder mitspielen, können noch mehr Strophen dazugedichtet werden, bis der Bauer aus dem Kreis gestoßen wird (Magd, Hund usw.).

Alle Vögel sind schon da

2. Wie sie alle lustig sind, flink und froh sich regen.
Amsel, Drossel, Fink und Star und die ganze Vogelschar
wünschen uns ein frohes Jahr, lauter Heil und Segen.

3. Was sie uns verkünden nun, nehmen wir zu Herzen:
Wir auch wollen lustig sein, lustig wie die Vögelein,
hier und dort, feldaus, feldein, singen, springen, scherzen.

Zuerst singen alle Kinder gemeinsam das Lied.
Dann werden sie in drei Gruppen eingeteilt und singen es als Kanon.

Widewidewenne

2. Schwarz-und-weiß heißt meine Geiß, Dreibein, so heißt mein Schwein.

3. Ehrenwert heißt mein Pferd, Gute-Muh heißt meine Kuh.

4. Wettermann heißt mein Hahn, Kunterbunt heißt mein Hund.

5. Guck-heraus heißt mein Haus, Schlupf-hinaus heißt meine Maus.

6. Wohlgetan heißt mein Mann, Sausewind heißt mein Kind.

7. Leberecht heißt mein Knecht, Spät-betagt heißt meine Magd.

8. Sammetmatz heißt meine Katz, Hüpf-ins-Stroh heißt mein Floh.

9. *Gesprochen* Nun kennt ihr mich mit meinem Kind und meinem ganzen Hofgesind!

Gemeinsam singen die Kinder das Lied, und bei jedem Tiernamen tritt ein Mitspieler vor und stellt das genannte Tier dar. Die »entsprechenden« Namen der Tiere laden zu pantomimischen Darstellungen ein: »Ehrenwert« trottet brav einmal im Kreis, »Wettermann« reckt sich zum Himmel, das samtweiche Kätzchen schleckt seine Pfote usw.

Der Goldfisch

Alle Kinder gehen im Kreis und halten sich an den Händen.
Außen am Kreis geht ein Mitspieler in entgegengesetzter Richtung als Goldfisch.
Gemeinsam wird das Lied gesungen, und bei »der Goldfisch, der Goldfisch, der folge mir!« tippt der Goldfisch ein Kind aus dem Kreis an, das ihm folgt.
Nach und nach werden so alle Kinder zu Goldfischen, und eine immer längere Schlange »schwimmt« um den Kreis herum.

Klingelingeling, die Post ist da

Alle Kinder stehen oder sitzen bei diesem Spiel im Raum verteilt.
Ein Mitspieler stellt den Postboten dar, derzum gemeinsam gesungenen Lied durch den Raum hüpft.
Bei den letzten Worten tippt er ein Kind an, das sich ihm anschließt.
Das Spiel geht so lange, bis alle mit der Post unterwegs sind.

Steinerne Brücke

Zwei Kinder stehen einander gegenüber, einer ist der Teufel und einer der Engel. Die übrigen Mitspieler wissen nicht, wer der Teufel und wer der Engel ist. Die beiden Kinder fassen sich an den Händen. Unter ihren ausgestreckten Armen, die die Brücke darstellen, laufen die anderen Kinder hindurch. Die beiden Kinder singen oder sagen den Spruch.

Steinerei, Steinerei!
Geht durch die steinerne Brücke,
sie ist entzwei.
Wir wollen sie gern flicken.
Mit was? Mit Gras,
mit Steinerlein, mit Beinerlein.
Der Erste kommt, der Zweite kommt ... *(je nach Anzahl der Kinder)*
Der Letzte muss gefangen sein!

Der Letzte, der unter der Brücke durchläuft, wird gefangen. Er wird gefragt, zu welchem Kind er möchte und stellt sich dahinter. Der Marsch beginnt erneut, so lange, bis alle Kinder in einer der beiden Reihen stehen. Nun offenbaren sich Engel und Teufel und wiegen alle Engel auf ihren Armen. Die Teufel aber werden in der Brücke gerüttelt und geschüttelt.

Grün sind alle meine Kleider

2. Blau, blau, blau sind alle meine Kleider. Blau, blau, blau ist alles, was ich hab. Darum lieb' ich alles, was so blau ist, weil mein Schatz ein Seefahrer ist.

3. Schwarz, schwarz, schwarz sind alle meine Kleider. Schwarz, schwarz, schwarz ist alles, was ich hab. Darum lieb' ich alles, was so schwarz ist, weil mein Schatz ein Schornsteinfeger ist.

4. Weiß, weiß, weiß sind alle meine Kleider. Weiß, weiß, weiß ist alles, was ich hab. Darum lieb' ich alles, was so weiß ist, weil mein Schatz ein Bäcker, Bäcker ist.

5. Bunt, bunt, bunt sind alle meine Kleider. Bunt, bunt, bunt ist alles, was ich hab. Darum lieb' ich alles, was so bunt ist, weil mein Schatz ein Maler, Maler ist.

Alle Kinder singen gemeinsam das Lied, und wer ein Kleidungsstück in der entsprechenden Farbe trägt, tritt einen Schritt nach vorn und stellt das Handwerk pantomimisch dar. Gemeinsam werden weitere Strophen erfunden.

Zeigt her eure Füße

2. Zeigt her eure Füße, zeigt her eure Schuh', und sehet den fleißigen Waschfrauen zu.
Sie winden, sie winden, sie winden den ganzen Tag ...

3. Zeigt her eure Füße, zeigt her eure Schuh', und sehet den fleißigen Waschfrauen zu.
Sie hängen, sie hängen, sie hängen den ganzen Tag ...

4. Zeigt her eure Füße, zeigt her eure Schuh', und sehet den fleißigen Waschfrauen zu.
Sie legen, sie legen, sie legen den ganzen Tag ...

5. Zeigt her eure Füße, zeigt her eure Schuh', und sehet den fleißigen Waschfrauen zu.
Sie bügeln, sie bügeln, sie bügeln den ganzen Tag ...

6. Zeigt her eure Füße, zeigt her eure Schuh', und sehet den fleißigen Waschfrauen zu.
Sie tanzen, sie tanzen, sie tanzen den ganzen Tag ...

Die Mitspieler stehen im Kreis, stützen die Hände in die Hüften und setzen im Rhythmus der Melodie abwechselnd den linken und den rechten Fuß vor. Bei »sie waschen«, »winden«, »legen«, bügeln« usw. stellen die Kinder die entsprechenden Tätigkeiten dar.

Schornsteinfeger ging spaziern

2. Kommt er an ein großes Haus ...

3. Schaut ein junges Mädchen raus ...

4. »Mädchen, Mädchen, willst mich hab'n? ...«

5. »Muss ich erst den Vater fragen ...«

6. »Vater, Vater, darf ichs machen? ...«

7. »Nimm doch lieber 'n Schlossermeister ...«

8. »Schlossermeister bricht die Hand ...«

9. Schornsteinfeger fällt vom Dach ...

10. Und das Mädchen fängt ihn auf ...

11. Morgen soll die Hochzeit sein ...

Für dieses Singspiel werden die Rollen des Schornsteinfegers, des Mädchens und des Vaters drei Kindern zugeordnet. Dann stellen sich alle anderen Kinder in einem großen, lockeren Kreis auf und singen nacheinander alle Strophen des Liedes. Die drei ausgewählten Kinder agieren im Kreisinneren gemäß dem Text und stellen dar, was jeweils gesungen wird. Wenn der Schornsteinfeger zum Schluss vom Dach fällt und vom Mädchen aufgefangen wird, lässt er sich in die verschränkten Arme von zwei Kindern aus dem Kreisrund fallen.

Ich heiße August Fridolin

2. Und meine Frau heißt Wulliwitsch und schwimmt im Wasser wie ein Fisch.
Widi wap ... *August Fridolin sucht sich eine Frau, die mit ihm watschelt.*

3. Und unsre Freunde ringsumher gehn mit uns in Richtung Meer.
Widi wap ... *Die restlichen Kinder stoßen dazu.*

4. Wir watscheln an den Meeresstrand und kommen rum im ganzen Land.
Widi wap ... *Alle watscheln durch den Raum oder durchs ganze Haus.*

Ein Kind stellt den Pinguin August Fridolin dar. Die anderen Kinder stehen, um ihn herum und alle singen das Lied. Beim zweiten Liedteil klatscht sich August Fridolin auf die Schenkel und in die Hände.

Übern See

2. Und als wir drüber warn, drüber warn und als wir drüber – warn. Da sangen alle Vöglein, Vöglein, Vöglein, Vöglein, da sangen alle Vöglein, der helle Tag brach – an.

3. Der Jäger blies ins Horn, blies ins Horn, der Jäger blies ins – Horn. Da bliesen alle Jäger, Jäger, Jäger, Jäger, da bliesen alle Jäger, ein jeder in sein – Horn.

Gemeinsam singen alle Mitspieler das Lied aus voller Kehle.
Wichtig ist, nicht in die Pause hineinzusingen.
Wem das passiert, der muss ein Pfand abgeben.

Der Kuckuck

Tipp

Anfangs wird das Lied in gemächlichem Tempo gesungen, bis alle den Text gut können. Dann wird das Tempo immer mehr gesteigert, um die Herausforderungen zu steigern.

2. Es regnet sehr und er ward (Zeterum ...),
es regnet sehr und er ward nass.

3. Da kam der warme Sonnen- (Zeterum ...),
da kam der warme Sonnenschein.

4. Es müssen zweiunddreißig (Zeterum ...),
es müssen zweiunddreißig sein.

Die Kinder singen gemeinsam das Lied und machen jeweils in der zweiten Hälfte der Strophen bei jeder Textsilbe einen Strich auf ein Blatt Papier. Am Ende des Liedes müssen es 32 Striche sein.

Reimspiele und Rätselreime

Wie bei den Ulkgeschichten und Wortspielen steht die Sprache bei dieser Spielart im Mittelpunkt. Doch hier geht es nicht mehr nur um das spaßige Verdrehen von Sinnhaftem ins Unsinnige, sondern darum, hinter einer ungewöhnlichen, manchmal kompliziert anmutenden Umschreibung einfache Tatsachen oder Begriffe zu erkennen. Wie die Katze um den heißen Brei schleicht die Sprache um den Gegenstand, den sie nicht direkt benennen will. Dieser spannenden und spielerischen Art der intellektuellen Herausforderung stellen sich alle Kinder gern, denn Reimspiele und Rätselreime fordern zum selbstständigen Denken heraus und sorgen gleichermaßen für Verblüffung und Erfolgserlebnisse. Die Kinder finden Gefallen an diesen verzwickten Knacknüssen und versuchen sich schnell an selbst formulierten Rätseln und Reimen. Insbesondere die kognitiven Leistungen und die sprachliche Ausdrucksfähigkeit profitieren stark von Spielen dieser Art.

Einfache Ratelieder lieben schon Kleinkinder, wenn sie von deutlichen Gesten begleitet werden. Die Teekesselchen und gereimten Rätsel stellen dagegen manche harte Nuss auch für größere Schulkinder dar.

Ein Männlein steht im Walde

2. Das Männlein steht im Walde auf einem Bein.
Es hat auf seinem Haupte schwarz Käpplein klein.
Sag, wer mag das Männlein sein, das da steht im Wald allein
mit dem kleinen schwarzen Käppelein?

Tipp

Im Herbst können zur Veranschaulichung des Liedtextes Hagebutten an die Kinder verteilt werden.

Ich kenn' zwei kleine Fensterlein

2. Doch abends, wenn es dunkel wird und alles geht zur Ruh,
dann macht geschwind der kleine Schelm, dann macht geschwind der kleine Schelm
die Fensterläden zu, die Fensterläden zu.

Hoch am Baum, da hängt es

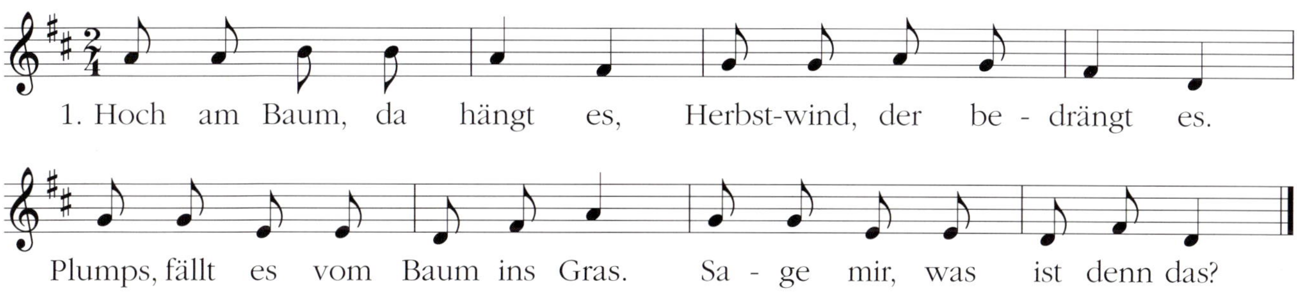

2. Grün und rund und stachlig, hebst du's auf, dann sticht's dich.
Ziehst du's grüne Fell ihm aus, kommt die braune Frucht heraus.

Alle Kinder müssen raten, um welche Frucht es sich handelt (Kastanie).

Auf unsrer Wiese gehet was

Die Kinder erraten den Storch und stellen ihn dar, wenn sie das Lied erneut singen. Sie staksen mit steifen Beinen durch den Raum, deuten Rock und Strümpfe an und jagen mit weiten Bewegungen der Arme nach den Fröschen.

Tipp

Das Lied vom Storch macht auch schon ganz kleinen Kindern Spaß, wenn es als Spiellied gesungen wird:
Die Zeigefinger tippen auf den Bauch des Kindes oder auf die Tischplatte, um das Waten darzustellen.
Die Handflächen stellen den Schnabel dar, mit dem der Storch nach Fröschen schnappt und laut klappert.

Rätselreime

Hinter diesen rätselhaften Versen verbergen sich meist ganz alltägliche Dinge. Beim Raten kommt es weniger darauf an, auf Anhieb die richtige Antwort zu kennen, sondern vielmehr darauf, möglichst bildhaft zu denken und kreativ zu kombinieren. Den Umgang mit der nicht alltäglichen Sprache und den anschaulichen Beschreibungen lieben vor allem Schulkinder.

Ein langer, langer Vater,
eine lange, lange Mutter,
und viele, viele Kinder.
Leiter und ihre Sprossen

Du siehst es stets bei Sonnenschein,
am Mittag ist es kurz und klein
und wächst bei Sonnenuntergang
und wird gar wie ein Baum so lang.
Schatten

Es geht ein Mann im Grase,
hat eine lange Nase,
hat rote Stiefel an,
bewegt sich wie ein Edelmann.
Storch

Alle Tage geh ich aus,
bleibe dennoch stets zu Haus.
Schnecke

Es hat einen Rücken und
kann nicht fliegen,
zwei Flügel hat's und kann nicht liegen,
es hat ein Bein und kann nicht stehn,
laufen kann es, doch nicht gehn.
Nase

Die Kinder wohnen dicht beisammen,
weil sie von einem Vater stammen.
Doch jedes hat zu seinem Sitze,
ein eigen abgesondert Haus,
und zwar ein Haus mit einer Spitze,
doch später prügelt man sie raus.
Getreidekörner

Ein rotes Jäckchen,
ein schwarzes Käppchen,
ein Bauch voller Stein,
was mag das sein?
Hagebutte

Erst weiß wie Schnee,
dann grün wie Klee,
dann rot wie Blut,
schmeckt allen Kindern gut.
Kirschen

Loch an Loch
und hält doch.
Was ist das?
Kette

Die eine summt und wird auch
oft erschlagen, die Zweite ziert
so manchen Hemdenkragen.
Fliege

Weiß läuft es über grüne Wiesen,
auf Käse tut's der Gourmet genießen.
Schimmel

Einst von Helden aufgeschlitzt,
er heut bei Wind am Himmel sitzt.
Drache

Ein Tal voll, ein Land voll
und am End ist's keine Handvoll.
Nebel

Das Erste mundet Mäusen sehr,
das Zweite läutet laut umher.
Zusammen steht es auf dem Tisch
und hält den Inhalt länger frisch.
Käseglocke

Keiner und Niemand traten ins Haus.
Keiner sprang zum Fenster hinaus,
und Niemand ging durch die Hintertür
raus. Doch wer ist jetzt noch im Haus?
Das »und«

Am Himmel fliegt es,
auf dem Boden, da liegt es.
Auf dem Dach oben sitzt es,
und in der Hand, da schwitzt es.
In der Hitze verläuft es,
und im Wasser ersäuft es.
Was ist es?
Schnee

Zwei Väter und zwei Söhne,
die gingen auf die Jagd
und schossen sich drei Hasen.
Und doch hat jeder einen heimgebracht,
und ihn sich schmecken lassen.
Großvater, Vater und Enkel

Der Erste frisst,
der Zweite isst,
der Dritte wird gefressen,
das Ganze wird gegessen.
Sau-er-kraut

Der Zeichen sieben hat das Wort,
der Rest bleibt Acht,
nehm ich drei fort.
Achtung

Ein leerer Kopf hat keinen vollen Wert,
bei welchen Köpfen ist es umgekehrt?
Notenköpfe

Was ich gelte, bin ich nütze,
bin ich durch den Kopf allein.
Mein Zuhaus ist eine Ritze,
in sie klemmt man früh mich ein.
Wo ich bis zum Abend sitze,
wenn ein voller Bauch mir nicht,
mein Erlösungsurteil spricht.
Knopf

Im Ersten Beten und Singen erklingt,
das Zweite betet, das Ganze singt.
Dompfaff

Das Erste düstert,
das Zweite knistert,
das Ganze lullt mit
sanftem Schein
dich in des Schlummers
Träume ein.
Nachtlicht

In einem Garten
stand ein Mädchen,
das trank Tee,
da kam ein Reh,
schwamm durch den See.
Wie hieß das Mädchen?
Therese

Die ersten zwei Silben
scheuen das Licht,
dessen Strahl sich in den
zwei letzten bricht.
Das Ganze führt man zuweilen noch an
und denkt dabei an einen ganz
komischen Mann.
Eulenspiegel

Die erste Silbe gib der Kuh.
Setz ihr noch einen Laut hinzu,
dessen Name ganz so klingt
wie das, was man aus Tassen trinkt,
so hast du auch das Zweite.
Das Ganze? Täglich war es ja
und ist tagtäglich wieder da;
es reimt sich auch aufs Zweite.
heute

Welch seltsames Etwas,
das alles verschlingt:
Den mächtigen Baum,
den Vogel, der singt.
Es vernichtet alles,
ob aus Stahl oder Eisen,
selbst am härtesten Stein
kann es seine Macht beweisen.
Es schmettert auch größte
Herrscher nieder,
lässt nichts, wie es war,
schickt Fraß in alle Glieder.
Es schreitet einher als
schrecklichste Kraft,
ihr zu entkommen
hat noch keiner
geschafft.
Zeit

Es hat sechs Beine und
geht doch nur auf vier,
wer ist das bloß, schnell sag es mir.
Ross und Reiter

Wer nach des Lebens eitlen Genüssen
hat in die Silben von vorwärts gebissen,
wird in die Silben von rückwärts gar bald
geschoben und ach! gebettet so kalt.
Gras – Sarg

Ich bin ein Blatt, bald groß, bald klein,
man sieht mich leer, bemalt, beschrieben.
Bald heiß ich grob, bald bin ich fein,
gar leicht beschmutzt und abgerieben.
Mein allgemeiner Name umschließt
die Bezeichnungen alle,
die man von mir bald hört, bald liest.
Wem ich im Spiel auch nicht gefalle,
schickt mich doch wohl in manches Haus
als seinen stummen Sprecher aus.
Land-, Post-, Spiel- und Visitenkarte

Warum denn jagen?
Nicht leicht zu tragen.
Am Segelboot.
Tut dem Wanderer Not.
Besuch zu Haus.
Schon ganz heraus?
Hast, Last, Mast, Rast, Gast, fast

Es kam ein Vogel federlos,
setzt sich auf einen Baum blattlos.
Da kam die Jungfrau mundlos
und fraß den Vogel federlos,
von dem Baume blattlos.
Schnee und Sonne

Teekesselchen

Alle Kinder lieben Teekesselchen! Am schönsten ist es, wenn die doppeldeutigen Begriffe jeweils von zwei Kindern vorgestellt werden. Sie sprechen sich ab, wer welche Bedeutungsvariante vorliest oder auch selbst umschreibt, und ob sie zusätzliche Hinweise für die Lösung geben werden. Wer als Erster das Teekesselchen erraten hat, wählt einen Partner und stellt mit ihm zusammen eine neue Aufgabe.

Mein Teekessel ist oft dufte.
Mein Teekessel gibt sich als mehr aus, als er ist.
Blüte

Mein Teekessel muss einiges einstecken können.
Mein Teekessel ist einer von des Menschen besten Freunden.
Boxer

Mein Teekessel hilft beim Essen.
Mein Teekessel hält das Rad in der Fassung.
(Fahrrad-)Gabel

Mein Teekessel ist im Haushalt unentbehrlich.
Mein Teekessel hilft Zugtieren, Lasten zu bewegen.
Geschirr

Mein Teekessel zeigt den flüssigen Inhalt.
Mein Teekessel sorgt für Helligkeit und gewährt Durchblick.
(Fenster-)Glas

Mein Teekessel gehört zum König.
Mein Teekessel gehört zu manchen Häusern.
Hof

Mein Teekessel lebt im Meer und in fließenden Gewässern.
Mein Teekessel ist als Krankheit eine Geißel der Menschheit.
Krebs

Mein Teekessel ist schön anzuhören.
Meinen Teekessel möchte man nicht schon wieder hören.
Leier als Musikinstrument und als eintönige Rede

Mein Teekessel trägt Verantwortung und hat einiges zu sagen.
Mein Teekessel hilft Menschen, höher zu kommen, wenn sie zu klein sind.
(Abteilungs-)Leiter

Mein Teekessel ist das Ohr eines Tiers.
Mein Teekessel hilft, die Suppe zu essen.
Löffel

Mein Teekessel ist das Ende einer Aufgabe.
Mein Teekessel mischt der Chemiker.
Lösung

Mein Teekessel erschreckt manche Menschen.
Meinen Teekessel nehmen viele in die Hand, die Computer bedienen.
Maus

Mein Teekessel ist eine begehrte,
sommerliche Erfrischung.
Mein Teekessel behütet vor
allem Männer.
Melone

Mein Teekessel gehört zu einem Vater.
Mein Teekessel gehört in den
Werkzeugkasten.
Mutter

Mein Teekessel ist ein Fingerschmuck.
Mein Teekessel schließt zwei Boxer ein.
Ring

Mein Teekessel lebt in einer
großen Stadt.
Mein Teekessel ist ein edles Trinkgefäß.
Römer

Mein Teekessel gehört zum Geschirr.
Mein Teekessel verbirgt den Kern.
Schale

Mein Teekessel sammelt geheime
Informationen.
Mein Teekessel zeigt, was draußen
vor sich geht.
Spion

Mein Teekessel birgt oft Wäsche.
Mein Teekessel ist mit Haut bespannt.
Trommel

Mein Teekessel wächst in der Natur.
Mein Teekessel zeigt sich in der Hand.
Blatt als Laub und als Spielkarte

Mein Teekessel ist das Stärkste
des Baums.
Mein Teekessel gibt an, woher
jemand kommt.
Stamm

Mein Teekessel ist eine
farbenprächtige Gratulation.
Mein Teekessel ist ein Vogel, der
sehr schnell laufen kann.
Strauß

Mein Teekessel braucht man
auf jedem Schiff.
Mein Teekessel findet sich
morgens überall.
Tau

Mein Teekessel bringt Gegenstände weit.
Mein Teekessel bedeutet bei Tieren
Mutterglück.
Wurf

Mein Teekessel hilft beim Hören.
Mein Teekessel hilft beim Schmieden.
Amboss (als Gehörknöchelchen und
als Schmiedeblock)

Mein Teekessel sagt einiges über
den Menschen aus.
Mein Teekessel macht Zeichen sichtbar.
(Gesichts- und Computer-)Ausdruck

Mein Teekessel versorgt die
Menschen mit Nahrung.
Mein Teekessel ist eine Art Käfig.
Bauer

Mein Teekessel kann stechen.
Mein Teekessel sorgt dafür,
dass Schnelles langsam wird.
Bremse

Mein Teekessel befindet sich über
allen Leuten im Haus.
Mein Teekessel sorgt für Wärme.
Decke

Auf meinen Teekessel achten
vor allem die Frauen.
Mein Teekessel wird von
Spielern gelenkt.
(Spiel-)Figur

Mein Teekessel ist Teil des Fußes.
Meinen Teekessel brauchen alle Gärtner.
Hacke

Mein Teekessel kann zum Geldausgeben
betreten werden.
Mein Teekessel schützt vor Licht und
Lärm.
(Fenster-)Laden

Mein Teekessel informiert und
verrät Neuigkeiten.
Mein Teekessel hält Vorräte bereit.
Magazin

Mein Teekessel wird mit Steinen
gespielt.
Mein Teekessel wurde früher
mit riesigen Steinen
betrieben.
Mühle

Mein Teekessel wird betreten und
befahren.
Mein Teekessel bedeckt und
schützt Wunden.
Pflaster

Mein Teekessel hilft, schwere Dinge
zu bewegen.
Mein Teekessel fasst Handlungen und
Dialoge zusammen.
Rolle

Meinen Teekessel finden viele
Leute lästig.
Mein Teekessel ist praktisch, um
Gartengeräte unterzubringen.
Schuppen

Mein Teekessel gehört zu jeder Blume.
Mein Teekessel darf in keinem Büro
fehlen.
Stempel

Mein Teekessel bestimmt die Richtung.
Mein Teekessel bringt dem Staat
Einnahmen.
Steuer

Mein Teekessel verleiht sicheren Gang.
Mein Teekessel erfreut das Auge und
hält sich lang.
(Blumen-)Stock

Mein Teekessel beherbergt Räume.
Mein Teekessel hilft, sich zu
erheben.
(Gebäude-)Flügel

Mein Teekessel schmeckt prima.
Mein Teekessel bildet sich, wenn
sich Wasser schnell bewegt.
Strudel

Mein Teekessel braucht
viele Kisten und Koffer.
Mein Teekessel findet mit viel Pomp
statt.
(Fest-)Umzug

Mein Teekessel liebt die Feuchtigkeit.
Mein Teekessel wird von Kühen,
Pferden und Schafen geliebt.
Weide (als Pflanze und als Futterwiese)

Mein Teekessel kann über Sieg oder
Niederlage entscheiden.
Mein Teekessel bringt die Menschen von
einem Ort zum anderen.
(Spiel-)Zug

Mein Teekessel sorgt mathematisch
für Aufteilung.
Mein Teekessel hat schon so manchen
Urlaub vorzeitig beendet.
(Knochen-)Bruch

Mein Teekessel lässt das
Mausen auch nicht.
Mein Teekessel macht Licht und Geräu-
sche zur Qual.
Kater

Mein Teekessel zeigt die ganze Welt.
Mein Teekessel trägt sie.
Atlas

Mein Teekessel überwindet Abgründe.
Mein Teekessel findet sich in vielen
Mündern.
Brücke

Mein Teekessel hat keine Balken und
ist doch belastbar.
Meinen Teekessel gibt es in vielen
Geschmacksrichtungen.
Eis

Mein Teekessel wächst und
muss geschnitten werden.
Meinen Teekessel bringt man mit
Schlägen zum Verschwinden.
Nagel

Den Reim lesen

Die beiden folgenden Verse werden auf je einen Zettel geschrieben. Wem gelingt es, die Verse so zu lesen, dass sie sich reimen?

Lieber Hermann, von mir weichen
willst du wirklich?
Guter Freund – nimmermehr verlass
ich dich.
Gelesen wird:
Lieber Herrmann, von mir weichen
willst du wirklich, Fragezeichen.
Guter Freund, Gedankenstrich,
nimmermehr verlass ich dich.

Was steht in diesem Winkel da?
Ein Schrank.
Gelesen wird:
Ein Es-ce-ha-er-a-en-ka.

Kim-Spiele

Wie durch ein Fernglas betrachtet, nehmen alltägliche Dinge in diesem winzigen Ausschnitt völlig neue Dimensionen an, wenn sie bewusst betrachtet oder befühlt, beschnuppert oder belauscht werden.

Die Sinneserfahrungen stehen bei den Kim-Spielen im Mittelpunkt. Fühlen und Tasten, Riechen und Schmecken, Hören und Lauschen, Sehen und Beobachten, Spüren und Wahrnehmen sind die Themen, die diesen Spielen zugrunde liegen. Die Konzentration auf einzelne Sinneskanäle im Spiel erweitert die Wahrnehmungsfähigkeit der Kinder insgesamt. Die Welt erschließt sich in dem Moment der Konzentration auf ganz eigene Weise. Manchmal ergeben sich daraus verblüffende Erkenntnisse – wer hätte schon gedacht, dass man die Nähe eines anderen nicht nur hören oder sehen, sondern durchaus auch spüren kann? Dass nicht nur die Hände, sondern auch die Füße Gegenstände so deutlich erspüren können? Oder dass der Weg einer kullernden Erbse ganz und gar nicht gerade verläuft? In aller Regel wirken Kim-Spiele eher beruhigend und verbreiten manchmal sogar eine nachdenkliche Stimmung. Konzentriertes und besonnenes Wahrnehmen steht hier im Mittelpunkt, und dafür sind auch sehr aktive und eher unruhige Kinder empfänglich.

Gesichter ertasten

Material
Augenbinde

Einem Mitspieler werden die Augen verbunden, die anderen setzen sich nebeneinander auf Stühle. Dabei darf nicht gesprochen werden, damit der blinde Mitspieler nicht hören kann, wer wo sitzt. Dann wird er von einem Kind zum anderen geführt und darf die Gesichter abtasten. Hat er alle richtig erkannt? Nun ist ein anderer Mitspieler an der Reihe, und alle tauschen wieder ihre Plätze.

Augen und Hände raten

Material
Altes Bettlaken

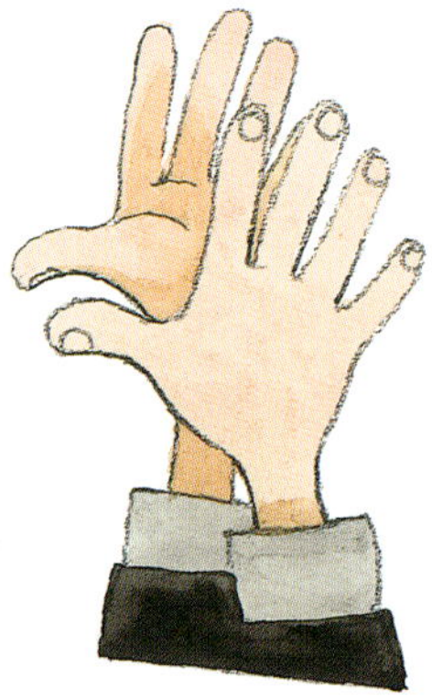

In ein altes Bettlaken wird ein kleines Loch geschnitten. Das Bettlaken wird so aufgehängt, dass sich hinter ihm einige Kinder verbergen können und das Loch etwa in Augenhöhe ist. Auf einer Seite steht ein Mitspieler, auf der anderen Seite versammeln sich alle anderen. Der Mitspieler stellt sich an das Laken und schaut durch das Loch. Von der anderen Seite schaut ihm ein anderer Mitspieler entgegen, und er muss nun raten, um wen es sich handelt. Ebenso wie die Augen können auch Hände oder Füße geraten werden, indem der ratende Mitspieler hinter dem Tuch sitzt und jeweils eine Hand oder ein Fuß eines der anderen Mitspieler erscheint. Wieder muss er versuchen, die Hand bzw. den Fuß einem Mitspieler richtig zuzuordnen.

Was passt zusammen?

Material
Verschiedene Schraubdeckelgläser
Filmdöschen mit Deckel usw.
Augenbinden

Auf dem Tisch werden die unterschiedlichsten Gefäße mit verschiedenen Verschlussarten ausgebreitet. Sind genug Gefäße vorhanden, sitzen zwei oder drei Mitspieler gleichzeitig am Tisch und versuchen, mit verbundenen Augen die zusammenpassenden Gefäße und Deckel zu finden und zusammenzusetzen. Dabei müssen die Verschlussarten und Größen richtig ertastet und zugeordnet werden. Die anderen Mitspieler passen auf, dass nichts zu Boden fällt. Sind alle Gläser, Boxen und Dosen verschlossen, beginnt das Spiel von vorn, und andere Mitspieler verbinden sich die Augen.

Faden erfühlen

Material
Wollfäden
Augenbinden

In Zweiergruppen finden sich die Spieler zusammen. Ein Kind verbindet sich die Augen, sodass es nichts mehr sehen kann. Das andere versteckt irgendwo an seinem Körper einen etwa zehn Zentimeter langen Wollfaden. Es kann ihn um den Gürtel wickeln, aus der Hosentasche hängen lassen, auf den Kopf oder ums Ohr legen, unter dem Hemdkragen verstecken usw. Sobald der Faden versteckt ist, darf das Kind mit den verbundenen Augen versuchen, ihn zu finden. Behutsam tastet es das andere Kind ab und entdeckt schließlich den Wollfaden.

Schwungtuch

Material
Großes Leintuch oder festere Decke

Alle Kinder versammeln sich an den Schmalseiten des Leintuchs. Ein Kind darf sich auf das Tuch legen. Die anderen heben das Tuch an und schaukeln den Mitspieler sanft hin und her. Mit der Zeit wird das Schaukeln stark und immer stärker, schließlich wieder schwächer, und zum Schluss wird der Mitspieler sanft auf dem Boden abgesetzt. Nun ist das nächste Kind an der Reihe und wird im Schwungtuch geschaukelt.

Was gehört zusammen?

Material
Säckchen
Kronkorken und Kapselheber
Kastanie und Eichel
Post- und Spielkarte
Nagel und Hammer
Schraube und Schraubenzieher
Kleiner und großer Löffel etc.

In einem Säckchen, das groß genug sein muss, um bequem hineinfassen zu können, werden verschiedene Gegenstände verstaut. Jeweils zwei dieser Gegenstände müssen zueinander in Beziehung stehen. Beispielsweise kann ein Korkenzieher mit einem Korken oder mit einem Kapselheber in Verbindung gebracht werden, ein Hammer mit einem Nagel oder mit einer Zange, die Schraube wiederum mit einem Nagel oder dem Schraubenzieher. Auch derselbe Gegenstand in unterschiedlichen Größen stellt ein solches Paar dar. Es sollten nicht mehr als acht bis zehn Gegenstände im Säckchen sein. Ein Mitspieler fasst nun in das Säckchen und befühlt ausgiebig die Gegenstände. Er erkennt die Dinge, die er befühlt, und überlegt sich die Beziehungen zwischen ihnen. Schließlich nimmt er immer zwei Dinge, von denen er denkt, dass sie zusammengehören könnten, heraus und erklärt den anderen Mitspielern ihren Zusammenhang.

Schleichen wie ein Indianer

Alle Mitspieler bis auf einen legen sich im Raum verteilt auf den Boden. Arme und Beine sind weit gespreizt, doch keiner berührt einen anderen. Nun schließen alle die Augen, sind ganz leise und bewegen sich nicht mehr. Der übrig gebliebene Mitspieler ist der Indianer. Er zieht sich möglichst leise die Schuhe aus und schleicht ganz vorsichtig und ohne ein Geräusch zu verursachen um die anderen herum. Behutsam versucht er, über die am Boden liegenden Mitspieler zu steigen. Wenn es ihm gelingt, unbemerkt von einem Ende des Raums zum anderen zu gelangen, stimmt er ein Indianergeheul an und ein anderer versucht als Indianer sein Glück. Bemerkt aber einer der am Boden Liegenden, dass der Indianer an ihm vorbeischleichen will, öffnet er die Augen und hält ihn fest. Der Indianer hat drei Versuche, um unbemerkt den Raum zu durchqueren.

Wie viele Finger?

Die Mitspieler finden sich in Zweiergruppen zusammen. Ein Kind steht hinter dem anderen und drückt ihm seine weit abgespreizten Finger auf den Rücken, mal zwei, mal fünf und auch einmal alle zehn. Wie viele Finger sind es? Nach einigen Raterunden werden die Rollen getauscht.

Luftkissen

Material
Bettüberzug
Viele Luftballons

Zunächst blasen alle Mitspieler viele Luftballons auf, aber nicht zu stark, damit sie widerstandsfähiger sind. Die Luftballons werden gut zugeknotet und dann dicht an dicht in einen alten Bettüberzug gesteckt. Der Bettüberzug wird zugeknöpft. Mit diesem riesigen Luftkissen kann man über die Wiese rollen, oder ein Mitspieler legt sich darauf und lässt sich von den anderen durch die Wohnung tragen. Schließlich dürfen sich alle gemeinsam auf das Luftkissen legen und die Ballons zum Platzen bringen.

Luftballon im Kreis

Material
Luftballon

Alle setzen sich mit nackten Füßen in einen Kreis auf dem Boden. Ein aufgeblasener Luftballon kreist von einem Kind zum nächsten – und wird dabei nur mit den Füßen gerollt. Schließlich muss er mit den Füßen umklammert, hochgehoben und auch genauso in Empfang genommen werden.

Fühlfüße

Material
Plastikwanne
Verschiedene Gegenstände
Augenbinden

Ein oder zwei Mitspieler sitzen mit verbundenen Augen auf einem Stuhl vor einer Plastikwanne. Schuhe und Strümpfe haben sie ausgezogen, und sie versuchen, die Gegenstände, die in der Wanne liegen, mit den Füßen zu erfühlen. Klar, dass das keine scharfen oder spitzen Gegenstände sein dürfen. In einfachen Fällen kann das ein Stein, ein Ball, ein Zweig oder ein Schlüsselbund sein. Schwieriger wird es schon, wenn ein Plastikauto oder ein Locher in der Wanne liegen. Je mehr Mitspieler gleichzeitig mit ihren Füßen versuchen, den Gegenstand zu ertasten, desto lustiger wird das Spiel.

Spürspiel

Material
Bierdeckel

Es finden sich immer zwei Mitspieler zu einem Team zusammen. Ein Mitspieler legt sich auf den Boden und schließt die Augen. Der andere legt ganz vorsichtig einen Bierdeckel auf den Arm, auf das Knie, den Bauch usw. Er sagt, wenn er einen Bierdeckel abgelegt hat, und der Spieler mit den geschlossenen Augen benennt die Stelle, an der der Bierdeckel liegt. Nach einer Weile wechseln die beiden Spieler die Rollen.

Gespenster erraten

Material
Bettlaken

Alle Mitspieler werfen sich ein Bettlaken über den Kopf und wandeln durcheinander in einem großen, leer geräumten Zimmer umher. Da jeder nur ein Stückchen Boden sehen kann, müssen alle die Hände ausstrecken und vorsichtig und langsam gehen, um nicht heftig mit anderen Gespenstern zusammenzustoßen. Während des ganzen Spiels darf kein Wort gesprochen werden, nur ein »Huhuhu« bringen die Gespenster über die Lippen. Wenn sich zwei Gespenster begegnen und wissen wollen, wer der jeweils andere ist, dürfen sie das nur durch Betasten herauszufinden versuchen. Mit verstellter Stimme rät schließlich einer den Namen des anderen. Hat er richtig geraten, scheidet der andere aus. Rät er falsch, muss er selbst ausscheiden. Das Spiel wird so lange gespielt, bis nur noch ein Gespenst übrig ist.

Massagespiel

Für dieses angeleitete Darstellungs- und Körpererfahrungsspiel finden sich die Mitspieler in Zweiergruppen zusammen. Jeweils ein Kind ist der Wärter, das andere das Flusspferd. Das Flusspferd legt sich bäuchlings auf den Boden bzw. auf eine Matte, der Wärter kniet daneben. Beim »Abspülen« fährt er dem Flusspferd mit beiden Händen den Rücken hinunter, seift ihn mit kreisförmigen Bewegungen der flachen Hand ein und massiert anschließend mit den Fingerspitzen ausgiebig den Rücken des Flusspferds, bevor er ihn nach erneutem Abspülen mit sanften Streichbewegungen »abtrocknet«. Anschließend werden die Rollen getauscht: Der Wärter ist nun Flusspferd, das Flusspferd der Wärter. Diese Partnerübung kann mit verschiedenen Zootieren gespielt werden. Beim nächsten Waschtag sind vielleicht die Bären oder die Löwen dran, die brüllen, wenn sie zu stark geschrubbt werden, und zufrieden schnurren, wenn man sie richtig walkt. Der Spielleiter oder die Spielleiterin liest den nachfolgenden Text laut vor, und alle Gruppen führen das Massagespiel anhand des Textes durch:

Heute ist Waschtag im Zoo. Am Waschtag, das ist doch klar, müssen die Tiere im Zoo gewaschen werden. Das macht allen Tieren Spaß, aber am meisten gefällt der Waschtag den Flusspferden. Sie freuen sich ganz besonders darauf, dass der Wärter sie abschrubbt. Als Erstes spült der Wärter das Flusspferd ausgiebig mit Wasser ab. So ein Flusspferdrücken ist groß, und der Wärter braucht viel Wasser. Danach wird der Flusspferdrücken eingeseift. Jetzt kommt ein Teil, der dem Flusspferd besonders viel Spaß macht: Sein Rücken wird abgebürstet. Schließlich soll es ja schön sauber werden. Doch Flusspferde sind am Rücken manchmal empfindlich, und der Wärter darf nicht allzu wild den Flusspferdrücken schrubben. Nun ist das Flusspferd schön sauber gebürstet. Der ganze Seifenschaum wird mit viel Wasser wieder abgespült. Jetzt sind wir mit der Flusspferdwäsche beinahe fertig. Der Wärter muss nur noch den Rücken des Flusspferds abtrocknen. Wenn am Abend alle Flusspferde gewaschen sind, fühlen sie sich besonders wohl. Sie strecken sich und denken darüber nach, wie schön es war, den Rücken geschrubbt zu bekommen.

Gegenstände erfühlen

Material
Verschiedene Gegenstände
Säckchen

Verschiedene Gegenstände wie zum Beispiel ein Spielauto, Münzen, Murmeln, Löffel etc. werden in einen Sack gesteckt. Dabei darf es sich natürlich nicht um spitze oder scharfkantige Dinge handeln, an denen man sich verletzen könnte. Ein Spieler greift nun mit einer Hand in den Sack und befühlt einen Gegenstand nach dem anderen. Hat er einen Gegenstand erkannt, sagt er, um was es sich handelt, und zieht ihn aus dem Sack. Für jeden richtig erkannten Gegenstand gibt es einen Punkt. Bei jedem Durchgang werden einige Gegenstände ausgetauscht.

Pärchen finden

Material
Säckchen
2 Murmeln
2 Münzen
2 Kastanien
2 Eicheln
2 Erdnüsse
2 Walnüsse
2 Spielfiguren
usw.

In ein Säckchen werden paarweise die verschiedenen Gegenstände und Früchte gelegt, also jeweils zwei gleiche Nüsse, zwei Steine usw. Welche Gegenstände in das Säckchen wandern, ist ganz unabhängig von den Vorräten. Nach einem ausgedehnten Herbstspaziergang können Kastanien, Eicheln, Walnüsse oder Hagebutten ebenso darin liegen wie Kieselsteine oder Rindenstückchen. Ein Mitspieler nach dem anderen hat dann die Aufgabe, mit einer Hand in das Säckchen zu fassen und die richtigen Paare zu erfühlen. Glaubt er, ein Pärchen gefunden zu haben, zieht er beide Gegenstände aus dem Säckchen. Hat er sich geirrt, kommen sie zurück. Es wird so lange gespielt, bis das Säckchen geleert ist, dann kommt der nächste Mitspieler an die Reihe.

Überraschende Sachen

Material
Schüsseln
Küchentücher
Eiswürfel
Draht- oder Topfschwamm
etc.

Der Spielleiter gibt in jede der Schüsseln einen Gegenstand, der sich überraschend oder unheimlich anfühlt, etwa Wasser mit Eiswürfeln, einen Gummihandschuh, der mit warmem Wasser gefüllt ist, feuchte Watte, Gummiringe, ein nasses Stück Seife, Kastanienschalen, Mehl, Wackelpudding, einen nassen Schwamm usw. Die Schüsseln werden mit Tüchern zugedeckt, sodass keiner der Mitspieler sehen kann, in was er hineingreift. Ein Mitspieler nach dem anderen fasst nun vorsichtig in die verschiedenen Schüsseln und befühlt diese zum Teil äußerst seltsamen Gegenstände. Wer errät, um was es sich handelt? Die Mutmaßungen werden dem Spielleiter ins Ohr geflüstert.

Echo

Material
Verschiedene Gegenstände in doppelter Ausführung

Alle Mitspieler werden in zwei Gruppen geteilt, die sich in die gegenüberliegenden Ecken eines Raums setzen. Beide Gruppen haben genau die gleichen Gegenstände, also etwa zehn Blätter Papier, einen Schlüsselbund, einen Kochlöffel, einen Topf mit Deckel usw. Es wird festgelegt, welche Gruppe zuerst das Echo spielt. Die andere Gruppe macht ein Geräusch, ohne dass die Echo-Gruppe sehen kann, wie es erzeugt wurde, und die Echo-Gruppe versucht nun, das Geräusch nachzumachen. Vielleicht gelingt das nicht auf Anhieb, dann muss die andere Gruppe das Geräusch mehrmals vorgeben, bis es die Echo-Gruppe schließlich schafft, das gleiche Geräusch zu erzeugen.

Hörspiel

Material
Kassettenrekorder mit eingebautem Mikrofon
Verschiedene Gegenstände aus dem Haushalt

Gemeinsam überlegen sich alle Mitspieler eine Geschichte, die sich als Hörspiel umsetzen lässt. Am besten eignet sich ein Krimi. Dabei sollten neben den gesprochenen Textpassagen, die alle gemeinsam verfassen, alle möglichen Geräusche zur Untermalung mit aufgezeichnet werden. Ein Mixer könnte als Geräuschkulisse für einen Flug dienen, die Glockenschläge einer Turmuhr können imitiert werden, indem mit einem Kochlöffel auf eine Kehrschaufel geschlagen wird usw. Zwischendurch unterbrechen Musikstücke das Geschehen, oder ein Kommentator erzählt, wie die Geschichte außerhalb der Dialoge läuft. Aufgenommen wird das Ganze auf einer Kassette, die zum Schluss gemeinsam angehört wird.

Geräusche-Quiz

Material
Filmdöschen
Getrocknete Erbsen
Büroklammern
Sicherheitsnadeln
Sand
Grieß
Steinchen usw.

Die Kinder füllen gemeinsam die verschiedenen Materialien in die leeren Filmdöschen. Die Döschen sollten nur halb gefüllt werden, damit der Inhalt beim Schütteln besser erkannt werden kann. Nachdem jeder alle Döschen ein paar Mal geschüttelt und nachgeschaut hat, welches Material welches Geräusch erzeugt, wird das Quiz gespielt. Ein Kind ist der Quizmaster. Es schüttelt eine Dose, und die anderen müssen schnell erraten, was in der Dose ist. Wer richtig geraten hat, bekommt einen Punkt. Wer die meisten Punkte gesammelt hat, wird nächster Quizmaster.

Krachorchester

Material
Kamm
Butterbrotpapier
Schnüre
Glöckchen
Töpfe
Metallsieb
Glas mit Deckel
usw.

In jedem Haushalt finden sich viele Gegenstände, die zum Musizieren geeignet sind: ein Topf, auf den mit Kochlöffeln getrommelt werden kann, zwei Topfdeckel, die zum Tusch zusammengeschlagen werden, ein Glas, halb gefüllt mit getrockneten Erbsen oder Linsen als Rassel, verschiedene Glöckchen, die mit einer Schnur zu einem Schellenband verbunden werden, ein Metallsieb, über das man mit der Gabel fahren kann, und ein Kamm, der mit Butterbrotpapier umwickelt wird. Wenn man das Papier leicht mit den Lippen berührt und eine Melodie summt, hört sich das erstaunlich gut an. Auf diese Weise lässt sich ein Orchester zusammenstellen, das mehr oder weniger melodiös klingt. Unbekümmert spielen die Mitspieler gemeinsam ein selbst erfundenes Lied, und immer wieder werden neue Instrumente ausprobiert.

Gläserorgel

Material
Verschiedene Gläser
Hölzerne Kochlöffel

Dieses Spiel kann ein Kind alleine spielen: Fülle verschiedene Gläser unterschiedlich voll mit Wasser. Wenn du nun mit einem Holzlöffel vorsichtig an die Gläser schlägst, hörst du Klänge in verschiedenen Tonhöhen. Versuche, ein Lied aus diesen Tönen zu komponieren. Wenn du die Klänge verändern willst, schütte aus dem entsprechenden Glas einfach etwas Wasser ab oder gieße mehr dazu. Vielleicht kannst du so alle Töne erklingen lassen, die du für ein einfaches Lied wie »Hänschen klein« brauchst? Ein dünnes Glas kannst du auch dadurch zum Klingen bringen, indem du deinen Finger ins Wasser tauchst und vorsichtig an der Kante des Glases entlangstreichst. Das klappt bei Weingläsern besonders gut.

Wachsamer Bello

Material
Schlüsselbund
Augenbinde

Ein Mitspieler stellt den Hund Bello dar. Ihm werden die Augen verbunden und er setzt sich auf einen Stuhl. Unter dem Stuhl liegt ein Schlüsselbund, den er bewachen muss. Eines der anderen Kinder schleicht sich möglichst leise an Bello heran und versucht, den Schlüsselbund unter dem Stuhl zu stibitzen, ohne dass er etwas merkt. Hört Bello ein Klimpern, fängt er an zu bellen und der Dieb ist gestellt. Er nimmt nun die Rolle des Wachhunds ein.

Silben rufen

Ein Mitspieler verlässt den Raum, und die anderen überlegen sich ein Wort, das aus mehreren Silben besteht, beispielsweise »Bahnhofsuhr«. Dann teilen sie sich in so viele Gruppen, wie das Wort Silben hat, bei diesem Beispiel also in drei Gruppen. Die Mitglieder einer Gruppe rufen nun alle laut ihre Silbe, dann darf der Mitspieler wieder in den Raum kommen. Er versteht zunächst nichts, geht aber von Gruppe zu Gruppe und hört sich die Silben an. Dann bringt er sie in die richtige Reihenfolge und entschlüsselt das Wort. Nun ist der nächste Mitspieler an der Reihe, den Raum zu verlassen. Je nach Alter der Mitspieler können die Wörter kürzer oder länger, also leichter bzw. schwerer zu erraten sein.

Klangschritte

Material
Xylophon

Ein Mitspieler wird zum Spielleiter ernannt und darf das Xylophon bedienen. Der Spielleiter verteilt die Töne des Xylophons an die restlichen Mitspieler, und jeder muss sich gut merken, welcher Ton für ihn gilt. Auch der Spielleiter muss gut aufpassen, denn er muss überprüfen, ob sich auch wirklich nur die richtigen Mitspieler bewegen. Alle Mitspieler stellen sich nun in einer Reihe auf, und der Spielleiter schlägt verschiedene Klänge des Xylophons an. Bei jedem Schlag tritt der entsprechende Mitspieler einen Schritt vor. Wenn zwei Mitspieler glauben, ihren Ton erkannt zu haben und vortreten, überprüft der Spielleiter, wer Recht hat. Mit der Zeit hören die Mitspieler immer zuverlässiger ihren Ton, und das Xylophon kann schneller geschlagen werden. Der Spielleiter achtet darauf, dass alle Mitspieler in mehr oder weniger regelmäßigen Abständen einen Schritt gehen dürfen. Schließlich haben alle eine Ziellinie erreicht, dürfen sich umdrehen und der Rückweg beginnt.

Frage und Antwort

Material
Klangstäbe oder Holzstäbe für alle Mitspieler

Die Mitspieler experimentieren mit den Klangstäben oder Holzstäben. Dann geht es reihum: Ein Mitspieler gibt eine kurze oder längere Rhythmusfolge vor, die alle anderen auf ihren Klangstäben nachklopfen müssen. Wenn so alle einmal an der Reihe waren, finden sich die Mitspieler in Zweiergruppen zusammen. Abwechselnd gibt nun ein Mitspieler als »Frage« eine kurze Rhythmussequenz vor, die der andere Mitspieler »beantworten« muss.

Zupforchester

Material
Leere Dosen und Becher
Haushaltsgummis in verschiedenen Längen und Stärken
Klebestreifen

Aus leeren Joghurt- und Quarkbechern, Dosen und Pappschachteln lassen sich einfache Zupfinstrumente bauen. Die Haushaltsgummis werden über die Öffnung gespannt und mit Klebestreifen an den Seiten fixiert. Je nach Stärke des Gummirings und Spannung lassen sich dem Instrument höhere oder tiefere Töne entlocken. Die Mitspieler experimentieren mit der Tonhöhe und fertigen sich ein Zupfinstrument, das verschiedene, möglichst harmonisch aufeinander abgestimmte Töne von sich gibt. Zum Schluss werden Fantasielieder gesungen und mit den Zupfinstrumenten begleitet.

Geräusche suchen

Material
Pappröhren von Toilettenpapier oder Haushaltstüchern

Die Mitspieler finden sich in Zweiergruppen zusammen. Dann beginnt ein Mitspieler damit, den anderen abzuhorchen. Das Hörrohr wird an das eine Ohr gehalten, das andere wird mit der flachen Hand verschlossen. Wie hört es sich im Bauch an? Wie klopft das Herz? Kann man im Kopf etwas hören oder im Arm? Nach diesen Untersuchungen gehen alle Mitspieler auf Geräuschesuche im ganzen Raum, auf dem Boden, an den Wänden, am Schrank usw.

Glöckchen jagen

Material
Augenbinde
Schnur
Kleine Glöckchen

Ein Mitspieler wird zum Jäger bestimmt, dem die Augen verbunden werden. Die anderen Kinder binden sich kleine Glöckchen an die Fußgelenke. In einem großen Raum bewegen sich nun die Kinder umher und versuchen, dem Jäger auszuweichen. Bei jedem Schritt klingen aber die Glöckchen an ihren Füßen und der Jäger bekommt einen Hinweis, wo noch jemand ist. Nach und nach findet der Jäger alle Mitspieler, und wen er angefasst hat, der stellt sich in eine Ecke des Raums. Die noch nicht Gefangenen dürfen nicht näher als einen Meter an diese Ecke herankommen. Das Spiel dauert so lang, bis alle Glöckchenträger gefangen wurden.

Heulboje

Material
Gummischlauch
Weiche Plastikröhre

Aus allen verfügbaren Schläuchen und flexiblen Röhren etwa ein Meter lange Stücke schneiden. Je nach Größe der Kinder können die Stücke etwas länger sein, dann sind sie auch lauter. Jeder Mitspieler sucht sich ein Stück Schlauch aus, stellt sich auf eine Freifläche und lässt seinen Schlauch wie ein Lasso kreisen. Anfangs kommt nur ab und zu ein kurzer Ton heraus, aber wenn die Kreise schön rund und in hohem Tempo schwingen, heult der Schlauch in den seltsamsten Klangfarben.

Dinge suchen

Nacheinander sind alle Mitspieler an der Reihe, den anderen und sich selbst eine Aufgabe zu stellen. Dabei geht es darum, dass alle etwas Bestimmtes suchen müssen, zum Beispiel etwas Rotes, etwas ganz Weiches, etwas Stacheliges, etwas Wohlriechendes, etwas Glitzerndes usw. Jeder Mitspieler lässt sich eine Eigenschaft einfallen, die der Gegenstand haben soll, den alle suchen müssen. Wenn alle genügend Zeit hatten, auszuschwärmen und etwas Geeignetes zu finden, werden die Dinge gemeinsam begutachtet. Dann erst wird die nächste Suchaufgabe gestellt. Eine besonders schöne Variante ist die Suche nach ungewöhnlichen Instrumenten oder Klangkörpern. Die Aufgabe lautet dann zum Beispiel, etwas Schepperndes oder Klingendes zu finden.

Bechertelefon

Material
Plastikbecher
Schere
Schnur

Jeweils zwei Mitspieler stellen ihr gemeinsames Bechertelefon her. Dazu brauchen sie zwei leere Plastikbecher, beispielsweise Jogurtbecher. In die Mitte des Becherbodens wird mit der Scherenspitze vorsichtig ein kleines Loch gebohrt. Von außen wird nun die Schnur durch das Loch in den Becher gefädelt und innen verknotet, sodass sie nicht mehr herausrutschen kann. Beim zweiten Becher wird genauso verfahren. Jetzt sind die beiden Becher mit der Schnur miteinander verbunden. Wenn die Schnur straff gespannt wird, funktioniert diese Konstruktion wie ein Telefon. Einer spricht in den Becher, der andere hält sein Ohr an seinen Becher und kann gut verstehen, was der andere spricht. Das funktioniert über viele Meter so, doch die Schnur darf nicht durchhängen oder irgendwo anstoßen.

Schlauchflüstern

Material
1 bis 2 Meter
Schlauch oder
flexible Röhre
pro Spielerpaar

Alle Mitspieler finden sich in Zweiergruppen zusammen. Jede Gruppe bekommt einen Schlauch oder eine flexible Röhre. Gemeinsam experimentieren die beiden, wie gut man sich durch diese Röhre verstehen kann. Sie sagen einen Satz in normaler Lautstärke ohne Röhre und den gleichen Satz durch die Röhre. Wie leise kann man flüstern, um überhaupt noch durch die Röhre gehört zu werden? Abwechselnd flüstern sie sich ganz leise Sätze ins Ohr. Dann wird experimentiert, wie man komische Geräusche durch die Röhre machen kann. Vorsicht, durch die Röhre zu brüllen ist verboten!

Schau genau

Die Kinder sitzen im Kreis auf Stühlen oder auf dem Boden. Jeder betrachtet jeden aufmerksam und prägt sich möglichst viele Dinge von den anderen ein: wie sie angezogen sind, wer welche Brille trägt usw. Dann wird abgezählt, wer den Raum verlassen muss. Während dieser Mitspieler draußen vor der Tür wartet, verändern ein paar der Mitspieler an ihrem Aussehen eine Kleinigkeit. Der eine zieht einen Schuh aus, die andere setzt die Brille ab, Pullover werden ausgetauscht usw. Dann wird der Mitspieler wieder hereingerufen, und alle sitzen wie zu Anfang des Spiels im Kreis. Der Hereingerufene muss nun raten, was sich alles an den anderen verändert hat. Eine einfachere Variante: Nur die Sitzplätze von zwei oder mehr Spielern werden getauscht.

Münze suchen

Material
50-Cent-Münze

Alle Mitspieler verlassen den Raum, nur ein Kind bleibt zurück und versteckt irgendwo eine 50-Cent-Münze. Die Münze muss so versteckt werden, dass man sie sehen kann, ohne etwas beiseite räumen zu müssen. Ein gutes Versteck ist zum Beispiel ein Setzkasten oder eine Schrankwand mit vielen Büchern, aber auch auf dem Fensterbrett oder dem Kronleuchter ist die Münze gut versteckt. Dann werden die Mitspieler in den Raum gelassen, und alle müssen suchen, dürfen dabei aber nichts wegräumen oder umstellen. Da die Münze so versteckt ist, dass sie mit den Augen gefunden werden kann, wird einer nach dem anderen das Versteck entdecken. Wer die Münze sieht, sagt nichts, sondern flüstert den Ort dem Kind ins Ohr, das die Münze versteckt hat, und setzt sich auf den Boden. Dann ist ein anderes Kind an der Reihe, die Münze zu verstecken.

Was hat sich verändert?

Material
Verschiedene Gegenstände

Gemeinsam arrangieren die Kinder mehrere Gegenstände auf dem Tisch, etwa ein Messer, einen Eierbecher, eine Puppe, einen Ball, eine Münze etc. Je nach Alter der Mitspieler sind es mehr oder weniger Gegenstände. Alle schauen sich die Dinge genau an, dann wird durch Abzählen ein Mitspieler ausgewählt. Dieser Mitspieler geht vor die Tür, während die anderen die Gegenstände auf dem Tisch umarrangieren oder etwas wegnehmen. Dann wird der Mitspieler wieder hereingerufen und muss erraten, was sich auf dem Tisch verändert hat.

Formen sortieren

Material
Karton
Scheren
Augenbinden

Gemeinsam werden zuerst die Formen vorbereitet. Aus Karton schneiden die Mitspieler Dreiecke, Kreise, Quadrate, Rechtecke, Sechs- und Achtecke in verschiedenen Größen. Von jeder Form sollte es mindestens vier verschiedene Größen geben. Entsprechend der Anzahl der Formen werden nun gleich vielen Mitspielern die Augen verbunden. Jeder bekommt die verschieden großen Ausführungen einer Form bunt gemischt in die Hände und muss versuchen, sie so schnell wie möglich in der richtigen Größenreihenfolge auf den Tisch zu legen. Der schnellste Mitspieler bekommt so viele Punkte wie Kinder mitspielen, der zweitschnellste einen Punkt weniger usw. Dann werden die Formen erneut gemischt, und jeder Mitspieler muss nun eine andere Form der Größe nach sortieren. Wenn alle Kinder alle Formen sortiert haben, zeigt sich an der Punktezahl, wer der Sieger ist.

Blindenführung

Die Mitspieler finden sich in Dreiergruppen zusammen. Einem Kind der Dreiergruppe werden die Augen verbunden, die anderen beiden stellen sich links und rechts neben das Kind und führen es eine bestimmte Strecke durchs Haus. Das blinde Kind muss sich möglichst genau merken, welchen Weg es geführt wurde. Derselbe Weg wird nun zurückgegangen. Dann nimmt das Kind seine Augenbinde ab und versucht, die beiden anderen Mitspieler denselben Weg zu führen. Konnte es sich den Weg richtig merken?

Beschreibung

Material
Notizblöcke
Stift

Ein Mitspieler wird aus dem Raum geschickt, während sich die anderen in einer Reihe aufstellen. Das Kind zieht sich vor der Tür andere Schuhe und eine Jacke an, die offen bleibt. Es verändert auffällige und weniger auffällige Details an seinem gesamten Erscheinungsbild. Dann kommt es herein und geht zwei Mal vor den Mitspielern auf und ab. Die Mitspieler merken sich so viele Details wie möglich und schreiben sie auf. Jeder muss versuchen, Merkmale wie Haarfarbe, Frisur, Augenfarbe, Bekleidung usw. des Kindes zu beschreiben. Dann kommt das Kind wieder herein, und es wird verglichen, welche Beschreibung die treffendste war.

Riech-Pärchen

Material
Verschiedene Parfümpröbchen

Der Spielleiter oder ein Kind, das zum Spielleiter bestimmt wurde, tropft verschiedene Parfümpröbchen auf die Handgelenke der Mitspieler. Dabei weiß nur der Spielleiter, welches Parfüm bei wem aufgetupft wird, und er verteilt die verschiedenen Duftnoten so, dass immer zwei Mitspieler denselben Duft am Handgelenk haben. Nur der Spielleiter weiß, welche Mitspieler das sind. Alle laufen nun kreuz und quer durch den Raum und versuchen, den Mitspieler zu finden, der den gleichen Duft am Handgelenk hat. Haben sich schließlich alle Pärchen gefunden, lüftet der Spielleiter das Geheimnis und verrät, ob die Mitspieler einen guten Riecher haben.

Schmecken und entdecken

Material
Messer
Tellerchen
Augenbinden
Verschiedene Früchte- und Gemüsesorten, die roh gegessen werden können

Gemeinsam schälen die Mitspieler verschiedene Früchte wie Äpfel, Birnen, Erdbeeren, Apfelsinen, Pfirsiche, Melonen, aber auch Gemüse wie Karotten, Tomaten, Radieschen usw. Alles Obst und Gemüse wird in gleich große Teile geschnitten und auf kleine Tellerchen gelegt. Mit verbundenen Augen kosten die Mitspieler nun die Teile und versuchen zu erschmecken, um was es sich dabei handelt. Oft lässt schon die Konsistenz eine erste Vermutung entstehen, aber der Geschmackssinn dürfte die entscheidenden Hinweise geben.

Tipp

»Schmeck«-Spiele können auch mit Kräutern und Gewürzen durchgeführt werden. Die klein geschnittenen Kräuter und die Gewürzpulver müssen dabei aber sehr vorsichtig gekostet werden, denn sie können sehr geschmacksintensiv sein. Bei kleineren Kindern auf scharfe Gewürze verzichten, zwischendurch zur Neutralisierung Wasser trinken oder ein Stückchen Brot essen.

Saft-Feinschmecker

Material
Verschiedene Fruchtsäfte
Tassen
Trinkhalme
Karton
Schere

In eine Reihe kleiner Tassen werden unterschiedliche Fruchtsäfte gefüllt: Bananensaft, Kirschsaft, Birnensaft, Apfelsaft etc. Zur Abwechslung sollte auch Mineralwasser dabei sein. Damit die Farbe nicht verrät, um welches Getränk es sich handeln könnte, werden die Tassen mit einem Stück Karton zugedeckt, das mit einem Trinkhalmloch versehen ist. Jeder bekommt einen Strohhalm, und dann dürfen alle Mitspieler unter Beweis stellen, ob sie die Geschmacksrichtungen wie echte Feinschmecker unterscheiden können. Das Ergebnis behält jeder Feinschmecker für sich und flüstert es nur ganz leise dem Spielleiter ins Ohr.

Gewürze schnuppern

Material
Kleine Schälchen
Verschiedene Gewürze

Beim Kochen oder Weihnachtsplätzchen backen fällt es immer wieder auf, wie stark Kräuter und Gewürze doch duften können. Bei diesem Spiel füllt ein Kind verschiedene Gewürze in kleine Schälchen, etwa Zimt, Vanillezucker, Thymian, Basilikum etc., während die anderen wegschauen. Nun werden die Schälchen nebeneinander auf den Tisch gestellt, und ein Mitspieler nach dem anderen nähert sich mit verbundenen Augen. Er riecht an den Schälchen und versucht, das Gewürz zu erkennen. Erlaubt ist auch, den Finger in ein Schälchen zu stecken und die Pulverkrümel in den Mund zu stecken. Aber Vorsicht, es könnte ja Pfeffer dabei sein!

Schmetterlingsspiel

Material
Verschiedene Duftöle
Wattebäuschchen

Auf jeweils zwei Bäuschchen verteilt der Spielleiter einige Tropfen eines Duftöls. Dann wird jeweils eines jeder Duftnote auf den Tisch, ins Regal, auf den Stuhl oder an andere leicht zugängliche Plätze gelegt. Die anderen Wattebäuschchen werden an die entsprechende Anzahl Mitspieler verteilt. Jeder Mitspieler riecht nun an seinem Wattebäuschchen und schwirrt als Schmetterling umher, um die »Blüte« zu finden, die gleich duftet wie sein Wattebäuschchen. Wer das andere Wattebäuschchen entdeckt hat, geht zum Spielleiter und flüstert ihm die Lösung ins Ohr. Das Spiel geht so lange, bis jeder Schmetterling seinen Spürsinn unter Beweis gestellt hat.

Tischspiele

An einem Tisch zusammenzukommen, ist immer eine familiäre Situation, die viel Verbindlichkeit schafft. Ähnlich wie bei Kreisspielen sitzen sich die Kinder bei vielen Tischspielen gleichberechtigt gegenüber, bei anderen versammeln sie sich auf einer Seite bzw. auf zwei gegenüberliegenden Seiten. Sei es nur zu zweit oder in größeren Spielgruppen, immer stellt der Tisch in der Mitte ein ebenso begrenztes wie variantenreiches Spielfeld dar. Großräumige oder aufwändige Aktionen sind auf der Tischfläche nicht möglich, doch aus dieser Platznot kann durchaus eine Tugend werden! Indem Spiele und Regeln dem begrenzten Platzangebot angepasst werden, lassen sich mit wenigen Materialien in kurzer Zeit Situationen schaffen, die nicht nur für ruhige Charaktere interessant sind. Tischspiele eignen sich vor allem für Regentage und sind meist konzentrierte und konzentrationsfördernde Aktionen. Dennoch kann es auch bei manchen hoch hergehen, und die Kinder können sich verausgaben und überschüssige Energie loswerden.

Tischspiele kommen oft mit ganz wenig Material aus: Einige Knöpfe, getrocknete Erbsen oder Stift und Papier reichen völlig aus und sorgen für interessante und abwechslungsreiche Unterhaltung.

Alle Vögel fliegen hoch

Alle Mitspieler legen die Hände flach auf die Tischfläche. Ein Kind wird als Ausrufer bestimmt. Der Ausrufer sagt laut: »Alle Vögel fliegen hoch« und streckt die Hände in die Höhe. Die Mitspieler strecken ebenfalls schnell die Hände in die Höhe, denn Vögel können ja fliegen. Nun variiert der Ausrufer: »Alle Amseln fliegen hoch«, oder »Alle Mücken fliegen hoch« und jedes Mal schnellen schnell die Arme aller Mitspieler in die Höhe. Die Spieler müssen sich darauf konzentrieren, was der Ausrufer sagt, denn auch wenn er Ameisen, Elefanten oder Trinkbecher nennt, wird er die Arme hochreißen. Die Mitspieler, die nicht aufgepasst und ebenfalls die Hände in die Höhe gehoben haben, scheiden aus.

Fischfang

Beim Fischfang sitzen alle Mitspieler rund um einen nicht allzu großen Tisch. Durch Abzählen wird der Fischer bestimmt, die anderen Kinder sind die Fische. Alle Fische strecken ihre Arme aus und legen die Hände flach auf den Tisch. Der Fischer lässt eine Hand etwa 20 Zentimeter über den Händen der Mitspieler kreisen und sagt dabei: »Ich fische, ich fische auf diesem großen Tische. Die ganze Nacht hab ich gefischt und keinen einzigen Fisch erwischt – nur den!« Bei den letzten Worten versucht er, schnell eine Hand, die auf dem Tisch liegt, anzutippen. Er darf dabei aber nicht fest zuschlagen und die Hände nicht über die Tischkante hinaus verfolgen. Fängt er auf diese Weise einen Fisch, ist der getroffene Mitspieler der nächste Fischer.

Regenwetter

Die Mitspieler sitzen um den Tisch mit den Händen auf der glatten Tischfläche. Nun wird ein Gewitterregen akustisch nachgespielt. Zuerst nieselt es, alle reiben die flachen Hände aneinander. Dann beginnt es zu regnen, und alle trommeln mit den Fingerspitzen leicht und unregelmäßig auf die Tischfläche. Der Regen nimmt zu, die Tropfen werden größer, das Trommeln mit den Fingerspitzen wird intensiver und lauter. Ab und zu donnert es, was mit dem Klopfen der Fäuste auf den Tisch dargestellt wird. Es regnet heftig und donnert laut, bevor der Regen langsam nachlässt, immer schwächer und leiser wird, bis er schließlich aufhört.

Über Kreuz

Alle Kinder sitzen rund um den Tisch, legen die Arme über Kreuz vor sich auf die Tischplatte und fassen ihre Nachbarn links und rechts an der Hand. Die eigene linke Hand fasst also die Hand des rechten Nachbarn, und zwar dessen rechte Hand, da er seine Arme ja ebenfalls überkreuzt hat. Wenn sich so alle an der Hand halten, beginnt das vergnügliche Spiel. Ein Kind beginnt und hebt seine rechte und anschließend seine linke Hand an. Dieser Impuls geht also rechts um den Tisch herum. Das nächste Kind muss nun, nachdem seine rechte Hand angehoben wurde seine linke anheben, und so geht die Bewegung durch den Kreis. Auf das Kommando »Richtungswechsel!« hin geht die Bewegung sofort anders herum im Kreis – und spätestens dann bricht das lustige Chaos los, denn alle müssen sich anstrengen und überlegen, welche Hand sie denn jetzt heben müssen …

Mein Buchstabe

Alle Mitspieler sitzen am Tisch und schauen sich im Raum um. Ein Mitspieler nennt nun einen Gegenstand im Raum, der mit dem gleichen Buchstaben wie sein Vorname beginnt. Dann geht es der Reihe nach weiter. Sabine sagt also beispielsweise Stehlampe, Ursula Uhr und Bruno Bild. Haben alle einen Gegenstand genannt, beginnt die nächste Runde, in der jeder Mitspieler einen sich im Zimmer befindenden Gegenstand nennt, der mit dem zweiten Buchstaben seines Namens beginnen muss.

Zählfinger

Die Mitspieler rund um den Tisch verteilen sich in gleich große Gruppen. Je nach Mitgliederzahl dieser Gruppen nennt nun der Spielleiter eine Zahl, die die Summe der Mitspieler mal zehn, also die Fingeranzahl der jeweiligen Mitspieler, nicht übersteigen darf. Bei Vierergruppen etwa ist die Maximalzahl 40, bei fünf Spielern pro Gruppe 50 etc. Nun kommt es darauf an, dass die Gruppenmitglieder so schnell wie möglich entsprechend viele Finger ausgestreckt auf den Tisch legen. Je größer die Gruppe ist, desto schwieriger wird es. Die schnellste Gruppe bekommt jeweils einen Punkt gutgeschrieben.

Konfetti-Figuren

Material
Konfetti

Die Mitspieler sitzen rund um einen Tisch mit einer glatten Oberfläche. In der Mitte der Tischfläche liegt ein kleiner Berg Konfetti. Ein Kind beginnt das Spiel und nennt einen Gegenstand oder ein Tier. Dann geht es los. Alle Mitspieler holen sich schnell ein Konfetti nach dem anderen aus der Tischmitte. Sie dürfen aber immer nur ein Schnipselchen mit einem Finger nehmen und über die Tischfläche ziehen. Aus den einzelnen Konfettischnipseln wird der vorgegebene Gegenstand dargestellt. Wer als Erster damit fertig ist, darf den nächsten Begriff nennen.

Knopftipp

Material
Viele verschiedene Knöpfe

Eine große Anzahl Knöpfe wird auf dem Tisch ausgebreitet. Dann wird durch Abzählen ein Mitspieler bestimmt, der den Raum verlassen muss. Die anderen einigen sich darauf, welcher Knopf der »Tipp« ist. Der Mitspieler darf wieder hereinkommen. Er setzt sich auf seinen Platz und tippt nacheinander auf verschiedene Knöpfe. Sind die Mitspieler still, darf er den jeweiligen Knopf nehmen und vor sich auf den Tisch legen. Fasst er jedoch auf den Tippknopf, rufen alle laut »Tipp!« und der nächste Mitspieler ist an der Reihe, den Raum zu verlassen. Die restlichen Mitspieler wählen einen neuen Knopf zum Tipp. Wenn alle Mitspieler die Gelegenheit zum Knöpfesammeln hatten, wird gezählt, wer die meisten Knöpfe ergattern konnte.

Konfetti-Transport

Material
Dünne Trinkhalme
Schüsselchen
Konfetti

In der Tischmitte liegt ein großer Berg buntes Konfetti. Jedes Kind bekommt einen Trinkhalm und hat ein kleines Schüsselchen vor sich auf dem Tisch. Auf ein Kommando hin muss jeder so viele Konfettischnipsel von der Tischmitte in sein Schüsselchen befördern, wie er kann. Dabei darf immer nur ein Schnipsel mit dem Trinkhalm angesaugt werden, die Hände dürfen nicht helfen. Schwieriger wird das Spiel, wenn nur Schnipsel einer ganz bestimmten Farbe gesammelt werden dürfen. Wer hat nach drei Minuten die meisten Schnipsel in seinem Schüsselchen? Die mit der falschen Farbe werden natürlich abgezogen.

Knopfturm

Material
Viele größere Knöpfe

In der Tischmitte liegt ein großer Haufen mit verschiedensten Knöpfen. Die Mitspieler sitzen rund um den Tisch, und jeder holt sich einen Knopf nach dem anderen aus der Tischmitte. Alle versuchen nun, so viele Knöpfe wie möglich aufeinander zu stapeln und so den höchsten Knopfturm zu erbauen. Je höher die Türme gestapelt werden, desto behutsamer müssen alle zu Werke gehen. Klar, dass man sich dann nur noch ganz vorsichtig bewegt und auf keinen Fall am Tisch rüttelt.

Auf Kommando

Material
Ölkreide oder Wollfäden
Knöpfe

Mit Ölkreide malt jeder Mitspieler einen Kreis vor sich auf den Tisch. Ist die Tischfläche nicht abwischbar, legen alle den Kreis aus einem Wollfaden. In die Tischmitte wird ebenfalls ein großer Kreis gezeichnet oder mit einem Faden gelegt. Jeder Mitspieler erhält fünf Knöpfe. Ein Kind wird zum Kommandoführer ernannt und gibt in schneller Reihenfolge verschiedene Kommandos. »Links« bedeutet, jeder Mitspieler tippt mit dem Finger in den Kreis seines linken Nachbarn, bei »rechts« in den Kreis seines rechten Nachbarn. Bei »vorne« tippt jeder in seinen eigenen Kreis und bei »Mitte« in den großen Kreis in der Tischmitte. Bei jedem Fehler, den ein Mitspieler macht, muss er einen Knopf in den Mittelkreis legen. Wer keinen Knopf mehr hat, scheidet aus.

Knopfbilder

Material
Viele, möglichst bunte Knöpfe in verschiedenen Formen

In jedem Haushalt gibt es so eine Schachtel mit alten, ausgemusterten Knöpfen. Meist liegen sie jahrelang in dieser Schachtel, ohne dass sie noch gebraucht werden. Viele schöne Stücke sind darunter, sie glänzen in den schillerndsten Farben und haben unterschiedliche Formen. Auf dem Tisch wird diese Schachtel mit den verschiedensten Knöpfen ausgeleert und ein großer Knopfhaufen in der Mitte gebildet. Die Mitspieler rund um den Tisch legen aus den bunten Knöpfen ein Bild. Am einfachsten ist eine Landschaft, die je nach Auswahl der Knöpfe farblich, aber auch in Grau- und Schwarztönen strukturiert sein kann. Haben alle ihr Bild fertig, darf jeder den anderen erklären, was alles zu sehen ist.

Knöpfe schnippen

Material
Papier
Klebestreifen
Stift
Knöpfe

Auf ein Blatt Papier wird eine Zielscheibe gemalt, die in die Tischmitte geklebt wird. Die Blattränder müssen dabei ganz mit Klebestreifen überklebt werden, damit beim Knöpfeschnippen kein Knopf unter das Blatt rutschen kann. Alle Mitspieler sitzen oder stehen rund um den Tisch, und jeder hat ein paar Knöpfe vor sich. Zunächst darf jeder einen Knopf aus einer festgelegten Entfernung dreimal auf die Zielscheibe schnippen. Die jeweils erreichte Punktzahl wird addiert. Wer in diesem Durchgang am wenigsten Punkte erreicht hat, beginnt den nächsten. Drei Knöpfe werden auf die Zielscheibe geschnippt und dort liegen gelassen. Der Reihe nach kommen nun alle anderen Mitspieler an die Reihe, bis zum Schluss das Kind mit der höchsten Punktzahl aus der ersten Runde seine drei Knöpfe ins Zielfeld schnippt. Dabei riskieren natürlich die anderen Mitspieler, dass ihre Knöpfe weggeschnippt werden. Nun wird gezählt, wessen Knöpfe wie viele Punkte erzielt haben.

Lirum, larum, Löffelstiel

Material
Kochlöffel

Ein Mitspieler hält einen Kochlöffel in der Hand und gibt ihn mit den Worten »Lirum, larum, Löffelstiel, wer das nicht kann, der kann nicht viel!« seinem Nachbarn weiter. Während er den Spruch aufsagt, klopft der Mitspieler bei jeder Silbe mit dem Löffel auf den Tisch. Jeder folgende Mitspieler muss nun versuchen, genau auf dieselbe Art den Löffel an den nächsten weiterzugeben. Dabei wird er jedoch wahrscheinlich ein Detail vergessen, das er nicht als wesentlich erkannt hat, etwa, dass der Löffel mit der linken Hand oder mit bestimmten Fingern gehalten werden muss, dass die Höhlung nach unten zeigt oder etwas Ähnliches. Wenn die Mitspieler am Ende der Runde noch immer nicht herausgefunden haben, was sie beim Weitergeben beachten müssen, kann der erste Spieler das Ganze etwas auffälliger wiederholen. Ist der Löffel wieder am Ausgangspunkt angelangt, gibt der erste Mitspieler schließlich das »Geheimnis« bekannt, wie genau der Löffel gehalten werden muss.

Besteckmikado

Material
Besteck

Aus der Küche wird massenhaft Besteck geholt, alles, was sich in den Schubladen finden lässt. Das Besteck wird in der Tischmitte aufgehäuft, und dann beginnt das Mikadospiel. Ein Mitspieler fängt an und versucht, vorsichtig ein Besteckteil vom Rand des Haufens oder von oben wegzunehmen. Gelingt ihm das, ohne dass die anderen Besteckteile klimpern oder verrutschen, darf er das Teil vor sich legen und sein Glück erneut versuchen. Löst er aber eine Lawine aus oder verrutschen andere Besteckteile, muss er es wieder oben auf den Besteckhaufen legen. Die restlichen Mitspieler wachen mit Argusaugen darüber, dass der Spieler, der gerade an der Reihe ist, sorgfältig und mit ruhiger Hand arbeitet. Da Besteckmikado nicht gerade einfach ist, können kleinere Bewegungen von einzelnen Besteckteilen toleriert werden. Die Gruppe entscheidet im Zweifelsfall, ob ein Kind weitermachen darf oder das nächste an der Reihe ist. Wer hat zum Schluss die prächtigste Bestecksammlung?

Geheime Wertpost

Material
1 Münze

Alle Mitspieler außer einem sitzen rund um den Tisch. Sie halten die Hände unter der Tischplatte, sodass keiner sehen kann, was dort vor sich geht. Heimlich reichen sie sich ein Geldstück von Hand zu Hand weiter. Der Mitspieler, der nicht am Tisch sitzt, geht um die anderen herum und beobachtet sie aufmerksam. Er darf aber nicht unter den Tisch schauen. Hat er einen Verdacht, ruft er: »Hände auf den Tisch!« Alle Kinder legen nun ihre geschlossenen Fäuste auf die Tischplatte. Der Mitspieler muss nun erraten, welches Kind die Münze hat. Rät er richtig, nimmt er dessen Platz im Tischkreis ein.

Streichholzschachtelstaffel

Mindestens drei Mitspieler, besser aber mehr, sitzen um einen Tisch. Durch Abzählen wird derjenige bestimmt, der beginnt. Er steckt sich die äußere Hülle der Streichholzschachtel auf die Nase und gibt sie an die Nase seines linken oder rechten Mitspielers weiter. Der wiederum muss sie seinerseits an einen Nachbarn weitergeben. So wandert die Streichholzschachtel von Nase zu Nase im Kreis, und ab und zu ist auch ein Richtungswechsel erlaubt. Dabei darf sie nicht zu Boden fallen, und beim Weitergeben müssen die Hände auf den Rücken gelegt werden.

Tischfußball

Material
Stifte
3 Münzen

Auf jeder glatten Tischfläche lässt sich zu zweit Tischfußball spielen. An zwei entgegengesetzten Seiten des Tisches wird je ein Tor aus zwei Stiften markiert. Die drei Münzen werden nebeneinander in die Tischmitte gelegt, dann wird durch Abzählen oder Münzenwerfen bestimmt, wer beginnen darf. Der Spieler schnippt mit dem Finger immer eine Münze zwischen den beiden anderen hindurch und versucht, ins gegnerische Tor zu treffen. Schießt er ins Aus oder nicht zwischen den beiden anderen Münzen hindurch, ist der Gegenspieler an der Reihe. Nach einem Tor wird in der Tischmitte angestoßen.

Variante Die Zahl der Spielzüge kann auch jedes Mal auf drei beschränkt werden.

Krötenfuß

Material
Stifte
Papier

Alle Mitspieler bekommen einen Stift und ein Blatt Papier. Nacheinander sagen sie den Spruch auf und versuchen dabei, den achteckigen Stern zu zeichnen. Das ist gar nicht so einfach und gelingt erst nach einigen Anläufen. Wer es geschafft hat, darf zuschauen, wie sich die anderen noch abmühen.

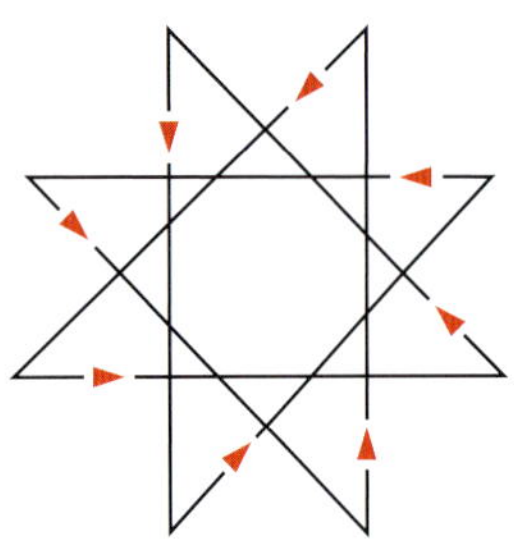

Kri-, Kra- Krötenfuß,
die Gänse laufen barfuß.

Fliegende Steine

Material
Flache Kieselsteine

Bei diesem Spiel zeigen alle Spieler am Tisch, wie geschickt sie mit Kieselsteinen umgehen können. Die Steine sollten keine scharfen Kanten haben und so groß sein, dass sie bequem in der Hand des Spielers Platz haben. Gespielt wird auf einer Tischfläche, die nicht stoß- und kratzempfindlich sein sollte.
Das Spiel beginnt relativ einfach:
Von den fünf auf dem Tisch liegenden Steinen wird einer hochgeworfen. Während der Erste in der Luft ist, wird ein weiterer aufgenommen und der Herunterfallende mit derselben Hand wieder aufgefangen. Das wiederholt jeder Spieler so lange, bis er alle fünf Steine in der Hand hält. Fängt er den hochgeworfenen Stein nicht, ist der nächste Spieler an der Reihe.
Schwieriger wird es, wenn statt eines Steins zwei, drei oder alle restlichen vier aufgenommen werden müssen, während der erste Stein in der Luft ist.
Nun müssen die Steine wieder einzeln auf den Tisch gelegt werden, während ein Stein hochgeworfen und wieder aufgefangen wird.
All diese Spielvarianten werden danach mit der anderen Hand durchgeführt.
Ist das Fangen des hochgeworfenen Steins mit der Handfläche kein Problem mehr, versuchen alle Mitspieler, den Stein auf den Handrücken fallen zu lassen, ohne dass er anschließend auf die Tischfläche purzelt.
Das Spiel wird schwieriger:
Jetzt werden zwei Steine hochgeworfen, und bevor sie wieder aufgefangen werden, wird jeweils ein weiterer Stein in die Hand genommen. Auch in dieser Spielrunde werden danach immer mehr Steine gleichzeitig aufgenommen, bevor die beiden hochgeworfenen Steine wieder aufgefangen werden müssen.
Sind alle Steine in der Hand des Spielers, werden sie nacheinander wieder abgelegt. Als Nächstes müssen drei, dann vier und schließlich alle fünf Steine auf einmal hochgeworfen und wieder aufgefangen werden.

Geschichten schreiben

Material
Notizblöcke
Stifte

Ein Mitspieler am Tisch überlegt sich eine festgelegte Zahl Hauptwörter, zum Beispiel: Pforte, Hund, Nase, Krankenschwester, Flugkapitän, Nachttischlampe und Kuhherde. Jeder notiert sich diese Begriffe auf seinem Block und geht nun daran, eine Geschichte zu schreiben, in der all diese Begriffe vorkommen. Sind alle damit fertig, werden die Geschichten vorgelesen.

Gelenktes Zeichnen

Material
Schnur
Stift
Feste Schreibunterlage
Papier

Bei dieser besonderen Zeichentechnik müssen fünf Mitspieler zusammenarbeiten. An einem Bleistift oder Kugelschreiber werden vier Schnüre befestigt. Ein Mitspieler stellt nun den Stift auf das Zeichenpapier und hält ihn mit leichtem Druck des Zeigefingers auf das Stiftende senkrecht. Die anderen vier Mitspieler sitzen an verschiedenen Tischseiten. Jeder nimmt einen Faden in die Hand und spannt ihn. Auf diese Weise bekommt der Stift Halt. Nun gilt es, den Stift durch Ziehen bzw. Nachgeben der Schnüre über das Papier zu bewegen und so ein Bild zu zeichnen. Die vier Mitspieler an den Schnüren müssen dabei kooperieren, der fünfte sorgt dafür, dass der Stift nicht umfällt oder allzu schnell einem unbedachten Zug folgt. Nach einer gewissen Übungsphase klappt das ganz gut, und so können einfache Motive und vielleicht sogar etwas schwierigere Bilder entstehen.

Galgenmännchen

Material
Papier
Stift

Ein Mitspieler geht vor die Tür, und die anderen überlegen sich ein langes Wort, dessen Anfangs- und Endbuchstaben sie auf den Block schreiben. Für jeden fehlenden Buchstaben dazwischen wird ein Strich eingezeichnet. Nun kommt der Mitspieler zurück und muss Buchstaben raten. Rät er einen Buchstaben, der im Wort vorkommt, wird er an die richtige Stelle eingetragen. Rät er aber einen, der nicht im Wort vorkommt, wird Strich für Strich das Männchen am Galgen gezeichnet: zuerst der Hügel, dann mit drei Strichen der Galgen, der Kopf, der Körper, die Arme und schließlich die Beine (→ Zeichnung unten). Schafft es der Mitspieler, den Begriff zu erraten, bevor das Galgenmännchen komplett ist?

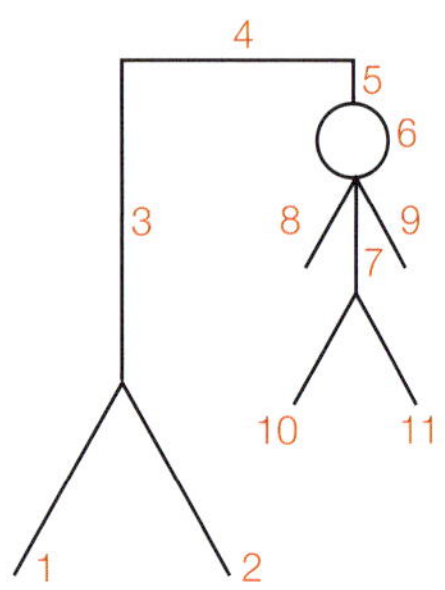

R _ _ _ _ _ _ _ _ _ _ _ R

Lösung: Rasierwasser

Nicht ganz einfach

Material
Notizblöcke
Stifte

Bei diesem Spiel geht es darum, einen möglichst langen Satz auf einen Notizzettel zu schreiben. Die Besonderheit an dem Satz ist, dass alle Vokale weggelassen werden. Solch ein Satz ist ncht gnz nfch vrzlsn. Nachdem jeder Mitspieler so einen Satz niedergeschrieben hat, gibt er den Zettel verdeckt an seinen rechten Tischnachbarn weiter. Ein Kind nach dem anderen muss nun den Zettel mit dem fremden Satz umdrehen und ihn sofort laut vorlesen.

Ein tierisches Rennen

Material
Papier
Stifte

Jeder Mitspieler bekommt ein Stück Papier in Postkartengröße, das in der Mitte parallel zur kurzen Seite geknickt wird. Die Vorderseite des Papiers wird nun mit einer Tierfigur bemalt, etwa mit einem Windhund, einem Hasen oder einem anderen schnellen Tier. Dann stellen jeweils zwei Mitspieler ihre Figuren wie eine Pyramide vor sich an den Anfang des Tisches. Durch Pusten müssen sie nun versuchen, ihre Figuren über den Tisch zu treiben. Welches Tier ist als Erstes am anderen Tischende angekommen? Der Sieger tritt gegen die nächste Tierfigur an. Am Schluss des Spiels steht fest, welches Tier das schnellste ist.

Variante Jeder malt ein Pferd auf ein A4-Blatt. Die Pferde werden nebeneinander auf den glatten Boden gelegt. Jeder wedelt nun so stark wie möglich mit einem Stück Pappkarton. Der Luftzug treibt die Pferde bis zur Ziellinie.

Gemeinsam malen

Material
Stift
Papier

Alle Mitspieler beginnen gleichzeitig und malen den Kopf eines Menschen oder Tiers oben auf ein Blatt Papier. Jeder konzentriert sich auf sein Werk und schaut nicht, was der Nachbar zeichnet. Dann faltet jeder das bemalte Stück nach hinten und macht ein Zeichen, wo das nächste Kind mit dem Hals weiterzeichnen soll. Nun wird das Papier nach rechts weitergegeben. Unterhalb des Kopfs, den das Kind nun nicht sehen kann, malt jeder einen Körper. Auch dieses Papierstück wird wieder nach hinten gefaltet und weitergereicht. Schließlich komplettiert jeder die Figur mit zwei oder vier Beinen, Vogelfüßen etc. Nun wird das ganze Blatt betrachtet. Wie passen die Körperteile zusammen?

Verkehrte Welt

Material
Malblöcke
Stifte

Jeder Mitspieler am Tisch bekommt einen Malblock und ein paar Stifte. Nun wird ein Thema vorgegeben, etwa Zoo, Bauernhof oder Straße, und jeder malt ein Bild dazu – doch nicht auf die übliche Weise, sondern verkehrt herum! Die Bäume haben ihre Wurzeln oben und wachsen nach unten, die Sonne steht unten auf dem Blatt, die Gräser wachsen wie die Bäume von oben herunter, und die Vögel leben unter der Erde. Jeder Mitspieler überlegt für sich, was bei seinem Bild alles verkehrt sein kann. Zum Schluss werden die Bilder gezeigt und erklärt.

Tassenschieben

Material
3 Mokkatassen
Erdnüsse

Das Tassenschieben funktioniert wie das berühmt-berüchtigte Hütchenspiel. Man braucht dazu drei stabile, kleinere Tassen und eine glatte Tischfläche. Die drei Tassen werden umgedreht auf den Tisch gestellt, unter eine der Tassen wird eine Erdnuss gelegt. Dann beginnt der Tassenschieber, die Tassen auf dem Tisch herumzuschieben. Er fängt langsam an und tauscht die Plätze der Tassen dann ziemlich schnell aus. Plötzlich stoppt er und fragt einen der Mitspieler, unter welcher Tasse denn jetzt die Erdnuss sei. Tippt der Spieler richtig, darf er die Erdnuss behalten und das Spiel beginnt von vorn. Die Mitspieler wechseln sich als Tassenschieber ab.

Nussquartett

Material
1 Körbchen
Ganze Erdnüsse in der Schale
Wollreste in verschiedenen Farben

Jeder Mitspieler erhält vier Erdnüsse und einen Wollfaden. Die vier Nüsse umwickelt jeder mit einem Stück Faden, sodass alle nun vier jeweils in ihrer Farbe markierte Nüsse haben. Danach kommen alle Nüsse in einen Korb in der Tischmitte. Reihum zieht jeder mit geschlossenen Augen eine Nuss. Nach vier Durchgängen hat jeder Mitspieler vier Nüsse, aber wahrscheinlich mit den unterschiedlichsten Wollfadenmarkierungen. Hat einer zwei oder mehr gleich markierte Nüsse, darf er diese behalten. Die anderen Nüsse kommen wieder in den Korb, und wieder wird reihum gezogen. Das Nussquartett geht so lange weiter, bis jeder wieder vier gleichfarbig markierte Nüsse hat, die dann auch endlich gegessen werden dürfen.

Erbsen balancieren

Material
1 große Schüssel
Kleine Schüsseln
Getrocknete Erbsen
Besteckmesser

In der Mitte des Tischs steht eine große Schüssel mit getrockneten Erbsen. Jeder Mitspieler hat vor sich eine kleine Schüssel und ein Besteckmesser. Auf Kommando nimmt nun jeder das Besteckmesser zur Hand und versucht, immer nur eine Erbse aus der großen Schüssel zu holen und in die eigene kleine Schüssel zu balancieren. Dabei muss er vorsichtig vorgehen, damit die anderen Mitspieler nicht behindert werden. Wer die Erbse auf dem Weg ins Schüsselchen verliert, muss sie in die große Schüssel zurücklegen. Gewonnen hat, wer nach fünf Minuten die meisten Erbsen in seiner Schüssel hat.

Linsen und Erbsen lesen

Material
Leere Flasche
Getrocknete Erbsen
Getrocknete Linsen
Stoppuhr

Alle Mitspieler sitzen um den Tisch, in dessen Mitte die getrockneten Erbsen und Linsen bunt gemischt auf einem Haufen liegen. Reihum ist nun ein Mitspieler nach dem anderen an der Reihe, so viele Linsen wie möglich herauszulesen und in die Flasche zu stecken. Jeder Mitspieler hat dafür 30 Sekunden Zeit, dann muss er die Flasche ausschütten und die eingesammelten Linsen vor sich auf den Tisch legen. Danach reicht er die Flasche weiter, und für den nächsten Mitspieler beginnt die Zeit der Linsenlese. Wenn alle Mitspieler einmal an der Reihe waren, werden in der nächsten Runde jeweils 30 Sekunden lang Erbsen gelesen. Die Linsen und Erbsen, die jeder gesammelt hat, werden streng voneinander getrennt aufgehäufelt. Zum Schluss wird gezählt, wer die meisten Linsen und Erbsen gesammelt hat. Jede Linse bzw. Erbse gibt einen Punkt, wobei für falsch aufgesammelte jeweils wieder ein Punkt abgezogen wird.

Gummiringwerfen

Material
Streichholz-schachtel
Bunte Zahnstocher
Haushaltsgummis

Auf dem Jahrmarkt sieht man oft die Buden, an denen man Ringe über Gegenstände werfen muss. Das sieht meist viel leichter aus, als es ist. Auch das Gummiringwerfen ist nicht einfach. Durch den Deckel einer Streichholzschachtel wird ein Streichholz oder ein Zahnstocher gepikst. Die Schachtel wird ans äußerste Ende des Tisches gestellt. Am anderen Ende nehmen die Mitspieler Aufstellung. Einer nach dem anderen wirft einen Gummiring und versucht, ihn über das Streichholz zu werfen. Wer trifft, bekommt einen Punkt.

Nasenslalom

Material
Wollfäden
Streichholz-schachtel

Auf einer glatten Tischfläche wird mit Wollfäden eine Slamlomstrecke gelegt. Die Strecke soll so breit sein, dass eine Streichholzschachtel bequem durchgeschoben werden kann. Nun ist ein Mitspieler nach dem anderen an der Reihe, die Streichholzschachtel durch die Slalomstrecke zu schieben, und zwar mit der Nase. Wer mit der Streichholzschachtel einen Wollfaden verschiebt, muss von vorn beginnen. Gewonnen hat, wer den Slalomparcours am schnellsten fehlerfrei zurückgelegt hat.

Tischkegeln

Material
Streichholz-schachteln
Gummiball

Am Tischende werden einige Streichholzschachteln wie Kegel aufgestellt. Ein Kind nach dem anderen ist nun an der Reihe und rollt den Gummiball so über die Tischfläche, dass möglichst viele Streichholzschachteln umgeworfen werden. Jeder Mitspieler darf dreimal kegeln, dann wird gezählt, wie viele Streichholzschachteln gefallen sind. Für jede umgekegelte Streichholzschachtel gibt es einen Punkt. Wer wird Kegelkönig?

Bilder raten

Material
Abbildungen aus Zeitschriften oder alte Kalenderblätter
Schere

Ein Kind, das durch Abzählen bestimmt wird, zerschneidet ein großformatiges Bild aus einer Zeitschrift oder ein Kalenderblatt in wenige Puzzleteile. Dann erst kommt es zu den anderen Kindern an den Tisch und legt ein Teil des Puzzles in die Mitte. Die Mitspieler dürfen nun raten, um welches Motiv es sich handeln könnte. Rät keiner richtig, legt das Kind ein weiteres Puzzleteil auf den Tisch. Wer schließlich richtig rät, darf das nächste Bild zerschneiden und als Rätsel präsentieren.

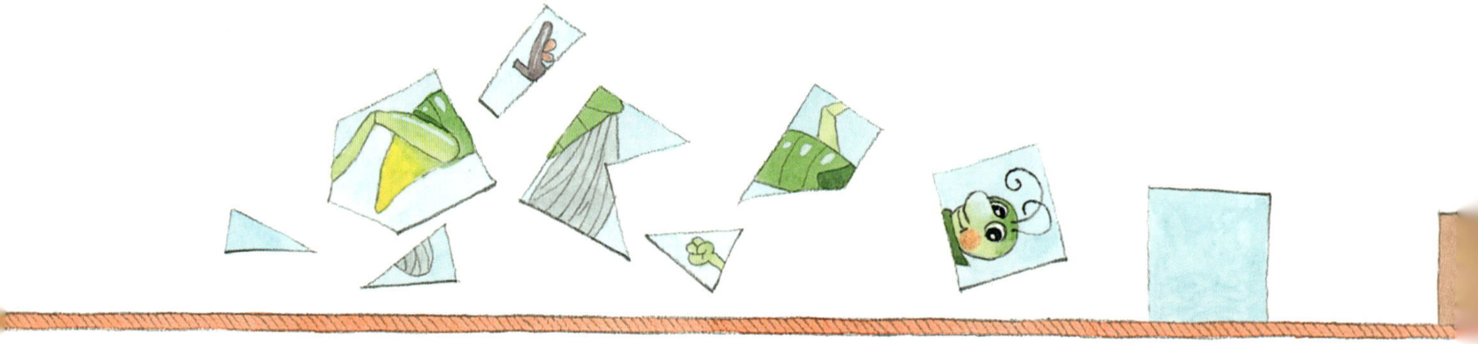

Schau genau

Material
Streichholz-schachtel
Kreidestücke
Bauklötze
Münzen
Spielfiguren usw.
Papier
Stifte

In der Mitte des Tisches liegen verschiedene Gegenstände nebeneinander. Alle Mitspieler haben ein Blatt Papier vor sich und müssen nun versuchen, die Umrisse der Gegenstände in den richtigen Proportionen und so genau wie möglich aufzuzeichnen. Bei einer Streichholzschachtel oder einem Stück Kreide ist der Umriss ziemlich einfach zu zeichnen, doch die Größe muss getroffen werden. Bei Spielfiguren kommt es dagegen mehr auf die Silhouette als auf die richtige Größe an. Die Gegenstände auf dem Tisch dürfen nicht berührt werden. Erst wenn alle Mitspieler mit ihren Zeichnungen fertig sind, wird verglichen.

Tischslalom

Material
Korken
Wattebausch
Stoppuhr

Die Korken werden in unregelmäßigen Abständen auf den Tisch gestellt. Durch die so entstandene Slalomstrecke muss ein kleiner Wattebausch gepustet werden, mal links, mal rechts an den Korken vorbei. Wer es schafft, den Wattebausch am schnellsten vom Start zum Ziel zu pusten, hat gewonnen. Doch Vorsicht! Der Wattebausch darf nicht vom Tisch fallen, auch darf nicht so stark gepustet werden, dass ein Korken umfällt. Klar ist auch, dass der Spieler eine Runde aussetzt, wenn er den Wattebausch auf der falschen Seite des Korkens vorbeipustet.

Turmbau

Material
Bierdeckel oder Spielkarten

Alle Kinder am Tisch bekommen einen großen Stapel Bierdeckel oder (möglichst gebrauchte) Spielkarten. Sie experimentieren, wie sich die Karten so aneinander und aufeinander stapeln lassen, dass ein möglichst hoher und stabiler Turm entsteht. Wer schafft es, seinen Turm am höchsten wachsen zu lassen? Gemeinsam wird dann versucht, einen möglichst hohen Turm zu errichten. Dabei müssen alle ganz vorsichtig zu Werke gehen, denn schon eine unbedachte Bewegung kann das Gebilde zum Einsturz bringen.

Ballspiele

Spiele mit dem Ball sind ebenso faszinierend wie abwechslungsreich. Die Palette der Spielmöglichkeiten reicht vom Ballprellen gegen die Wand, das allein gespielt werden kann, bis zum Völkerball, bei dem größere Kindergruppen gegeneinander antreten. Mit scheinbar unendlicher Ausdauer beschäftigen sich Kinder mit dem Ballspiel. Ebenso variantenreich wie die Spiele sind die grob- und feinmotorischen Anforderungen, die sie an den Spieler stellen. Geschicklichkeit, eine gute Ausdauer und Balancegefühl sind notwendig, aber wer diese Fähigkeiten nicht schon mitbringt, wird sie schnell erwerben. Je mehr ein Kind spielt, desto besser beherrscht es auch hier den Spielgegenstand, und die ersten Erfolgserlebnisse stellen sich bald ein. Beim Ballspiel in der Gruppe treten zu den körperlichen Anforderungen die Erfordernisse des Fairplay hinzu: Regeln einhalten, Rücksicht nehmen und die Einordnung in das große Ganze der Gruppe. Das Spiel mit dem Ball stellt also eine äußerst vielseitige, spannende und ganzheitliche Entwicklungsförderung dar.

Weil nicht jedes Kind gleich viel Talent im Umgang mit Bällen hat, ist es wichtig, Ballspiele in ihrer ganzen Vielfalt anzubieten. Spiele mit stärkerer Betonung auf dem Zusammenspiel motivieren auch weniger talentierte Kinder.

Besenball

Material
Besen
Kreide

Besenball kann zu zweit, aber auch mit zwei Mannschaften gespielt werden. Auf einer größeren Fläche, etwa einem Hof oder einem leeren Parkplatz, werden die Spielfeldbegrenzung und zwei Tore mit Kreide aufgemalt. Dann treffen sich die Mitspieler in der Mitte des Spielfelds. Der Ball wird hochgeworfen und los geht's. Nur mit den Besen darf der Ball befördert werden; Fußtritte, gefährliches Herumfuchteln mit dem Besen und Werfen sind verboten. Ziel ist es, den Ball ins gegnerische Tor zu bringen.

Tipp

Besenball kann auch einmal auf Inlineskates als Variante von Rollhockey oder auf einer guten Eisfläche gespielt werden.

Bechertennis

Material
Plastikbecher
Tischtennisball

Alle Kinder stehen in einem großen Kreis. Jeder Mitspieler erhält einen Plastikbecher. Nun kommt der Tischtennisball ins Spiel, der in einen Becher gelegt wird. Der Mitspieler mit dem Tischtennisball schleudert ihn aus seinem Becher dem nächsten Kind zu, das ihn mit dem Becher auffangen muss. So läuft der Ball im Kreis und darf den Boden möglichst nicht berühren. Wenn genügend Mitspieler vorhanden sind und der Kreis groß genug ist, können zwei Bälle ins Spiel gebracht werden, dann wird das Bechertennisspiel noch spannender.

Zielrollen

Material
Altes Küchentuch
Bälle

Auf einer Wiese oder in einem großen Hof wird das Küchentuch als Zielfeld ausgelegt. Dann stellen sich alle Mitspieler 20 Schritte von diesem Ziel entfernt auf und versuchen, ihren Ball mit wohl dosierter Kraft so weit zu rollen, dass er auf dem Handtuch zu liegen kommt. Als Feinziel kann ein noch kleineres Tuch oder ein Taschentuch auf das Handtuch gelegt werden. Wessen Ball dieses kleine Zielfeld erreicht, der darf in der nächsten Runde als Erster seinen Ball rollen.

Schuhgolf

Material
Mehrere Blätter Papier
Tennisbälle

Golf wird normalerweise auf einem großen Platz, in schicken Klamotten und mit diversen teuren Schlägern gespielt. Doch viel Platz ist Luxus, und statt eines Schlägers kann man auch einen Schuh nehmen. In einem Raum oder in der ganzen Wohnung werden mehrere nummerierte Blätter Papier verteilt. Je nach Größe des Balls können es DIN-A-4-Blätter oder postkartengroße DIN-A-6-Zettel sein. Vom Startpunkt aus schlägt jetzt jeder Schuhgolfspieler seinen Ball (Tennis-, Tischtennis- oder Gummiball) mit Gefühl mit dem Schuhabsatz auf das erste Zielblatt. Wer seinen Ball in der richtigen Reihenfolge auf alle Blätter geschlagen und dafür am wenigsten Schläge gebraucht hat, ist Schuhgolf-Champion.

Eselball

Die Mitspieler stehen in einem großen Kreis und werfen sich gegenseitig den Ball zu. Wer den Ball zu Boden fallen lässt oder schlecht weitergibt, sagt beim ersten Mal »E«. Passiert ihm wieder ein Missgeschick, sagt er laut »ES«, beim dritten Mal »ESE«, beim vierten Mal »ESEL«. Der Esel scheidet aus, und es wird weitergespielt, bis nur noch zwei Mitspieler übrig sind.

Strumpfball schleudern

Material
Tennisball
Alter Strumpf

Ein kleiner Ball, etwa ein Tennisball, wird in einen alten Strumpf gesteckt, und knapp über dem Ball wird der Strumpf zugeknotet, sodass der restliche Strumpf als Griff dienen kann. Ein Kind stellt sich nun in einer Entfernung von etwa 10 bis 20 Metern zu den anderen Mitspielern auf. Es nimmt den Strumpf, wirbelt ihn am ausgestreckten Arm im Kreis und lässt im richtigen Augenblick los. Das ist gar nicht so einfach, denn wenn der Strumpfball zu früh losgelassen wird, saust er wie ein Stein auf den Boden, lässt der Werfer zu spät los, so fliegt der Ball nach hinten. Der Strumpfball saust nun auf die anderen Kinder zu und muss von ihnen gefangen werden. Der Fänger schleudert den Ball unmittelbar zurück. Es ist ein bisschen Übung nötig, den Schleuderball im besten Augenblick loszulassen, sodass er in die richtige Richtung fliegt. Wenn der Strumpfschleuderer zweimal falsch wirft oder den zurückgeschleuderten Ball nicht fangen kann, ist ein anderes Kind an der Reihe.

Stuhlball

Nacheinander rollen alle Mitspieler aus einer bestimmten Entfernung einen Ball so gefühlvoll und gezielt, dass er zwischen den Stuhlbeinen eines aufgestellten Stuhls hindurchrollt, ohne sie zu berühren. Begonnen wird mit einem Abstand von etwa einem Meter. Jeder Spieler hat drei Versuche, den Ball fehlerlos zwischen den Stuhlbeinen durchzurollen. Dann wird der Abstand auf eineinhalb Meter, auf zwei und drei Meter erhöht. Die Entfernung wird so lange weiter erhöht, bis kein Mitspieler es mehr schafft, bei drei Versuchen den Ball einmal fehlerlos zwischen den Stuhlbeinen hindurchzurollen.

Bauernkricket

Material
Toilettenpapier- und Küchentuchrollen
Schirm
Hölzerne Schaschlikspieße
Tischtennisball

Kricket ist ein englisches Spiel, bei dem man Holzkugeln mit einem hölzernen Schläger durch kleine Tore schlägt. Bauernkricket funktioniert ganz ähnlich, wird aber mit einer einfacheren Ausrüstung gespielt. Zuerst werden die verschiedenen Papprollen in unterschiedlichen Abständen auf den Rasen gelegt und links und rechts mit den Schaschlikspießen fixiert. So entsteht ein Parcours, durch den der Tischtennisball mit dem Schirmgriff geschlagen werden muss. Die Papprollen werden nummeriert, und ein Richtungspfeil auf jeder Rolle gibt an, auf welcher Seite der Ball hineinlaufen muss. Nun geht es los. Vom Startpunkt aus schlägt jeder Spieler den Ball durch den gesamten Parcours. Wer am wenigsten Schläge bis zum Ziel braucht, hat gewonnen.

Ball prellen

Der Ball wird an eine Wand geprellt und wieder aufgefangen – das kann auch ein Kind alleine. Anfangs wird mit beiden Händen geworfen und gefangen, dann, um den Schwierigkeitsgrad zu erhöhen, nur mit der linken oder der rechten. Wenn mehrere Kinder mitspielen, hat der gewonnen, wer den Ball am längsten gegen die Wand prellen und wieder auffangen kann, ohne ihn auf den Boden fallen zu lassen. Eingeleitet wird das Spiel oft mit dem Spruch:

Lieber Ball,
ach, sag mir doch,
wie viel Jahre
leb ich noch?

Kantenball

Dieses Ballspiel wird an Bordsteinkanten, steinernen Rasenabgrenzungen oder anderen kleinen, stabilen Kanten oder Mäuerchen gespielt. Die Mitspieler stellen sich nebeneinander vor oder auf diese Kante und werfen den Ball so, dass er beim Zurückprallen wieder gefangen werden kann. Verliert ein Mitspieler den Ball, ist der Nächste an der Reihe. Spielt man den Ball horizontal und vertikal schräg auf die Kante, kann der Ball auch zwischen zwei Mitspielern hin- und hergeworfen werden.

Eier legen

Drei bis vier Mitspieler stellen sich hintereinander vor einer Mauer auf. Der Erste in der Reihe steht etwa zwei Meter von der Mauer entfernt, die anderen stehen in einem Abstand von etwa einem Meter zum Vordermann. Der Ball wird nun vom Ersten in der Reihe gegen die Wand geworfen. Wenn er zurückprallt, muss der Werfer über den Ball hüpfen und der Mitspieler hinter ihm muss den Ball auffangen bzw. festhalten. Gelingt das, stellt sich der Erste ganz hinten in der Reihe an. Dann ist der Nächste in der Reihe dran, den Ball gegen die Wand zu werfen und zwischen seinen Beinen passieren zu lassen.

Ball-Zehner

Ein Ball wird auf zehn verschiedene Arten gegen die Wand geworfen und wieder aufgefangen. Wer einen Fehler macht – den Ball auf dem Boden aufkommen lässt oder nicht richtig zählt – muss aussetzen, bis der nächste Spieler einen Fehler macht, und darf dann an der unterbrochenen Stelle weiterspielen.

10-mal hintereinander mit beiden Händen prellen
9-mal mit der rechten Hand prellen
8-mal mit der linken Hand prellen
7-mal mit beiden Fäusten
6-mal mit der rechten Faust
5-mal mit der linken Faust
4-mal mit dem rechten Knie
3-mal mit dem linken Knie
2-mal mit der Stirn
1-mal mit der Brust

Trotzball

Trotzball wird zu dritt gespielt, wobei sich zwei Mitspieler im Abstand von acht bis zehn Metern aufstellen und sich der dritte zwischen diese beiden stellt. Nun werfen sich die beiden außen stehenden Mitspieler den Ball zu, während der Mitspieler in der Mitte versuchen muss, den Ball abzufangen. Gelingt ihm das, dann nimmt er die Position desjenigen ein, der den Ball zuletzt geworfen hat. Berührt er jedoch den Ball nur, ohne ihn festhalten zu können, muss er in der Mitte bleiben.

Hasenball

Innerhalb eines Kreises von etwa zehn Meter Durchmesser hält sich ein Mitspieler auf, der Hase. Die anderen Kinder stehen um den Kreis und versuchen, den Hasen mit einem Ball abzutreffen. Der Hase kann versuchen, dem Ball auszuweichen oder ihn zu fangen. Fängt er ihn, muss der Werfer ausscheiden, wird er getroffen, dann wird der Werfer zum neuen Hasen. Welcher Hase kann die meisten Bälle fangen?

Gemeinsam fangen

Immer zwei Mitspieler finden sich zu Paaren zusammen. Sie stellen sich nebeneinander und legen sich gegenseitig den Arm um die Hüfte. Diese Spielerpaare stellen sich in einem großen Kreis auf, in dessen Mitte ein einzelner Mitspieler steht. Dieser wirft nun einen großen, leichten Ball zu einem Spielerpaar, und das Paar muss versuchen, den Ball mit seinen beiden freien Händen zu fangen – gar nicht so einfach, einen Ball mit zwei Händen zu fangen, wenn die beiden Hände zwei verschiedenen Mitspielern gehören! Wer es schafft, wirft den Ball zurück. Wenn das Paar den Ball jedoch nicht fängt, läuft es einmal um den ganzen Kreis und stellt sich dann wieder an seinen Platz.

Wanderball

Material
Verschieden große Bälle wie Tischtennisball Gummiball Tennisball usw.

Alle Mitspieler stellen sich in einer Reihe nebeneinander auf, strecken die Arme vor und halten die Hände aneinander mit den Handflächen nach oben. Am Anfang der Reihe wird ein Tischtennisball auf die erste Hand gelegt. Der Ball soll nun langsam über die Hände rollen bis zum anderen Ende der Reihe, ohne auf den Boden zu fallen. Am Ende angekommen, muss der Ball über alle Hände wieder zurückrollen, dabei werden aber die Handflächen nach unten gehalten und er rollt über die Handrücken. Wer den Ball zu Boden fallen lässt, muss erst eine Hand aus dem Spiel nehmen und scheidet schließlich ganz aus. Verschiedene Bälle werden nun hin- und zurückgerollt, bis nur noch zwei Mitspieler übrig sind.

Zuwerfen mit Aufspringen

Immer zwei Kinder spielen sich den Ball indirekt zu, das heißt, der Ball muss auf dem Boden aufspringen, bevor der andere ihn auffängt. Er darf aber nur einmal aufspringen, sonst gibt es einen Minuspunkt. Ebenso wird mit einem Minuspunkt geahndet, wer ihn nicht richtig fängt und wieder fallen lässt oder so schlecht wirft, dass der Mitspieler keine Chance hat, ihn zu fangen. Wenn das gut klappt, wird das Spiel erweitert. Alle Mitspieler stellen sich in einem Kreis auf. Je nach Anzahl der Mitspieler wird mit einem oder auch mehreren Bällen innerhalb des Kreises zugespielt. Gehen zwei Bälle zum gleichen Zeitpunkt an einen Mitspieler, sodass dieser nur einen davon auffangen und weiterspielen kann, geht der Minuspunkt an den Zuspieler, dessen Ball später ankam.

Ballspurt

Auf den Boden wird ein Kreis von etwa einem Meter Durchmesser gezeichnet oder mit einem Stück Seil gelegt. Innerhalb dieses Kreises steht ein Mitspieler mit einem Ball und einem Stein. Er schleudert den Ball nun so hoch wie möglich senkrecht in die Luft. Während der Ball in der Luft ist, verlässt der Spieler blitzartig den Kreis, legt den Stein so weit wie möglich vom Kreis ab, läuft zum Kreis zurück und fängt den Ball wieder auf. Der Stein darf nicht geworfen, sondern muss abgelegt werden. Schafft der Spieler es nicht, innerhalb des Kreises zu sein, wenn er den Ball fängt, scheidet er aus. Jeder muss also sein eigenes Risiko gut abwägen, wie weit er sich vom Kreis zu entfernen wagt, um den Stein zu platzieren.

Vergifteter Ball

Die Mitspieler stellen sich im Kreis auf und fassen sich an den Händen. Dann gehen alle so weit zurück, dass sich die Hände gerade noch berühren. Nun bekommt einer den Ball und wirft ihn in hohem Bogen einem anderen Mitspieler im Kreis zu. Dieser muss rechtzeitig seine Hände lösen und den Ball fangen. Sobald er den Ball dem nächsten Spieler zugeworfen hat, muss er wieder die Hände seiner Nachbarn berühren. Wer den Ball fallen lässt, muss sich auf den Boden knien, passiert ihm das Missgeschick noch einmal, muss er sich setzen, beim dritten Mal scheidet er aus. Der Kreis verkleinert sich auf diese Weise immer weiter. Wenn nur noch zwei Mitspieler übrig sind, ist das Spiel zu Ende.

Korbball

Material
Eimer
Dicker Draht
Ball

Aus einem dicken Draht wird ein Kreis gebogen, der so groß ist, dass der Ball gut hindurchpasst. Diese Drahtschlinge wird nun an einem Baum, einem Masten oder einer Holzwand in etwa zwei Meter Höhe befestigt. Unter diesen Drahtring stellt man auf den Boden einen Kübel Wasser. Der Ball muss nun von einem festgelegten Punkt aus durch den Ring geworfen werden und ins Wasser fallen. Wer das schafft, bekommt einen Punkt. Nach ein paar Probedurchgängen werden zwei Mannschaften gebildet, die gegeneinander spielen und in fünf Durchgängen möglichst viele Punkte sammeln.

Tuchball

Material
Verschiedene Bälle
Altes Betttuch

Ein altes Betttuch wird von mehreren Mitspielern auf zwei gegenüberliegenden Seiten gehalten. In die Mitte des Tuchs wird ein Ball gelegt, der nun zwischen den beiden Mannschaften hin- und hergerollt wird. Durch Straffen und Schräghalten des Tuchs rollt der Ball von einer zur anderen Seite, darf aber nicht vom Betttuch herunterfallen. Das Zusammenspiel und gute Absprachen innerhalb der Mannschaften sind also ganz wichtig. Ein Mannschaftskapitän, der die Ansagen macht, kann deshalb hilfreich sein. Unterschiedlich große und verschieden schwere Bälle erfordern jeweils andere Techniken und ein gutes Reaktionsvermögen. Nachdem der Ball hin- und hergerollt wurde, versuchen alle durch gemeinsames Lockerlassen und ruckartiges Straffen des Tuchs, den Ball hochzuschleudern. Er muss dann wieder mit dem Tuch gefangen werden.

Tunnelball

Alle Mitspieler stellen sich in einer langen Reihe auf. Der Erste beugt sich vor und gibt den Ball zwischen seinen Beinen nach hinten weiter. Auf die gleiche Weise reicht so jeder den Ball nach hinten durch. Gleichzeitig läuft der vorderste Spieler, nachdem er den Ball weitergegeben hat, nach hinten und nimmt dann den Ball wieder in Empfang. So läuft der Ball durch den Tunnel, der sich stets nach hinten verlängert. Wer den Ball fallen lässt, scheidet aus.

Kübelball

Material
Kübel

Die Mitspieler stellen sich in einem großen Kreis auf, in dessen Mitte ein Kübel steht. Einer beginnt und versucht, mit dem Ball in den Kübel zu treffen. Wirft er daneben, darf der Mitspieler, der den Ball ergattert, sein Glück versuchen. Wer in den Kübel trifft, ruft laut den Namen eines Mitspielers. Dieser läuft sofort zum Kübel und holt den Ball heraus, während die anderen Mitspieler in alle Richtungen flüchten. Wer nun auf der Flucht vom Ball getroffen wird, scheidet aus. Die restlichen Mitspieler finden sich wieder im Kreis um den Kübel ein.

Springball

Material
Eimer
Tischtennisbälle

Drei Meter von einem Eimer entfernt, der auf dem Boden steht, wird eine Abwurflinie markiert. Hinter diese Abwurflinie tritt nun ein Mitspieler nach dem anderen und versucht, drei Tischtennisbälle in den Eimer zu werfen. Dabei muss der Tischtennisball einmal auf dem Boden aufspringen. Für jeden Treffer gibt es einen Punkt. Wer hat nach fünf Durchgängen die meisten Punkte?

Ausweichen

Alle Kinder stehen in einem großen Kreis und rollen sich den Ball zu. Der Ball darf aber nicht geworfen werden, sondern muss immer Bodenkontakt haben. Im Kreisinneren versucht ein Mitspieler, der durch Abzählen bestimmt wurde, dem Ball auszuweichen. Wird er getroffen, dann ist er erst verwundet, dann schwer verwundet, tot und schließlich mausetot und scheidet aus. Das Spiel beginnt dann von neuem mit einem anderen Mitspieler im Kreis.

Erstarren

Alle Mitspieler bewegen sich innerhalb eines abgegrenzten Spielfelds, dessen Größe je nach Anzahl der Kinder variiert. Ein Mitspieler jedoch ist erstarrt und kann sich nicht von der Stelle rühren. Er hat einen Ball und versucht, einen der anderen Mitspieler zu treffen. Gelingt ihm das, erstarrt der andere ebenfalls. Fängt der betreffende Mitspieler den Ball jedoch, darf er weiter frei umherlaufen. Der Ball muss immer wieder einem der erstarrten Mitspieler zugeworfen werden, denn alleine können sie ihn ja nicht holen. Auf diese Weise kann sich keiner dauerhaft in der hintersten Ecke des Spielfelds verstecken. Das Spiel dauert so lange, bis alle Kinder erstarrt sind und keiner mehr dem Ball nachlaufen kann.

Hüpfball

Auf den Boden wird ein Kreis von etwa fünf Meter Durchmesser gemalt. Ein Mitspieler nach dem anderen stellt sich an den Rand des Kreises, nimmt einen Ball und schleudert ihn kräftig auf den Boden, sodass er möglichst senkrecht hochhüpft. Dann läuft er los und umrundet einmal den gesamten Kreis. Die anderen zählen, wie oft der Ball inzwischen auf dem Boden aufhüpft. Am Ausgangspunkt angekommen, darf der Mitspieler seinen Ball fangen. Verlässt der Ball den Kreis oder hört er auf zu hüpfen, bevor der Mitspieler ihn wieder fangen konnte, scheidet der Mitspieler aus. Wessen Ball ist nach mehreren Durchgängen am wenigsten oft aufgehüpft?

Fluchtball

Die Mitspieler stehen aufrecht in einem großen Kreis mit gegrätschten Beinen. In der Mitte des Kreises hält ein Mitspieler einen Ball in der Hand und versucht, ihn durch die Beine eines der Kreiskinder hinauszuschießen. Die Mitspieler müssen die Beine gegrätscht halten und dürfen den Ball nur mit den Händen fangen. Lässt einer den Ball aber aus dem Kreis, tauscht er mit dem Spieler in der Kreismitte den Platz.

Treppenball

Ein Mitspieler stellt sich am Fuß einer Treppe auf. Er wirft den Ball auf die unterste Stufe, der Ball prallt zurück, und der Mitspieler fängt ihn wieder auf. Mit dem nächsten Wurf zielt er auf die zweite Stufe, fängt den zurückprallenden Ball wieder auf, dann wirft er auf die dritte Stufe usw. Wenn die Treppe sehr lang ist, darf man am Ende ein paar Stufen hochgehen, um den Ball bis zur obersten Stufe werfen zu können. Schwieriger wird es, den Ball die Treppe Stufe für Stufe wieder herunterzuwerfen und jedesmal den Ball aufzufangen. Wer einen Fehler macht, gibt den Ball dem nächsten Mitspieler und darf, wenn er wieder an der Reihe ist, an der Stufe weitermachen, an der er gescheitert ist.

Verliebt, verlobt, verheiratet ✗

Alle Kinder stehen im Kreis und werfen sich möglichst überraschend und ohne feste Reihenfolge den Ball zu. Wer ihn fallen lässt, gilt als »verliebt«, beim zweiten Mal als »verlobt«, beim dritten Mal als »verheiratet«. Danach kommen »Kinder« bis zu einer vor dem Spiel vereinbarten Anzahl. Lässt der Mitspieler den Ball dann erneut fallen, muss er ausscheiden und der Kreis wird kleiner.

Kirschen essen

Alle Kinder stellen sich in einem großen Kreis auf und werfen sich gegenseitig einen Ball zu. Lässt ein Mitspieler den Ball fallen, sagen die anderen: »Kirschen gegessen«. Fängt es den Ball ein zweites Mal nicht, heißt es: «Wasser getrunken«, beim dritten Mal: »Bauchweh«, beim vierten Mal: »Der Doktor kommt«, beim fünften Mal: »Ins Krankenhaus«, beim sechsten Mal: »Operation«, beim siebten Mal: »Gestorben«, beim achten Mal: »Beerdigung« und beim neunten Mal: »Himmel«, womit das Kind ausgeschieden ist. Es wird so lange gespielt, bis nur noch ein Kind übrig bleibt.

Klatschball

In der Mitte eines Kreises steht ein Kind mit einem Ball. Es dreht sich langsam um sich selbst, und die Mitspieler im Kreis, denen es sich zuwendet, klatschen in die Hände als Zeichen, dass sie bereit sind, den Ball zu fangen. Ab und zu wirft das Kind dann den Ball einem der Mitspieler zu. Wer ihn fallen lässt, scheidet aus. Ebenso, wer den Ball zugeworfen bekommt, ohne geklatscht zu haben.

Namenball

Alle stehen in einem engen Kreis um das Kind, das den Ball hat. Es ruft nun den Namen eines Mitspielers und wirft den Ball so hoch wie möglich in die Luft. Dann laufen alle schnell davon, während das genannte Kind den Ball auffängt. Hat es den Ball gefangen, ruft es laut »stopp!«, und alle müssen sofort stehen bleiben und dürfen sich nicht mehr bewegen. Das Kind versucht nun, mit dem Ball einen der Mitspieler zu treffen, der dann in der nächsten Runde den Ball hochschleudert.

Kaiser, König, Edelmann

Material
Straßenkreide

Jeder der Mitspieler bekommt einen Titel: Kaiser, König, Edelmann, Ritter, Kaufmann, Bürger, Bauer, Tagelöhner, Bettelmann. Nachdem die Titel per Abzählen verteilt sind, platzieren sich die Kinder in einer großen Runde. Jedes malt einen Kreis von einem halben Meter Durchmesser auf den Boden, in dessen Mitte es seinen Titel schreibt. Nun stellt sich jedes Kind in seinen Kreis, und der Kaiser beginnt. Er wirft einem anderen Kind den Ball zu. Der Ball muss gefangen werden, möglichst ohne den Kreis zu verlassen. Verlässt der Mitspieler seinen Kreis, kann schnell ein Rangniedrigerer dessen Stellung einnehmen, indem er in seinen Kreis springt. So wechseln im Verlauf des Spiels die Rangstufen, und eine Runde dauert mindestens so lange, bis der Kaiser entthront wurde.

Buchstabenball

Material
Tischtennisschläger
Tennisball

Jeweils zwei Mitspieler stehen sich bei diesem Spiel in einer Entfernung von etwa ein bis eineinhalb Meter gegenüber. Nun schlägt der erste den Ball zum zweiten Spieler und sagt laut »A«. Wenn der zweite Spieler den Ball zurückschlägt, sagt er »B«, der erste dann wieder »C« usw. Die beiden Spieler, die das Alphabet zuerst aufsagen können, ohne dass der Tennisball mehr als drei Mal zu Boden fällt, haben gewonnen. In der nächsten Runde wird dann das Alphabet rückwärts gesagt. Weitere Varianten: Bei jedem Schlag einen Vornamen nennen: Anna, Bertha, Christoph usw. Geographische Begriffe nennen: Afrika, Berlin, China usw. Hier gilt eine Sonderregel: Wer nicht sofort etwas weiß, darf den Tennisball erst einmal auf dem eigenen Schläger weiter auf und ab spielen.

Ich bin ein Student

Bei diesem Ballspiel wirft ein Mitspieler einen Ball hoch in die Luft und fängt ihn wieder auf. Während der Ball in der Luft ist, muss er die folgende Geschichte zeilenweise erzählen und die Bewegungen dazu ausführen. Wer den Ball fallen lässt oder die Aufgabe nicht erfüllt, muss aussetzen und beginnt in der nächsten Runde von vorn. Als Variante mit erhöhtem Schwierigkeitsgrad wird das Spiel gegen eine möglichst hohe Mauer gespielt. Hoch sollte die Mauer deshalb sein, damit der Ball in einem steilen Bogen geworfen werden kann und im Abprallen genügend Zeit lässt, um die Bewegungen auszuführen.

Ich bin ein Student
Ball hochwerfen und auffangen.
und wasch mir die Händ.
Händewaschen darstellen.
Ich trockne sie ab,
Händetrocknen darstellen.
steck sie in die Tasch,
Hände in die Taschen stecken.
knie nieder zum Gebet,
Niederknien und auf Knien den Ball fangen.
steh dann wieder auf
Aufstehen.
und geh fröhlich nach Haus.
Einmal um sich selbst drehen.

Wenn der Letzte stirbt

Bei diesem Ballspiel für mindestens zehn Kinder stehen sich die Kinder zweier gleich großer Gruppen in zwei Halbkreisen, die eine flache Ellipse bilden, gegenüber. Nun bekommt ein Kind einer Gruppe den Ball und wirft ihn unverhofft einem Kind der gegnerischen Gruppe zu. Fängt dieses Kind den Ball, wirft es ihn wieder zurück zur ersten Gruppe. Wenn ein Kind den Ball nicht fängt, tritt es drei Schritte zurück und scheidet aus, es »stirbt«. Die Gruppen werden immer kleiner, bis von einer das letzte Kind ausscheidet. Wenn das letzte Kind einer Gruppe stirbt, ist das das Startsignal für ein Wettlaufen: Die siegreiche Gruppe macht sich auf und versucht, alle Kinder der unterlegenen Gruppe zu fangen, bevor sie ein Freimal erreichen können, das zu Beginn des Spiels im Abstand von etwa 50 Metern ausgemacht wurde.

Treffball

Material
Lange Schnur
Ball

Mit einer langen Schnur wird ein großes Spielfeld abgegrenzt, das je nach Anzahl der Mitspieler mindestens 6 x 6 Meter messen muss. Innerhalb dieses Feldes bewegen sich alle Mitspieler bis auf einen, der durch Abzählen bestimmt wurde. Er darf nur außerhalb stehen und versucht, mit einem Ball die Mitspieler innerhalb des Feldes zu treffen. Wer getroffen wurde, geht aus dem Feld heraus. Die Mitspieler innerhalb des Feldes müssen versuchen, dem Ball auszuweichen. Fängt aber einer von ihnen den Ball, dann sind alle abgetroffenen Spieler wieder erlöst und dürfen zurück ins Spielfeld. Der Ballwerfer muss also seinen Ball kräftig werfen, sodass er nicht leicht zu fangen ist. Nach ein paar Minuten wird der Ballwerfer durch einen anderen Mitspieler ersetzt.

Wurfball

Zwei gleich große Kindergruppen stehen sich im Abstand von etwa acht bis zehn Metern gegenüber. Nun wird der Ball von einer Mannschaft zur anderen geworfen und möglichst in der Luft gefangen. Jeder aufgefangene Ball zählt einen Punkt, und die Mannschaft, die zuerst 30 Punkte erreicht, hat gewonnen.

Mützenball

Alle Mitspieler legen ihre Mütze oder ein Taschentuch in einem Abstand von etwa einem halben Meter in einer Reihe auf den Boden. Ein durch Abzählen bestimmter Mitspieler stellt sich nun an das Ende der Reihe und wirft den Ball auf eine der am Boden liegenden Mützen. Der Mitspieler, dem die Mütze gehört, nimmt den Ball auf, während alle anderen schnell weglaufen. Hat der Mitspieler den Ball, ruft er laut »Halt!«, und alle müssen stehen bleiben. Nun versucht er, einen der Mitspieler mit dem Ball zu treffen. Gelingt ihm das, wird auf die Mütze des Betreffenden ein Steinchen gelegt. Verfehlt der Werfer sein Ziel, wird auf seine eigene Mütze ein Steinchen gelegt. Jetzt beginnt das Mützenwerfen erneut. Wer drei Steinchen auf seiner Mütze liegen hat, scheidet aus.

Völkerball

Ein großes Spielfeld wird in der Hälfte durch einen Kreidestrich oder ein Seil getrennt. In jeder Spielfeldhälfte laufen die Mitspieler der jeweiligen Mannschaft umher und dürfen die Grenzen nicht überschreiten. Ein Mitspieler beginnt und wirft einen Ball in die andere Gruppe. Trifft er einen Mitspieler, muss derjenige auf die Seite des Werfers wechseln und diese Völkergruppe vergrößern. Der Ball liegt nun bei der gegnerischen Mannschaft, die ihrerseits versucht, einen Mitspieler der anderen Gruppe zu treffen. Trifft der Ball keinen Mitspieler oder kann ein Mitspieler den Ball fangen, bekommt die Mannschaft des Werfers keinen Zuwachs. Auf welcher Spielfeldseite tummelt sich nach einer bestimmten Zeit das größere Volk?

Prellball

Ein Spielfeld von etwa 10 x 20 Meter wird in der Hälfte durch ein Seil, das etwa in Kniehöhe gespannt wird, geteilt. In jeder Spielfeldhälfte stehen als Mannschaft sechs bis acht Spieler. Eine Mannschaft beginnt, indem ein Mitspieler den Ball so auf den Boden der eigenen Spielfeldhälfte wirft, dass er über das Seil ins gegnerische Feld hüpft. Dort darf der Ball einmal aufhüpfen, bevor er von einem gegnerischen Spieler entweder wieder zurückgeschlagen oder aber einem anderen Mitspieler zugespielt wird. Es gilt: Jeder Mitspieler darf den Ball höchstens einmal berühren, bevor er wieder ins gegnerische Feld zurückgeschlagen wird. Der Ball muss vom eigenen Spielfeld abprallen und darf dann erst ins gegnerische Feld gelangen; er darf nicht direkt geschlagen werden. Der Ball wird mit der flachen Hand geschlagen. Macht ein Mitspieler einen Fehler, scheidet er aus. Wenn nur noch ein Spieler einer Mannschaft übrig ist, muss er innerhalb von drei Aufschlägen ausgespielt sein, ansonsten endet das Spiel unentschieden und beginnt von neuem.

Überraschungsball

Material
Leintuch
Schnur

Zwischen zwei Bäumen wird eine Schnur gespannt, über die ein Leintuch gelegt wird, sodass sich die beiden Spieler bzw. Spielergruppen nicht sehen können. Auf beiden Seiten des Leintuchs ist das Spielfeld je nach Anzahl der Spieler etwa 3 x 3 bis 3 x 5 Meter groß. Nun wird der Ball von einer Seite zur anderen geworfen. Wie aus dem Nichts taucht er dabei für den Gegenspieler der anderen Seite auf. Wer den Ball fallen lässt, bekommt einen Minuspunkt. Ebenso derjenige, der ihn so wirft, dass er außerhalb des gegnerischen Spielfelds landet.

Bußball

Die Kinder stehen in einem großen Kreis. Der Ball wird von einem Mitspieler zum anderen geworfen. Wer ihn nicht richtig fängt oder so wirft, dass er nicht gefangen werden kann, muss »büßen«. Er geht auf die Knie und muss in dieser Stellung den nächsten Ball fangen. Gelingt ihm das, darf er wieder aufstehen. Gelingt ihm das nicht, muss er sich setzen und den Ball in dieser Stellung zweimal fangen. Lässt er ihn wieder fallen, muss er sich auf den Bauch oder auf den Rücken legen, was das Fangen noch schwieriger macht.

Wer hat den Ball?

Ein Mitspieler stellt sich etwa fünf Meter entfernt mit dem Rücken zu den restlichen Mitspielern, die alle dicht nebeneinander in einer Reihe stehen. Er wirft den Ball rückwärts über den Kopf nach hinten, darf sich dabei aber nicht umdrehen. Ein Kind aus der Reihe fängt den Ball und gibt ihn entweder sofort weiter oder versteckt ihn selbst hinter dem Rücken. Alle halten jetzt die Hände hinter den Rücken und rufen: »Wer hat den Ball?« Der Ballwerfer darf sich jetzt umdrehen und muss raten, wer den Ball hinter dem Rücken versteckt hält. Errät er es, werden die Rollen getauscht.

Spaß-Fußball

Statt Fußball immer streng nach den Regeln zu spielen, lässt sich das Spiel auch etwas abwandeln. So kann beispielsweise das Tor der Mannschaft, die schon viele Tore kassiert hat, etwas kleiner gemacht werden. Oder der besonders erfolgreiche Stürmer darf nur noch mit dem schwächeren Bein aufs Tor schießen. Gefoult werden sollte grundsätzlich nicht, aber wenn ein Mitspieler trotzdem nicht ganz regelgerecht spielt, muss er eine Zeitlang während des Spiels einen Mantel tragen oder eine Taucherbrille aufsetzen.

Sitzfußball

Ganz ähnlich wie ganz normaler Fußball funktioniert Sitzfußball. Ein Spielfeld mit Begrenzungen und Toren wird markiert, die Mitspieler werden verteilt, und der Ball kommt ins Spiel. Beim Sitzfußball aber bewegen sich alle Mitspieler nach hinten gebeugt nur auf Händen und Füßen fort, und der Ball darf nur mit den Beinen berührt und geschlagen werden. Bei wenigen Mitspielern kann dieses Fußballspiel auch in einem Raum gespielt werden.

Raufball

Zwei gleich große Mannschaften stehen einander in der Mitte des Spielfelds gegenüber, hinter jeder Mannschaft ist in einer Entfernung von etwa 20 Metern eine Linie auf den Boden gezeichnet. Der Schiedsrichter legt einen großen Medizinball zwischen die beiden Mannschaften und gibt das Spiel frei. Jede Mannschaft muss nun versuchen, den Ball hinter die gegnerische Linie zu bringen. Der Ball darf nicht geworfen und nicht nach vorn, sondern nur seitlich oder nach hinten weitergegeben werden. Verstößt eine Mannschaft gegen diese Spielregel, pfeift der Schiedsrichter, und die gegnerische Mannschaft bekommt den Ball. Nur der jeweilige Ballträger darf festgehalten werden mit dem Ziel, ihm den Ball abzunehmen. Auch wenn ein Knäuel entsteht, pfeift der Schiedsrichter und die Mannschaft, in dessen Spielfeldhälfte sich der Ball befindet, bekommt ihn. Wessen Mannschaft gelingt es, den Ball drei Mal hinter die gegnerische Linie zu tragen?

Rollenspiele

Schon mit drei Jahren spielen Kinder ausdauernd Einkaufen, Familie, Arztbesuch oder »Arbeiten gehen«. Sie vollziehen damit die erlebte Welt der Erwachsenen nach, an der sie teilhaben möchten. Doch Rollenspiele haben auch eine andere Funktion. Mit zunehmendem Alter tritt immer deutlicher hervor, dass es auch um die individuelle Ausgestaltung der zugewiesenen Rolle geht. Nicht nur mit Worten, auch mit Gesten, Mimik und Tonfall werden Charaktere dargestellt. Mit der Körperhaltung ebenso wie mit der Lautstärke kann denselben Worten eine ganz andere Bedeutung gegeben werden, können sie manchmal sogar ins Gegenteil umgekehrt werden. Die Bandbreite dieser Ausdrucksmöglichkeiten kann im Rollenspiel ausgelotet werden. Hier wird auch deutlich, welche Handlungsweisen und Reaktionen in unterschiedlichen Situationen angebracht sind. Verhaltensorientierungen und -korrekturen können so auf eine spielerische Art ausprobiert und umgesetzt werden.

Mit zunehmendem Alter verwischen die Grenzen zwischen Rollenspiel und Schauspielerei immer mehr. Aus der Beschäftigung mit der Realität wird der fantasievolle Einfall, wie etwas sein könnte.

Roboteringenieur

Ein Kind wird durch Abzählen zum Roboteringenieur bestimmt. Die anderen Mitspieler gehen mit Beinen und Armen im Robotergang durch den Raum. Sie wechseln die Richtung, laufen kreuz und quer. Wenn sie gegen ein Hindernis oder einen anderen Roboter laufen, bleiben sie kurz stehen, gehen einen Schritt zurück, drehen sich und gehen dann in eine andere Richtung weiter. Der Roboteringenieur muss nun versuchen, alle Roboter miteinander zu verkoppeln. Er stellt sich jeweils zu einem Roboter und kann ihn dann lenken. In Robotermanier folgt ihm der Roboter, und sobald ein Roboter einem anderen die Hand auf die Schulter legt, gehen die beiden hintereinander her und können zu zweit vom Roboteringenieur gelenkt werden. Nach und nach bekommt der Roboteringenieur so alle Roboter unter Kontrolle. Sind alle Roboter miteinander verkoppelt, wird ein anderes Kind zum Roboteringenieur bestimmt.

Tiere im Zoo

Bestimmt waren alle Mitspieler schon einmal im Zoo oder sehen regelmäßig Tierfilme im Fernsehen. Gemeinsam versuchen alle sich daran zu erinnern, wie sich die unterschiedlichen Tiere fortbewegen. Elefanten und Zebras, Affen und Löwen, aber auch Katzen und Schildkröten gehen und laufen auf ganz unterschiedliche Weise. Jeweils zwei Mitspieler stellen nun eine Tierart dar. Gemeinsam gehen sie umher und verhalten sich so wie die Tiere, die sie nachmachen. Mal bewegen sie sich schnell, dann wieder langsam. Nachdem sie die Bewegungen eingeübt haben, müssen die anderen erraten, welches Tier die beiden darstellen.

Marionette

Material
Schnüre
Stöckchen

Zur Vorbereitung für dieses Spiel muss jeweils ein Stück Schnur von etwa fünf Meter Länge auf ein Holzstöckchen aufgewickelt werden. Die Spieler stellen sich nun in Zweiergruppen auf. Ein Spieler ist die Marionette, der andere der Marionettenspieler. Die Marionette nimmt das Ende der Schnur in eine Hand, der Marionettenspieler hält das Stöckchen. Die Marionette läuft nun los, bis die ganze Schnur abgewickelt ist. Der Marionettenspieler kann sie heranholen, indem er die Schnur stückchenweise wieder aufwickelt. Die Marionette bewegt sich immer genau so weit, wie der Marionettenspieler sie durch Aufwickeln der Schnur heranholt. Erst wenn die Marionette bei ihm eingetroffen ist, darf sie wieder weglaufen. Nach einer Weile werden die Rollen getauscht.

Marionetten-Spielfiguren

Material
Schnur

Die Mitspieler finden sich in Fünfergruppen zusammen. Ein Mitspieler ist die Spielfigur, die anderen vier sind die Marionettenspieler. An jedem Arm und Bein der Spielfigur werden jeweils zwei Schnüre befestigt, eine am Hand- bzw. Fußgelenk, die andere am Ellbogen bzw. Knie. Je ein Kind bedient nun als Marionettenspieler einen Arm bzw. ein Bein der Marionette. Der Kopf der Marionette mit den Bewegungen und der Mimik wird vom Spieler selbst gelenkt. Nun geht es daran, gemeinsam die Bewegungen der Figur einzuüben. Zieht etwa ein Marionettenspieler an der Schnur, die am Knie befestigt ist, hebt die Marionettenfigur das Bein. So wird ein Bein vor das andere gesetzt und der Spieler, der die Marionettenfigur darstellt, bewegt sich hölzern und ungelenk vorwärts. In Gemeinschaftsarbeit wird nun ein einfaches Stück einstudiert, das die Marionettenspieler mit ihren Spielfiguren aufführen. Dabei kommt es darauf an, dass die Marionette nicht zu eigenständig agiert und die Marionettenspieler sich sorgsam abstimmen.

Spiegelbild

Jeweils zwei Spieler stehen sich gegenüber. Einer davon ist der Mensch, der andere das Spiegelbild. Der Mensch betrachtet das Spiegelbild und bewegt sich. Das Spiegelbild bewegt sich genau gleich wie der Mensch, nur eben spiegelverkehrt. Zuerst bewegt sich der Mensch langsam und deutlich. Er hebt ein Bein, stellt es ab, hebt das andere Bein usw. Für das Spiegelbild ist das noch kein Problem. Doch mit der Zeit werden die Bewegungen komplizierter und das Spiel auch immer lustiger. Nach einer Weile werden die Rollen getauscht.

Gegenteil

Auch dieses Spiel wird immer zu zweit gespielt. Ähnlich wie bei »Spiegelbild« macht ein Mitspieler die Bewegungen vor. Der andere muss sie aber nicht nachahmen, sondern er muss immer das Gegenteil davon ausführen. Läuft der erste Spieler also langsam, muss sich der zweite schnell bewegen, sitzt der eine, steht der andere, steckt der eine die Hände in die Hosentaschen, dann streckt sie der andere in die Höhe, kauert sich der eine auf den Boden, macht sich der andere groß. Was für die Gesten und Bewegungen gilt, wird auch auf die Mimik übertragen. So macht beispielsweise ein Mitspieler ein trauriges Gesicht, der andere ein fröhliches usw.

Gesichter weitergeben

Alle Mitspieler stellen sich im Kreis auf und halten die Hände vors Gesicht. Ein Mitspieler beginnt und setzt eine bestimmte Miene auf, etwa ein trauriges Gesicht, ein Lächeln, ein Lachen, ein vor Schmerz verzerrtes Gesicht usw. Diesen Gesichtsausdruck zeigt er hinter den vorgehaltenen Händen nur seinem rechten Nachbarn, ohne etwas zu erklären. Der wiederum versucht seinerseits, den Gesichtsausdruck zu verstehen und umzusetzen und gibt ihn an seinen rechten Nachbarn weiter. So läuft der Gesichtsausdruck durch den ganzen Kreis, bis er wieder beim ersten Mitspieler ankommt. Erkennt er den Ausdruck wieder? Bevor ein anderes Kind den nächsten Gesichtsausdruck weitergibt, wird besprochen, welches Gesicht eben weitergegeben wurde.

Dicke Menschen – dünne Menschen

Material
Weite Kleidung
Kissen

Wie ist es eigentlich, wenn man ganz groß oder sehr dick ist? Worin spüren wir den Unterschied zum Dünnsein oder Federleichtsein? Mit Hilfe von Kissen und weiten Kleidern verwandeln sich die Mitspieler in dicke Menschen. Bäuche, Rücken, Arme, Beine, Po, alles wird mit Kissen verschiedenster Größe ausgestopft. Auf Plateauschuhen, Stelzen oder Laufeimern werden manche sehr groß und überragen die anderen. Dann üben die Mitspieler und bewegen sich übertrieben langsam, stampfen behäbig mit großen Schritten umher, atmen schwer und laut und reden langsam. Wenn diese Rolle genug eingeübt wurde, verwandeln sich alle in ganz dünne Menschen. Die Kleidung sitzt locker, leichtfüßig und aufgeregt hüpfen die Mitspieler umher und zappeln spindeldürr durch den Raum. Jeder findet für sich nun das richtige Mittelmaß, bewegt sich wieder normal und ist froh, zu sein, wie er ist.

Burgenspiel

Die Mitspieler werden in zwei gleich große Gruppen eingeteilt. Eine Gruppe geht aus dem Raum, die andere Gruppe stellt sich im Kreis auf, wobei sich alle mit dem Gesicht nach außen aufstellen und mit den Armen unterhaken oder den Kindern links und rechts den Arm über die Schultern legen. Dieser Kreis stellt die Burg dar, und in diese Burg wird nur eingelassen, wer ein bestimmtes Zeichen, das die Burgkinder abgesprochen haben, herausfindet. Dieses Zeichen kann ein Lächeln sein, ein Kopfnicken, eine Bitte, ein Streicheln am Arm, ein sanftes Zupfen am Ohrläppchen oder irgendetwas anderes. Nun kommt die andere Kindergruppe herein. Jeder Mitspieler stellt sich vor ein Burgenkind und strengt sich an, das geheime Zeichen herauszubekommen, natürlich ohne grob zu werden. Wenn es die Mitspieler schließlich geschafft haben, in die Burg eingelassen zu werden, werden die Rollen getauscht, und die ehemaligen Burgenkinder werden zu Bittstellern.

Beziehungsnetz

Material
Lange, stabile Haushaltsschnur

Alle Mitspieler versammeln sich im Kreis. Ein Kind hält den Anfang der Schnur fest in den Händen und wirft das restliche Knäuel einem anderen Kind im Kreis zu, während es laut seinen Namen sagt. Dieses Kind hält nun seinerseits die Schnur fest (wickelt sie ein bis zwei Mal um die Hand) und wirft das Knäuel einem weiteren Kind zu. So wird das Schnurknäuel immer weitergegeben. Jeder Mitspieler erhält mehrmals von verschiedenen Kindern das Knäuel, und mit der Zeit entsteht ein dichtes Netz zwischen den Kindern. Wenn die gesamte Schnur abgewickelt ist, ist ein stabiles Beziehungsnetz entstanden. Um die Tragfähigkeit der Beziehungen und Verbindungen zu zeigen, kann sich einer der Mitspieler aus dem Kreis lösen und auf das Netz legen; er wird von allen anderen Kindern gehalten, und sie lassen ihn nicht fallen.

Sportlermodell

Durch Auszählen wird ein Mitspieler bestimmt, der den Raum verlassen muss. Die anderen beraten, welche Sportart in welcher typischen Pose sie darstellen möchten. Sind sie sich einig geworden, wird der Mitspieler wieder hereingelassen und »modelliert«. Die anderen bringen ihn in die typische Haltung des besprochenen Sportlers. Der Spieler muss nun erraten, welche Sportart gemeint ist und was der Sportler in der Pose, die er einnimmt, macht. Hat er es erraten, ist er erlöst und der nächste Mitspieler wird hinausgeschickt.

Wer spielt die Erste Geige?

Ein Mitspieler verlässt den Raum, unter den anderen wird ein Kind bestimmt, das »die Erste Geige« spielt. Es macht eine bestimmte Bewegung, die die anderen Mitspieler übernehmen, etwa mit den Armen vor- und zurückpendeln. Dann wird der Mitspieler wieder hereingelassen. Er muss nun durch Beobachten versuchen herauszufinden, wer die Erste Geige spielt, wer also die Bewegungen vorgibt. Die anderen Mitspieler müssen aber so gut wie möglich geheim halten, wer das ist. So ändert das Kind, das die Erste Geige spielt, die Bewegung in einem unbeobachteten Moment. Auch die anderen Kinder schauen sich gegenseitig wie zufällig an und versuchen, den Ersten Geiger nicht durch ihre Blicke zu verraten. So kommt es, dass sie mehrmals die Bewegungen ändern, ohne dass es dem Mitspieler gelingt, herauszufinden, wer zuerst mit der Bewegung begonnen hat. Schließlich wird er aber doch einen Verdacht haben und dem Kind auf die Spur kommen.

Spannenlanger Hansel

2. Lauf doch nicht so närrisch, spannenlanger Hans!
Ich verlier die Birnen und die Schuh noch ganz.
Trägst ja nur die kleinen, nudeldicke Dirn,
und ich schlepp den schweren Sack mit den großen Birn'.

Jeweils zu zweit stehen die Kinder beieinander und stellen als spannenlanger Hansel und nudeldicke Dirn dar, was sie im Lied singen.

Der Schornsteinfeger

2. Schwarz ist mein Gesicht wie Kohle, von dem Scheitel bis zur Sohle,
doch mein Herz ist frisch und frei von der Schornsteinfegerei.

3. Steig ich dann auf eine Leiter, immer höher, immer weiter,
fall ich in den Schornstein rein, fang ich tüchtig an zu schrein.
Hi-ha-hu, der Nächste, der bist du!

Ein Kind wird durch Abzählen als Schornsteinfeger bestimmt.
Es stellt sich vor die Mitspieler, die im Kreis oder in einer Reihe stehen, und alle singen das Lied.
Am Ende des Liedes zeigt es auf ein anderes Kind, nun beginnt das Lied von vorn und mit zwei Schornsteinfegern.
Es wird so oft wiederholt, bis alle Mitspieler Schornsteinfeger sind.

Ich sitz in meinem Flugzeug

2. Nun dreh ich eine Schleife,
ihr Leute sollt mal sehn,
wie ich in meinem Flugzeug
mich rundherum kann drehn.

3. Jetzt geh ich langsam nieder,
mein Ziel soll Hamburg sein.
Und morgen flieg ich wieder,
denn fliegen, das ist fein.

Alle singen das Lied.
Ein Mitspieler stellt sich vor die Gruppe der anderen, die mit Taschentüchern winken, während er wie ein Flugzeug umhersaust und zurückwinkt.

Selbstbilder

Material
Alte Tapetenrollen
Stifte
Wasserfarben oder Fingerfarben

Es ist interessant, ein lebensgroßes Bild von sich selbst zu haben und das so gestalten zu können, wie man möchte. Die Mitspieler finden sich in Zweiergruppen zusammen. Ein Mitspieler legt sich rücklings auf die Rückseite einer alten Tapetenrolle, der andere zeichnet den Körperumriss nach. Wenn dann jeder seinen Körperumriss hat, geht es daran, diesen leeren Umriss auszumalen. Die groben Linien, Mund, Nase, Augen usw., können mit Bleistift vorgezeichnet und mit dickem Filzstift nachgezogen werden. Die Flächen können mit Wasser- oder Fingerfarben ausgemalt werden. Dann malt jeder sein eigenes Bild so aus, wie er gern sein möchte. Zum Schluss stellt jeder sein Selbstbild den anderen vor und erklärt, was er alles für Wünsche und Eigenschaften hat.

Was der Dinosaurier fragt

Material
Dinosaurier-Handpuppe
Bilder aus Zeitschriften

Vorbereitung Die Spielleiterin bzw. der Spielleiter sucht Darstellungen von Menschen aller Altersstufen, Babys, Mädchen, Frauen, Schwangeren, Jungen, Heranwachsenden, Männern. Ebenso werden Bilder von verschiedenen alltäglichen Gegenständen, von Häusern und Landschaften, Städten und Berufsfeldern zusammengestellt.

Im Kreis Der Spielleiter erzählt die Geschichte vom Dinosaurier, der aus den Sümpfen in die Stadt kam und dort zum ersten Mal Menschen sah. Weil er nicht weiß, welche Menschen es gibt und wie sie sich unterscheiden, sollen die Mitspieler dem Krokodil helfen, alles zu verstehen. Der Spielleiter zeigt Bilder von verschiedenen Menschen und lässt die Mitspieler dem Dinosaurier erklären, was das für Menschen sind. Er fragt immer genauer nach, und so lassen sich die Menschen in Gruppen einteilen, z. B. Alte und Junge, Mädchen und Jungen, Frauen und Männer, aber auch Nackte und Angezogene. Der Dinosaurier will auch wissen, was die Menschen den ganzen Tag so machen, welche Berufe es gibt, wo sie wohnen usw. Anhand der Bilder, die der Spielleiter beispielhaft vorzeigt, sollen die Mitspieler erklären, was dieser Mensch arbeiten könnte, wo er wohnen und wie er leben könnte. Der Dinosaurier fragt auch nach den Gedanken, Gefühlen und Wünschen der Menschen und lässt so scheinbar zufällig einen Mitspieler nach dem anderen zu Wort kommen und sich dessen Ansichten, Meinungen und Wünsche vortragen. Nach einer Weile kann die Rolle des Dinosauriers an einen Mitspieler weitergegeben werden, der nun die Puppe hält und die anderen Mitspieler befragt.

Menschengeschichten

Material
Alte Zeitungen und Zeitschriften
Scheren
Klebstoff
Papier

Die Mitspieler finden sich in Zweier- oder Dreiergruppen zusammen. Aus alten Zeitschriften und Zeitungen schneiden sie verschiedene Menschen, dazu Gebäude, Autos, unterschiedliche Gegenstände und Landschaften aus. Nun denkt sich jede Gruppe eine kleine Geschichte aus, die mit den ausgeschnittenen Bildern illustriert werden kann. Auf jedem Blatt wird eine Szene arrangiert, wobei die einzelnen Szenen in einer Beziehung zueinander stehen müssen. Wenn alle fertig sind, trägt eine Gruppe nach der anderen den restlichen Mitspielern ihre Geschichte vor.

Gesichter ausschneiden

Material
Alte Zeitungen und Zeitschriften
Scheren
Klebstoff
Papier

Jeder Mitspieler bekommt ein paar Zeitschriften und Zeitungen, in denen er Menschen bzw. Gesichter suchen soll. Alle Gesichter werden ausgeschnitten und auf Papier geklebt. Jedes Blatt hat dabei eine andere Überschrift: ärgerliche oder böse, traurige oder gleichgültige, fröhliche oder ausgelassene Gesichter usw. Die Kategorien werden gemeinsam festgelegt, aber die Mitspieler entscheiden völlig selbstständig, welches Gesicht sie unter welche Kategorie kleben. Anschließend werden die beklebten Blätter thematisch sortiert und gemeinsam betrachtet.

Schattenspiele

Material
Helle Lichtquelle
Seil
Weißes Bettlaken
Verschiedene Gegenstände

Ein Seil wird quer durch den Raum gespannt und mit Wäscheklammern ein weißes Bettlaken daran befestigt, das bis auf den Boden reichen sollte. Im abgedunkelten Raum wird eine starke Lichtquelle auf das Bettlaken gerichtet. Sie wirft den Schatten von Dingen und Körpern von hinten auf die weiße Leinwand. Einige Mitspieler agieren als Schauspieler zwischen Lampe und Bettlaken. Ihr Schattenbild kann von den restlichen Kindern, die sich vor dem Bettlaken versammelt haben, beobachtet werden. Nun teilen sich die Mitspieler zunächst in Paare. Jedes Paar überlegt sich eine kurze Szene, die es darstellen könnte. Dabei dürfen auch Gegenstände zum Einsatz kommen, die eine möglichst klare Kontur haben sollten. Großräumige, übertriebene Bewegungen sind notwendig, um das Dargestellte deutlich zu machen. Nachdem die einzelnen Spielerpaare ihre Szene gespielt haben, raten die restlichen Mitspieler, was dargestellt wurde. Danach können einzelne, besonders gelungene Szenen wiederholt werden, und die Mitspieler üben in größeren Gruppen längere Szenen oder pantomimische Geschichten ein.

Tipp

Schattenspiele sollten kräftig mit Stimme und Musik unterstützt werden. Wenn laute Dialoge zu den tanzenden Schatten gesprochen werden, entwickelt dieses besondere Theater seinen ganzen Charme.

Laut und leise

Wichtig ist nicht nur, was man sagt, sondern auch, wie man es sagt. »Der Ton macht die Musik«, heißt es so schön, und so lassen sich verschiedene Tonfälle und Artikulationsarten mit diesem Spiel umsetzen. Alle Mitspieler übernehmen nacheinander verschiedene Rollen, stellen die Tiere dar und artikulieren sich auf die entsprechende Weise. Gemeinsam finden sie weitere Beispiele und überlegen, wann es angebracht ist zu trompeten wie ein Elefant oder zu piepsen wie ein Mäuschen.

Eine Antwort, so leise wie das Piepsen eines Vögelchens oder einer Maus.
Eine Bitte, schmeichelnd wie das Schnurren einer Katze.
Eine Frage, gebellt wie von einem kläffenden Hund.
Eine empörte Reaktion, gebrüllt wie von einem Löwen.
Eine Idee, heraustrompetet wie von einem Elefanten.

Tierstimmen

Gemeinsam überlegen sich die Mitspieler, welche Tierstimmen es gibt und wie sie sich anhören. Dann überlegt sich jeder, welche Tierstimme er nachahmen möchte. Einer nach dem anderen ist nun an der Reihe zu brummen wie ein Bär, zu wiehern wie ein Pferd, zu gackern wie ein Huhn oder was immer er glaubt, an Tierstimmen erkennbar imitieren zu können. Die anderen Mitspieler raten, welches Tier jeweils gemeint ist.

Menschenlaute

Reihum überlegen sich alle Mitspieler, welche Laute sie bei Menschen schon gehört haben bzw. von Menschen gemacht werden können. Einer nach dem anderen stellt den Mitspielern vor, wie andere husten, sich die Nase putzen, räuspern, rülpsen, schnarchen, röcheln, stöhnen, kichern, losprusten, heulen, schreien, weinen, wimmern usw. Dann wird bestimmt, wer welchen Laut am besten kann. Mit verteilten Rollen wird nun das gesamte Lautrepertoire dargestellt.

Variante Weniger chaotisch und für manche Altersgruppen einfacher ist das Spiel, wenn erst thematisch eingegrenzt wird. Dann lachen alle durcheinander auf die verschiedensten Arten, heulen und weinen wie in einem Gespenster-Chor oder schnarchen alle durcheinander. Um danach wieder zur Ruhe zu kommen, murmeln oder flüstern alle zusammen

Sündenbock

Material
Zeitungen

Der Spielleiter bzw. die Spielleiterin liest eine Geschichte aus der Zeitung vor. Das kann zum Beispiel ein Artikel über einen Autounfall oder einen Streit sein. Diese Geschichte wird mit verteilten Rollen von einigen Mitspielern dargestellt. Die restlichen Mitspieler teilen sich in Unterstützergruppen, die diese Mitspieler beraten. Die in der Zeitung beschriebene Geschichte wird in einen größeren Kontext eingebettet, dann versuchen die Mitspieler gemeinsam, das Geschehen herzuleiten bzw. die Vorgeschichte aus der Perspektive jeweils eines Rolleninhabers auszugestalten. Dabei steht im Vordergrund, dass jeweils einer anderen Person die Schuld an dem beschriebenen Geschehen zugeteilt wird. Beispielsweise kann bei einem Autounfall der Autofahrer die Schuld tragen, dann könnte beschrieben werden, wie er Streit hatte oder sich betrunken ins Auto gesetzt hat, weil eine Feier vorausgegangen war. Oder dem Unfallopfer, etwa einem Fahrradfahrer, wird die Schuld zugewiesen. Dann wird beschrieben, dass er ohne Licht oder mit defekten Bremsen, unvorsichtig oder auf der falschen Seite gefahren ist. So lässt sich die Situation auf verschiedene Arten abwandeln und wird mit dem Aspekt des jeweils anderen Hauptschuldigen neu dargestellt.

Geschichte zu Ende spielen

Ein Spielleiter liest aus einer Zeitung ein Ereignis vor und lässt den Schluss weg. Genauso gut kann er aber auch eine selbst erfundene Geschichte erzählen und mitten in der Handlung abbrechen. Nun sucht er aus den Mitspielern aus, wer die Rollen, die in der Geschichte vorkamen, übernehmen und die Geschichte zu Ende spielen soll. Die ausgewählten Mitspieler beraten sich kurz und stellen dann dar, wie die Geschichte zu Ende gehen könnte. Noch spannender ist das Spiel, wenn alle Mitspieler in mehreren Gruppen verschiedene Versionen des möglichen Endes der Geschichte aufführen.

Der Verkäufer aus Paris

Material
Korb
Kleider
Verschiedene Gegenstände

In einem großen Korb oder auf dem Tisch werden verschiedene Gegenstände gesammelt, von mehreren Mitspielern die Jacken und Pullover, Dinge aus dem Haushalt und auch ein paar Lebensmittel. Ein Mitspieler wird nun ausgewählt und ist Kaufmann bzw. Kauffrau aus Paris. Er stellt sich hinter den Korb und ruft einen anderen Mitspieler als Käufer zu sich heran, dann sagt er seinen Spruch auf.

Ich bin der Kaufmann aus Paris,
ich habe wunderschöne Sachen.
Verbiete, Ja und Nein zu sagen,
zu weinen und zu lachen.
Rot und Weiß sind ausgeschlossen,
welche Dinge wünschen Sie?

Der Käufer muss sich beim Verkaufsgespräch nun an die Vorgaben halten, darf weder die Farben Rot noch Weiß, weder Ja noch Nein sagen und auch nicht lachen oder weinen. Hält er sich nicht daran, bekommt er keine Ware und wird selbst Verkäufer.

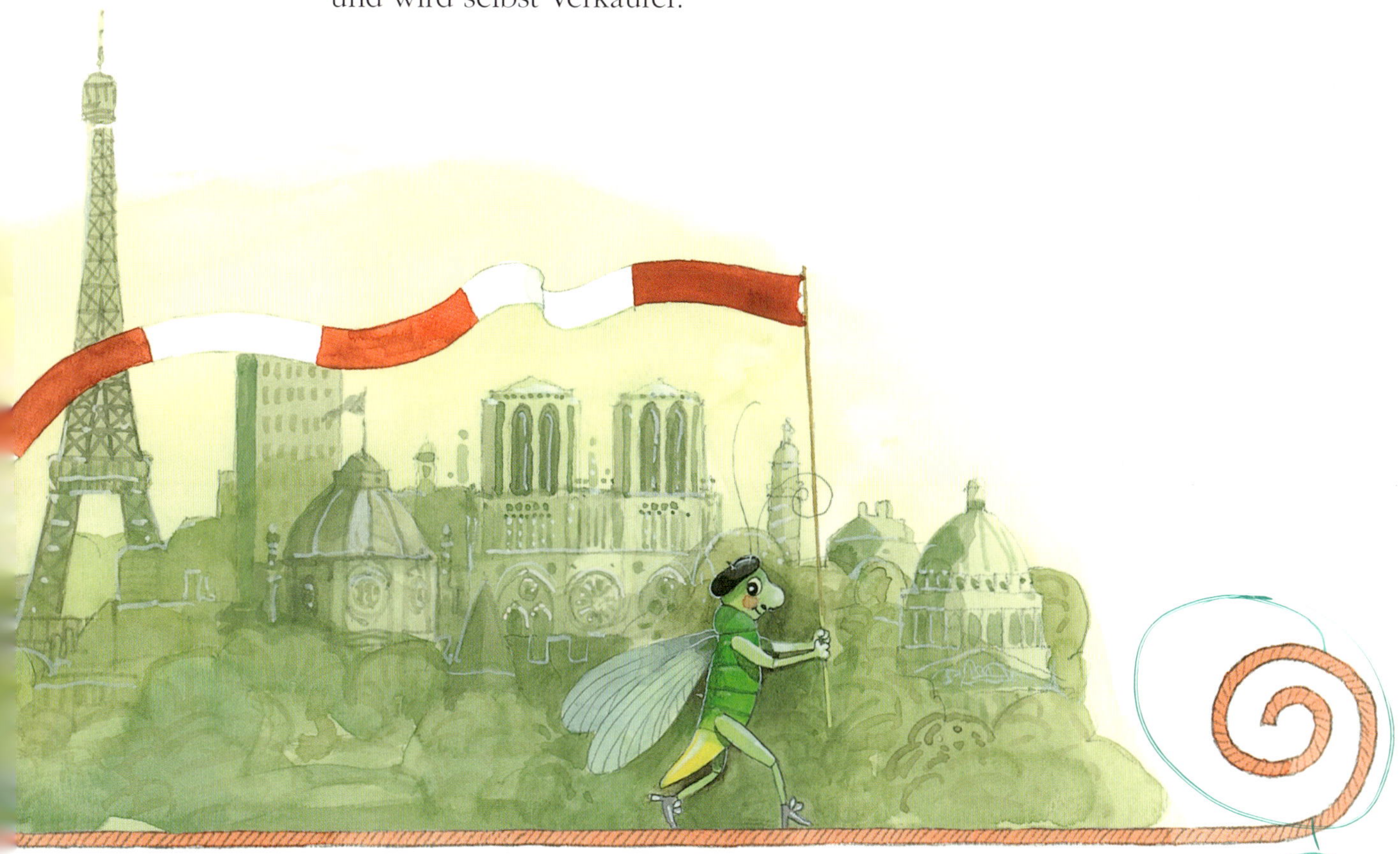

Murmelspiele und Münzenspiele

Murmeln, Schusser, Klicker – oder wie auch immer sie in den unterschiedlichen Regionen genannt werden, – und Münzen sind ein traditionsreiches Spielzeug. Egal ob im Zimmer, auf dem Gehweg oder Parkplatz, im Sandkasten oder auf dem Pausenhof, überall können runde Murmeln oder flache Münzen geschossen, gedreht und geworfen werden. Es verlangt Übung und Geschick, die eigenwilligen Glas- oder Tonklicker ins Ziel zu steuern und dabei alle Fährnisse der Rollbahn zu berücksichtigen. Ausdauer, Konzentration und gute Nerven sind außerdem gefragt, wenn mehrere Kinder gegeneinander antreten und um ihre schönsten Murmeln spielen. Die Regeln müssen klar sein, und alle haben sich ihnen unterzuordnen, dann wird aus dem Geschicklichkeitsspiel mit Murmeln und Münzen ein spannender Spielspaß. Es versteht sich meist von selbst, dass ein überragender Sieger am Ende des Spiels seine Beute wieder großzügig an alle Mitspieler verteilt.

Kugelbahnen und entsprechende Bausätze sind die aufwändigen Regenspielplätze für Murmelfans. Dass es auch ohne vorgefertigte Materialien geht, zeigen die folgenden Spielideen.

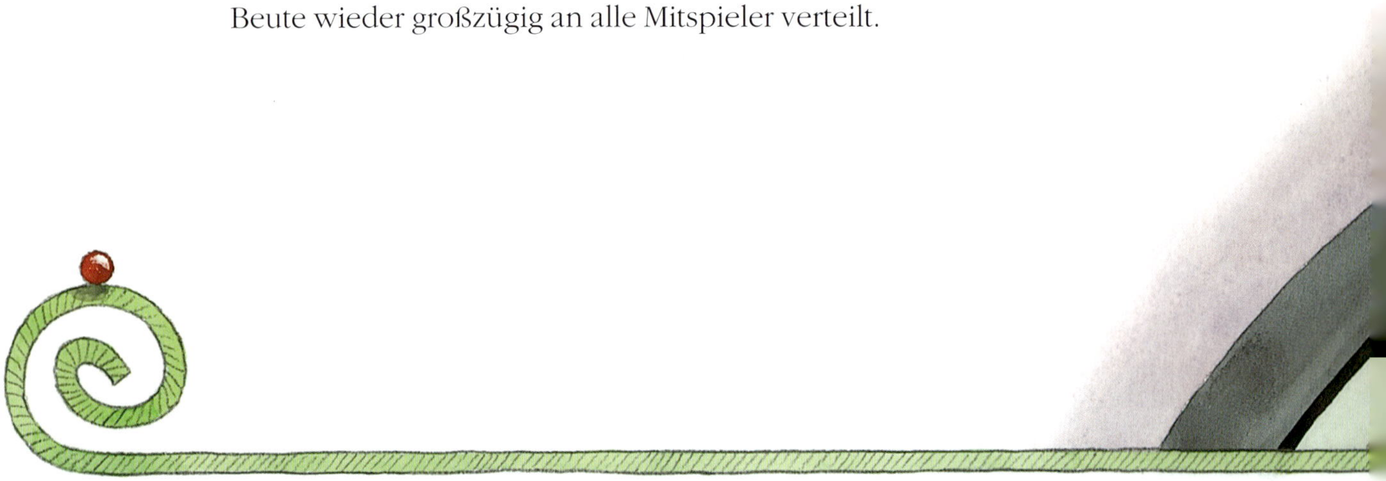

Kopf oder Zahl

Material
Notizblock
Stift

Jeweils zwei Spieler treten gegeneinander an, die anderen sind die Zuschauer. Am Anfang eines Flurs oder oben an einer Treppe bekommt jeder Mitspieler zehn Münzen in die Hand. Es wird festgelegt, für welchen Spieler welche Seite zählt – Kopf oder Zahl. Dann rollen beide abwechselnd ihre Münzen so weit wie möglich den Gang entlang oder lassen sie die Treppenstufen hinunterrollen. Jetzt wird ausgezählt, wie viele der Münzen die Kopfseite und wie viele die Seite mit der Zahl zeigen. Das Ergebnis wird notiert, bevor das nächste Spielerduo an der Reihe ist. Die jeweiligen Sieger der ersten Runden treten dann wieder zu zweit gegeneinander an.

Münzen drehen

Material
Notizblock
Stift

Zunächst üben alle Mitspieler, auf einer glatten Fläche eine Münze auf die Kante zu stellen und so anzuschubsen, dass sie sich möglichst lange dreht. Nun beginnt ein Mitspieler und versetzt eine Münze so gut wie möglich in Drehung, dabei nennt er den Namen eines Mitspielers und einen Buchstaben. Der genannte Mitspieler muss nun in der Zeit, in der sich die Münze dreht, so viele Begriffe wie möglich nennen, die mit dem genannten Buchstaben beginnen. Die anderen Mitspieler notieren die Begriffe. Sobald die Münze stillliegt, stoppt die Aufzählung, und es wird ausgewertet, wie viele verschiedene Begriffe genannt wurden. Danach geht das Spiel wieder von vorn los, und der nächste Mitspieler muss Begriffe für einen anderen Buchstaben finden.

Münzenlauf

Material
Schüssel
Stoppuhr

Eine Münze wird in einer möglichst großen Schüssel so in Bewegung gesetzt, dass sie am Schüsselrand entlangläuft. Nun nimmt der erste Spieler die Schüssel in beide Hände und versucht mit gleichmäßigen Bewegungen, die Münze so lange wie möglich am Schüsselrand rund laufen zu lassen. Die anderen halten mit der Stoppuhr fest, wie lange ihm das gelingt. Fällt die Münze in die Schüssel oder fliegt sie über den Rand aus der Schüssel hinaus, ist der nächste Mitspieler an der Reihe. Wer schafft es, die Münze am längsten in der Schüssel laufen zu lassen?

Brettrollen

Ein Brett wird gegen eine Wand oder auf einen Stein gestellt, sodass eine schiefe Ebene entsteht. Über dieses Brett lassen die Mitspieler nacheinander ihre Münzen hinunterrollen. Landet eine Münze auf einer anderen, so bekommt der, dessen Münze oben liegt, die andere Münze.

Münzen in den Topf

Material
Blumentopf aus Ton
Verschiedenfarbige Klebepunkte

Jeder Mitspieler markiert drei Münzen mit einem Klebepunktmuster, sodass sie als seine Münzen erkennbar sind. Dann wird ein Tontopf auf den Boden gestellt und die Wurflinie in etwa zwei Meter Entfernung vom Tontopf markiert. Ein Mitspieler nach dem anderen stellt sich nun hinter die Markierung und versucht, seine drei Münzen nacheinander in den Tontopf zu werfen. Jeder Treffer gibt einen Punkt. Dann wird die Wurflinie weiter vom Tontopf weg versetzt, und wieder testen alle, wie treffsicher sie sind. Wer hat nach fünf Wurfrunden die meisten Punkte?

Münzrallye

Material
Kartonstücke
Stifte

Jeder malt sich eine Rallyestrecke auf ein Stück Karton von der Größe eines DIN-A-4-Blatts. Anfangs sollte die Strecke nicht so kompliziert sein und nur wenige Kurven haben. Die aufgemalte Bahn ist nur wenig breiter als die Münze, die zum Spielen benutzt wird. Jeder legt dann eine Münze auf den Startpunkt und dreht seinen Karton so, dass die Münze der Rallyestrecke folgend über den Karton rutscht. Verlässt sie die Bahn, muss die Münze auf den Startpunkt zurückgelegt werden. Wer einmal fehlerfrei durchgekommen ist, darf seine Rallyestrecke mit einem anderen Mitspieler tauschen und dessen Strecke ausprobieren. Schließlich probiert jeder die Rallyestrecken von allen anderen Mitspielern aus.

Tipp

Ideal zum Rollen und Drehen ist die Fünfcentmünze. Zehn- und Fünfzigcentstücke eignen sich vor allem für längere Rollstrecken.

Stöckeln

Auf einen Ziegelstein legt jeder Mitspieler eine Münze. Danach treten alle etwa fünf Meter zurück und werfen nacheinander ihre restlichen Münzen so nah wie möglich an den Ziegelstein. Wessen Münze dem Ziegelstein am nächsten liegt, kippt den Stein um und darf die Münzen behalten, deren Zahl nach oben zeigt. Die übrigen Münzen nimmt der zweitbeste Mitspieler, wirft sie hoch und lässt sie auf den Boden fallen. Er darf nun ebenfalls alle die Münzen behalten, deren Zahl nach oben zeigt. Schließlich kommt der drittbeste Mitspieler an die Reihe usw., bis alle Münzen verteilt sind. Dann beginnt das Spiel aufs Neue.

Anschlagen

Aus drei Meter Entfernung wirft ein Spieler nach dem anderen seine Münze flach über dem Boden so gegen eine Wand, dass sie von der Wand wieder abprallt. Kommt die Münze näher als eine Handbreit neben einer anderen Münze zu liegen, dann darf der Werfer seine und die andere Münze einstecken und noch einmal werfen, ansonsten bleibt sie auf dem Boden liegen. Ein Spiel endet nach fünf Durchgängen. Dann sammeln alle ihre Münzen wieder ein, und das Spiel beginnt von vorn.

Variante Es darf derjenige alle Münzen einsammeln, dessen Münze nach dem Kontakt mit der Wand am nächsten an der Wand liegen bleibt.

Münzenspringen

16 Münzen liegen in einer Reihe schön nebeneinander. Diese 16 Münzen sollen nun auf vier Stapel zu je vier Münzen zusammengestellt werden. Das wäre viel zu einfach, wenn es dafür nicht eine Bedingung gäbe. Jede Münze, die bewegt wird, muss vier andere Münzen überspringen – egal, ob die Münzen noch neben- oder zum Teil schon übereinander liegen. Am besten versuchen sich immer zwei Spieler an einer Münzenreihe. Welche Gruppe hat es als Erste geschafft?

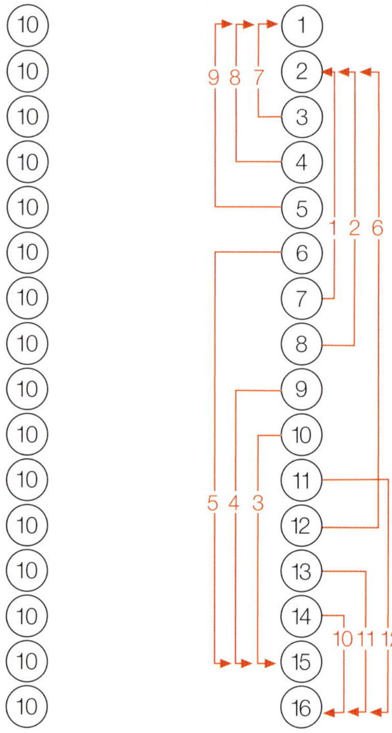

Spengeln

Ähnlich wie beim Anschlagen werden beim Spengeln Murmeln oder Münzen gegen eine Wand geworfen, die zurückprallen und möglichst in einer kleinen, in den Boden gegrabenen Mulde oder in einem mit Kreide markierten Kreis liegen bleiben müssen. Der Spieler, dessen Murmel bzw. Münze in der Mulde oder innerhalb der Markierung landet, gewinnt die Murmeln hinzu, die innerhalb der Spannweite seiner Hand neben der Mulde liegen geblieben sind.

Seitenwechsel

In sieben Feldern liegen sechs Geldmünzen. Links drei Zwanzigcentstücke, rechts drei Zehncentstücke, in der Mitte bleibt ein Feld frei. Nun sollen die Zwanzigcentstücke und die Zehncentstücke die Plätze tauschen, dabei darf jede Münze in ein leeres Feld neben ihr geschoben werden oder höchstens eine andere Münze überspringen. Die Zwanzigcentstücke dürfen nur von links nach rechts, die Zehncentstücke nur von rechts nach links wandern. Viel Spaß beim Spielen und Knobeln!

1	2	3	4	5	6	7
20	20	20		10	10	10

Lösung
Zwanziger von Feld 3 nach Feld 4
Zehner von Feld 5 nach Feld 3
Zehner von Feld 6 nach Feld 5
Zwanziger von Feld 4 nach Feld 6
Zwanziger von Feld 2 nach Feld 4
Zwanziger von Feld 1 nach Feld 2
Zehner von Feld 3 nach Feld 1
Zehner von Feld 5 nach Feld 3
Zehner von Feld 7 nach Feld 5
Zwanziger von Feld 6 nach Feld 7
Zwanziger von Feld 4 nach Feld 6
Zwanziger von Feld 2 nach Feld 4
Zehner von Feld 3 nach Feld 2
Zehner von Feld 5 nach Feld 3
Zwanziger von Feld 4 nach Feld 5

Murmelhaus

Ein Schuhkarton lässt sich ganz einfach zum Murmelhaus umfunktionieren. In eine Längsseite des Kartons werden etwa fünf verschieden große Löcher geschnitten. Das größte Loch bekommt den Wert 1, die weiteren Löcher je nach Größe die Werte 2, 4, 6 und 8. Je kleiner das Loch und je schwieriger es also ist, mit der Murmel hineinzutreffen, desto höher der Punktwert. Das Murmelhaus wird auf einem ebenen Untergrund aufgestellt, und die Mitspieler versuchen nun der Reihe nach, aus einem Abstand von drei Metern jeweils eine Murmel in eines der Löcher zu schießen. Dabei wird die Murmel auf den Boden gelegt und nur mit dem Finger oder Daumen geschnippt. Für jede Murmel, die in ein Loch trifft, erhält der Mitspieler die entsprechende Punktzahl. Landet eine Murmel nicht im Murmelhaus, wird ein mittlerer Punktwert (3 oder 4 Punkte) abgezogen. Nach einer vorher festgelegten Anzahl Durchgänge wird gezählt, wer die meisten Punkte hat. Dieser Mitspieler bekommt vom zweitplatzierten eine, vom drittplatzierten zwei Murmeln usw.

Murmelpyramide

Material
Kreide

Im Freien wird auf glatten Asphaltboden mit Kreide eine Pyramide gezeichnet. Diese Pyramide wird mit Querstrichen in zehn Felder unterteilt. Das unterste Feld am Fuß der Pyramide ist am größten, das Feld ganz an der Spitze am kleinsten. Jedes Feld bekommt nun einen Punktwert, der hineingeschrieben wird, das unterste den Wert 1, das oberste den Wert 10. Von einem Punkt etwa zwei Meter vom Fuß der Pyramide entfernt versucht nun ein Mitspieler nach dem anderen, eine Murmel in ein Pyramidenfeld mit einem möglichst hohen Punktwert zu schnippen. Wessen Murmel außerhalb der Pyramide liegen bleibt, bekommt zwei Punkte Abzug. Wer nach zehn Spielrunden die meisten Punkte hat, wird »Pharao«.

Murmeln schießen

Auf dem Boden liegt eine Reihe aus Murmeln, jeweils im Abstand von etwa fünf Zentimetern. Jeder Mitspieler steuert ein paar seiner Murmeln für diese Reihe bei. Nun darf einer nach dem anderen aus einem Abstand von zwei Metern eine Murmel auf diese Reihe schießen. Trifft er eine Murmel, darf er sie behalten. Es wird so lange auf die Murmelreihe geschossen, bis alle Murmeln getroffen wurden.

Murmel auf Spannweite

Zu zweit wird dieses Murmelspiel gespielt. Jeweils abwechselnd wirft der erste Spieler seine Murmel von einer Wurflinie aus weg. Der zweite Spieler muss nun von der gleichen Stelle aus versuchen, mit seiner Murmel die Murmel des ersten Spielers zu treffen oder sie zumindest so nah an sie heranzuwerfen, dass er beide Murmeln mit einer Hand (mit seiner Spannweite) berühren kann. Gelingt ihm dies, darf er beide Murmeln behalten, ansonsten gehören dem ersten Spieler beide Murmeln.

Murmeln aus dem Kreis

Auf den Boden wird ein Kreis von etwa 20 Zentimeter Durchmesser gezeichnet. Innerhalb dieses Kreises verteilt jeder Mitspieler eine zuvor vereinbarte Anzahl Murmeln. Etwa drei Meter vom Kreis entfernt wird eine Wurflinie aufgezeichnet. Nacheinander schießt nun jeder Mitspieler eine Murmel in Richtung des Kreises. Wessen Murmel am nächsten außerhalb des Kreises zu liegen kommt, der beginnt das Spiel. Der Mitspieler, dessen Murmel am zweitnächsten liegt, darf als zweiter schießen usw. Landet bei dieser Ausscheidung aber eine Murmel im Kreis, muss sie dort bleiben. Nun schießt der erste Mitspieler von der Wurflinie aus eine Murmel in den Kreis und versucht, eine der dort liegenden Murmeln herauszuschießen. Gelingt ihm das und beide Murmeln verlassen den Kreis, darf er die herausgeschossene Murmel behalten und schießt ein weiteres Mal, diesmal von dort aus, wo seine Murmel liegt. Er ist so lange an der Reihe, bis er es nicht mehr schafft, seine Schießmurmel und eine weitere Murmel aus dem Kreis zu befördern. Verlässt nur eine Murmel den Kreis, ist der nächste Mitspieler dran. Im zweiten Durchgang wird dann von dort aus geschossen, wo die Murmel liegen geblieben ist. Bleibt auch die Schießmurmel im Kreis liegen, muss der Mitspieler im nächsten Durchgang mit einer neuen Schießmurmel wieder von der Wurflinie aus beginnen.

Murmel stoßen

Für dieses Murmelspiel braucht man große und kleine Murmeln. Mindestens zwei Spieler werfen je eine große Murmel von einem festen Punkt aus in eine Richtung. Danach versuchen sie nacheinander, eine kleinere Murmel mit einem Schnippen des Zeigefingers gegen die große Murmel eines anderen Kindes zu stoßen. Gelingt ihnen das, muss der Besitzer der getroffenen Murmel dem erfolgreichen Schützen eine kleine Murmel geben. Haben alle Mitspieler einmal geschnippt, werden die Murmeln zur nächsten Runde geworfen.

Muldenmurmeln

Alle Mitspieler graben eine kleine Mulde im Abstand von etwa 20 Zentimetern in den Boden und jeder markiert seine Mulde mit einem Blatt oder einer seiner Murmeln, die er hineinlegt. Nun versuchen alle nacheinander, eine Murmel in die eigene Grube zu rollen oder zu werfen. Landet die Murmel in einer fremden Mulde, gehört sie dessen Besitzer. Zehn Murmeln müssen so ihren Weg am besten in die eigene Mulde finden.

Murmelpott

Beim Murmelpott werden vier etwa faustgroße Mulden in quadratischer Anordnung in den Boden gegraben und eine Mulde in der Mitte des Quadrats. Vor dieser Mulde in der Mitte, dem Pott, liegt eine kleinere Mulde. Aus einem Abstand von etwa zwei Metern versuchen die Spieler nun nacheinander, eine Murmel in den Pott zu schnippen. Landet sie in der kleineren, dem Pott vorgelagerten Mulde oder in einer der Eckmulden, müssen zwei Strafmurmeln in den Pott gegeben werden. Wer in den Pott trifft, erhält alle Murmeln, die darin sind.

Murmelkehraus

Eine flache Mulde mit etwa fünf bis zehn Zentimeter Durchmesser wird in den Boden gegraben. In diese Mulde gibt jeder der Mitspieler zwei bis drei Murmeln. Nun stehen alle um die Mulde herum und lassen nacheinander am waagrecht ausgestreckten Arm eine weitere Murmel in die Mulde fallen. Werden dadurch andere Murmeln aus der Grube getrieben, darf sie der jeweilige Mitspieler behalten. Gespielt wird so lange, bis einem oder mehreren Mitspielern die Murmeln ausgehen oder das Spiel seinen Reiz verliert. Die Murmeln, die am Ende noch in der Grube liegen, werden unter den Mitspielern aufgeteilt.

Fünfermurmel

Aus einem Abstand von zwei Metern rollt ein Mitspieler nach dem anderen fünf Murmeln gleichzeitig in eine kleine Bodenmulde. Die Murmeln, die nicht in der Mulde gelandet sind, darf der Spieler einmal mit dem Finger anschubsen. Dann nimmt er alle Murmeln aus der Mulde heraus und steckt sie ein, die Murmeln, die nicht in der Mulde liegen, werden gesammelt und am Ende der Spielrunde an alle Mitspieler verteilt.

Murmel-Tor

Links und rechts neben einer kleinen Kuhle im Boden werden im Abstand von etwa 20 Zentimetern zwei Stöckchen in den Boden gesteckt. Der Bereich zwischen den Stöckchen ist das Tor, in der Tormitte ist die Kuhle. Von der Wurflinie aus, die etwa vier Meter entfernt ist, versucht nun ein Spieler nach dem anderen, eine Murmel in die Kuhle zu werfen. Wer zwar ins Tor, nicht aber in die Kuhle trifft, bekommt seine Murmel zurück. Wer auch das Tor verfehlt, verliert seine Murmel.

Liegen und fliegen

Aus etwa drei Meter Entfernung wirft ein Spieler nach dem anderen gleichzeitig zwei Murmeln auf eine Zielkuhle im Boden. Eine der Murmeln soll in der Kuhle liegen bleiben, die zweite wieder hinausrollen. Gelingt das, darf der Mitspieler alle Kugeln in der Kuhle und außerhalb nehmen. Gelingt es nicht, bleiben beide Murmeln liegen. Nur wenn es bei einem Durchgang keiner schafft, eine Murmel in der Kuhle liegen und die zweite hinausfliegen zu lassen, werden die Murmeln wieder an die Besitzer verteilt. Das Spiel wird so oft gespielt, bis jeder einmal die Gelegenheit hatte, als letzter Werfer so richtig abzuräumen.

Vorsicht, Teich!

Als »Teich« wird eine Kuhle im Boden bezeichnet, die etwa 20 Zentimeter Durchmesser hat und zehn Zentimeter vor einem großen Stein angelegt wird. Von einer Wurflinie aus versuchen alle Mitspieler nacheinander, den Stein zu treffen, ohne dass ihre Murmel im Teich landet. Wem das passiert oder wer den Stein nicht trifft, muss seine Murmel an die erfolgreichen Werfer abgeben.

Mini-Minigolf

Eine kleine Mulde wird in den Boden gegraben. Aus drei Meter Entfernung werfen nun alle Mitspieler drei Murmeln mit einem Wurf in diese Mulde. Dabei landen natürlich nicht alle Murmeln in der Mulde, und so darf der Mitspieler mit den meisten Treffern anfangen, die verstreut liegenden Murmeln in die Mulde zu »schieben«. Die Murmeln werden dabei aber nicht geführt, sondern mit dem gekrümmten Zeigefinger wie ein Golfball geschlagen. Wenn jedoch eine Murmel nicht hineinrollt, kommt der Nächste an die Reihe und darf weiterschieben. Wer die letzte Murmel in die Mulde schiebt, darf sie ausräumen

Geschicklichkeitsspiele

Ob Balancieren oder Turmbauen mit verbundenen Augen, bei den Geschicklichkeitsspielen stehen Koordination, Feinabstimmung und Eleganz, aber auch Ausdauer und Konzentrationsfähigkeit im Mittelpunkt. Nicht auf Kraft und Schnelligkeit kommt es hier an; der Spielspaß steigert sich mit dem Geschick, das die Kinder entwickeln. Überlegtes und entschlossenes Vorgehen sind gefragt, denn oft gelingt, was man sich zutraut – vielleicht nicht auf Anhieb, aber immer besser, wenn man dranbleibt und nicht aufgibt. Je kniffliger die Aufgabe, desto schöner sind die Erfolgserlebnisse. Meister fallen nicht vom Himmel, und so gibt es für alle viel zu lachen, bis ein gewisser Grad an Können oder gar Perfektionismus erreicht ist. Die Herausforderung des Spiels selbst, das Können der anderen und vor allem der Spaß an der Sache sind Anreiz für Kinder, mit Eifer ihre Geschicklichkeit zu üben und schließlich unter Beweis zu stellen.

Beim Kartoffelfechten kommt es nicht nur darauf an, nichts fallen zu lassen, sondern auch darauf, möglichst elegante Manöver auszuführen.

Kartoffelfechten

Material
Esslöffel
Kartoffeln

Immer zwei Mitspieler stellen sich zum Kartoffelgefecht einander gegenüber auf. Jeder hält in der linken Hand einen Löffel, auf dem er eine Kartoffel balanciert. Mit dem Löffel in der rechten Hand, der leer ist, kann er mit seinem Gegner fechten. Das Ziel ist, die Kartoffel auf dem linken Löffel möglichst nicht herunterfallen zu lassen. Die Gegner attackieren sich also vorsichtig, doch schließlich scheidet der aus, dessen Kartoffel als Erste herunterfällt. So treten alle Mitspieler gegeneinander an, bis der Schlusssieger feststeht.

Variante Um den Schwierigkeitsgrad zu erhöhen, können die Fechtmanöver auf einen umgestürzten Baumstamm oder ein langes, schmales Brett verlegt werden – das verdoppelt die akrobatische Balance-Leistung!

Bleistift balancieren

Material
Filzstifte

Jeder Mitspieler bekommt einen möglichst breiten Filzstift. Dann übt jeder, den Stift auf der Handfläche stehend zu balancieren. Das ist gar nicht so einfach, aber es macht viel Spaß. Jeder hat genügend Platz um sich herum, denn gerade am Anfang braucht man weiträumige Bewegungen, um die Fallneigungen des Stifts auszugleichen. Wenn alle genug geübt haben, gibt es einen kleinen Wettkampf. Gemeinsam wird eine Strecke bestimmt, die so schnell wie möglich zurückgelegt werden muss, während der Stift auf der Handfläche balanciert wird. Immer zwei Mitspieler starten gegeneinander, wobei der schnellere in die nächste Runde kommt. Je nach Alter und Anzahl der Mitspieler können mehrere Gruppen gebildet werden, die unterschiedliche Strecken mit verschieden schwierigen Balanceakten meistern müssen.

Schuhtanz

Zu flotter Musik tanzen alle Mitspieler durch den Raum und balancieren dabei einen Schuh auf dem Kopf. Erst wird vorsichtig getanzt, später immer ausgelassener. Jeder achtet darauf, dass ihm nicht der Schuh vom Kopf fällt. Wem dieses Missgeschick passiert, der muss wie versteinert stehen bleiben und warten, bis sich ein Mitspieler erbarmt, den Schuh aufhebt und auf den Kopf des Versteinerten zurückstellt. Dabei darf ihm selbst aber auch nicht der Schuh vom Kopf fallen!

In die Flasche

Material
Wollfäden
Kugelschreiber
Leere Flaschen

Jeder Mitspieler bindet sich einen langen Wollfaden um den Bauch, an dessen Ende er einen Kugelschreiber festgeknotet hat. Der Kugelschreiber baumelt etwa zehn Zentimeter über dem Boden. Vor jedem Mitspieler steht eine leere Flasche, deren Öffnung mindestens fünf Zentimeter höher sein sollte als der Kugelschreiber. Wer das Spiel vereinfachen möchte, macht den Faden so lang, dass der Kugelschreiber auf der Höhe der Flaschenöffnung hängt. Alle müssen nun versuchen, ihren Kugelschreiber in der Flaschenöffnung zu versenken, ohne die Hände zu Hilfe zu nehmen. Wem gelingt das am schnellsten? Am meisten Spaß macht das Spiel, wenn alle in einem großen Kreis stehen und sich beobachten können.

Münze balancieren

Material
Münzen

Bei diesem Spiel geht es darum, auf der Nasenspitze eine Münze zu balancieren. Alle Mitspieler liegen auf dem Rücken, nehmen ein Zehncentstück und legen es so auf die eigene Nasenspitze, dass es nicht herunterrutscht. Wer zuerst das Geldstück auf der Nasenspitze balanciert, streckt beide Arme in die Höhe. Die Arme bleiben so lange oben, bis alle es geschafft haben, das Zehncentstück in die Balance zu bringen. Als Nächstes müssen alle versuchen, das Geldstücke von der Nase zu befördern, ohne den Kopf zu bewegen oder zu pusten. Dabei entstehen die lustigsten Grimassen.

Seilakrobatik

Material
Seile

Bei diesem Spiel bekommt jeder Mitspieler ein Seil (Hüpfseil), das er zunächst gerade auf den Boden legt. Dieses Seil ist nun das Hochseil, auf dem jeder entlangbalancieren muss, ohne daneben zu treten. Mit ausgebreiteten Armen schreiten alle vorsichtig einige Male vorwärts über das Seil. Wer das ganz gut schafft, auf den wartet eine schwierigere Aufgabe. Nun muss das Seil nämlich rückwärts abgeschritten werden. Vorsichtig wird dabei ein Fuß hinter den anderen gesetzt. Schließlich werden alle Seile zusammen in Schlangenlinien oder in Schneckenform ausgelegt. Ein Mitspieler nach dem anderen balanciert dann zunächst vorwärts und anschließend rückwärts darüber.

Papierflieger-Flugschau

Material
DIN-A-4-Papier
Buntstifte

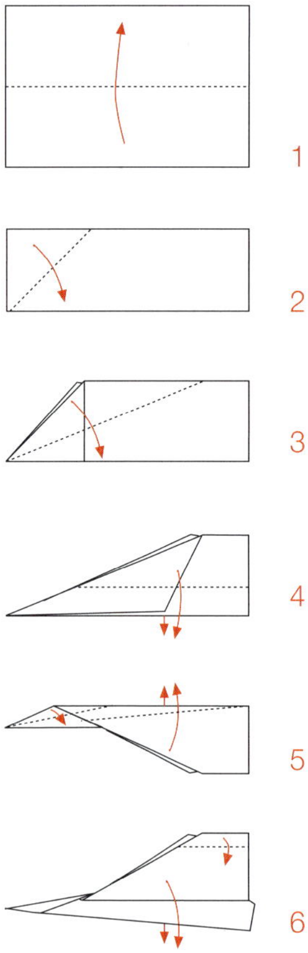

Papierflieger können ihre Flugeigenschaften am besten bei wenig Wind oder in Räumen entfalten. Bevor die Flieger zu einem Wettbewerb starten, müssen sie jedoch erst gefaltet, bemalt und beschriftet werden. Bei der anschließenden Flugschau wird festgestellt, wessen Flieger am weitesten, am schönsten, am schnellsten usw. fliegt.

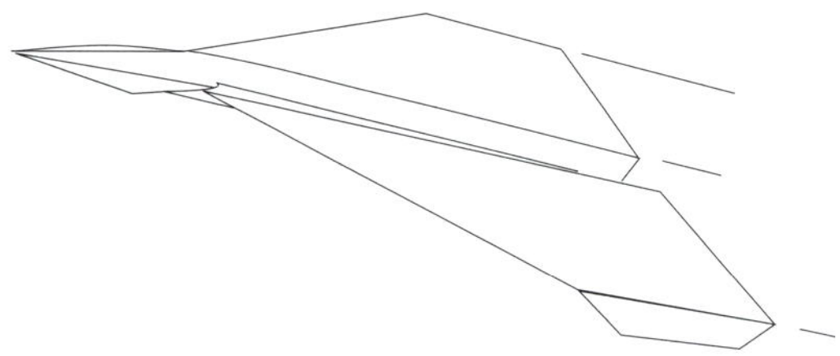

Becherball

Material
Joghurtbecher
Schnüre
Gummibälle

Um dieses Spiel spielen zu können, muss zuerst der Becherball gebastelt werden. In den Boden eines Jogurtbechers wird ein kleines Loch gebohrt. Durch dieses Loch wird eine etwa 50 Zentimeter lange Schnur gefädelt. Ein Knoten verhindert, dass die Schnur durch das Loch rutscht. An dem Schnurende, das aus dem Becherboden hängt, wird ein Gummiball festgebunden. Nun nimmt jeder Mitspieler sein Becherballspiel in die Hand und spielt Becherball. Der Becher wird geschwenkt, dabei der Gummiball hochgeschleudert und mit dem Becher aufgefangen. Am Anfang ist das noch ein bisschen schwierig, doch bald fängt jeder seinen Ball wie im Schlaf mit dem Becher.

Trinkhalm-Kunstwerke

Material
Plastik-Trinkhalme
Scheren
Klebstoff

Trinkhalme gibt es in vielen verschiedenen Farben und Ausführungen. Für Kunstwerke eignen sich die dicken Trinkhalme mit Gelenk besonders gut. Zunächst werden die Trinkhalme in kürzere Stücke geschnitten, damit sich die verschiedenen Farben besser kombinieren lassen. Mit einem kleinen Schnitt im Ende des Halms wird das Ineinanderschieben leichter. Nach Lust und Laune baut sich jeder Mitspieler nun ein kunterbuntes Tier, indem er Trinkhalmstücke ineinander steckt und miteinander verklebt.

Mal die Hälfte

Material
Zeichenblätter
Stifte

Jeweils zwei Spieler sitzen nebeneinander am Tisch. Jeder hält einen Stift in der Hand, und zwar der, der rechts sitzt in der rechten, der auf der linken Seite in der linken Hand. Einer beginnt jetzt, auf das Zeichenblatt die Hälfte eines Gegenstands zu malen. Beispielsweise malt der rechte Spieler die rechte Hälfte eines Balls als links offenen Kreis. Der andere vervollständigt nun das Bild – in diesem Fall die linke Hälfte des Balls mit der linken Hand. Begonnen wird mit einfachen Motiven wie Herzen, Sternen usw. bevor sich die Spielerpaare schließlich an schwierige Motive wagen. Nach einer Weile werden die Plätze getauscht, der Linksmaler wird zum Rechtsmaler und umgekehrt.

Malen mit links

Material
Zeichenblätter
Stifte
Stoppuhr

Natürlich malen bei diesem Spiel nur die Rechtshänder mit links, die Linkshänder aber mit rechts! Innerhalb einer vorgegebenen Zeit von etwa zwei Minuten müssen nun alle Mitspieler ein bestimmtes Motiv zu Papier bringen. Zunächst fängt es einfach an, zum Beispiel mit einem Haus. Dann wird es schwieriger, etwa wenn Tiere oder ganze Szenen gemalt werden sollen. Am Ende der Spielrunde vergleichen alle die Malergebnisse.

Variante Wer Spaß an diesem schwierigen Malspiel hat, probiert vielleicht auch gerne aus, wie es ist, ein Motiv auf dem Kopf zu malen. Man beginnt auch hier mit einem einfacheren Motiv wie einem Haus und steigert sich bis zu kompletten Bildern mit unterschiedlichen Elementen.

Zahnstocher verstauen

Material
Viele Zahnstocher

Jeder Mitspieler bekommt 30 Zahnstocher, die er vor sich auf den Tisch legt. Auf ein Startsignal hin muss nun jeder innerhalb von 30 Sekunden versuchen, die Zahnstocher irgendwo an seinem Körper zu befestigen. Man kann sie beispielsweise in die Ellbeugen klemmen, hinter die Ohren stecken oder zwischen den Fingern halten. Wer einen Zahnstocher fallen lässt, scheidet aus, genauso jeder, der lachen muss.

Schatz im Silbersee

Material
Plastikwanne
Kleine Glasschüssel
Münzen

Bei diesem Spiel, das am besten im Freien stattfindet, wird die Plastikwanne beinahe voll mit Wasser gefüllt, und in die Mitte der Wanne wird eine kleine Glasschüssel ins Wasser gestellt. Dann bekommt jeder Mitspieler eine bestimmte Anzahl Münzen: Eincent- und Zweicent-, Fünf- und Zehncentmünzen. Dann stellen sich alle in einem Abstand von etwa einem Meter rund um die Schüssel auf. Nacheinander versucht nun jeder, seine Münzen in die kleine Glasschüssel, die in der Plastikwanne steht, zu werfen. Das ist gar nicht so einfach, denn das Wasser verzerrt die Perspektive und die Münzen werden leicht abgetrieben, wenn sie zu flach auf dem Wasserspiegel aufkommen. Deshalb ist es ratsam, mit den kleinen Münzen zu beginnen und etwas zu üben. Wer in die Glasschüssel trifft, darf seine Münze und alle anderen, die bis dahin danebengegangen sind, als »Schatz im Silbersee« aus dem Wasser nehmen. Das Spiel ist beendet, wenn ein Mitspieler keine Münzen mehr hat. Die Münzen werden nun wieder neu verteilt, und die nächste Spielrunde kann beginnen.

Schwebendes Tuch

Material
Papiertaschentücher

Einige Papiertaschentücher werden in ihre einzelnen Lagen geteilt. Von diesen hauchdünnen Lagen bekommt jeder Mitspieler eine. Damit jeder genug Platz hat, verteilen sich die Kinder im Raum. Nun haben alle die Aufgabe, ihr Tuch hoch über den Kopf zu heben, es oben loszulassen und durch Pusten in der Luft zu halten. Wer hält sein schwebendes Tuch am längsten vom Boden fern, ohne die Hände zu Hilfe zu nehmen?

Von Feld zu Feld

Material
Eierkarton
Gummiball

Der Deckel eines Eierkartons wird abgetrennt, die Unterseite des Kartons mit den Vertiefungen (je nach Kartongröße sechs oder zehn) ist das Spielfeld. Der Gummiball wird in ein Eckfeld gelegt, und dann geht's los. Der Ball muss von diesem Startfeld der Reihe nach in alle Felder befördert werden, ohne dass er angefasst wird. Wer ein Feld überspringt oder den Ball auf den Boden fallen lässt, muss von vorn beginnen.

Eierpappen-Zielwerfen

Material
Leere Eierkartons
Schere
Klebstoff
Wasserfarben
Stift
Tischtennisball

Von mehreren Eierkartons werden die Deckel abgetrennt, dann werden sie aneinander geklebt, sodass eine große Zielfläche mit vielen Vertiefungen entsteht. Nun werden die Vertiefungen in unterschiedlichen Farben bemalt und mit verschiedenen Punktzahlen versehen. So können die rot markierten Felder beispielsweise 5 Punkte zählen, die blauen 4, die grünen 3, die gelben 2 und die orangefarbenen 1 Punkt. Rot markierte Felder gibt es nur ganz wenige, und neben jedem roten Feld gibt es ein schwarzes Feld. Wenn ein Spieler in dieses schwarze Feld trifft, werden ihm 3 Punkte abgezogen. Aus einer Entfernung von etwa drei Metern wirft nun ein Mitspieler nach dem anderen einen Tischtennisball auf das Eierpappen-Zielfeld. Jeder darf dreimal werfen, dann kommt der nächste Mitspieler an die Reihe. Es gewinnt, wer als Erster 20 Punkte gesammelt hat.

Papierkugeln fangen

Material
Alte Zeitschriften
Große Plastikbecher
Klebestreifen

Je eine Seite einer alten Zeitschrift wird zu einer festen Kugel zusammengeknüllt und mit Klebestreifen so verklebt, dass sie nicht wieder aufgeht. Wenn alle Mitspieler etliche dieser Papierkugeln fabriziert haben, geht es ans Spiel. Alle stellen sich im Kreis auf und werfen Papierkugeln in die Luft. Gleichzeitig versucht jeder, ohne seinen Platz zu verlassen, möglichst viele der Kugeln mit einem großen Plastikbecher aufzufangen. Die Kugeln, die auf dem Boden gelandet sind, werden aufgehoben, unter allen Mitspielern verteilt und erneut in die Luft geworfen. Sind alle Papierkugeln in den Plastikbechern, wird gezählt, wer die meisten gefangen hat.

Dichte Fäuste

Material
Würfelzucker
Schüssel mit Wasser

Jeder Mitspieler nimmt ein Stück Würfelzucker in die Hand und schließt die Faust ganz fest. Dann stecken alle die Faust zwanzig Sekunden lang in die Wasserschüssel. Laut wird von zwanzig bis null zurückgezählt, dann nehmen alle ihre Fäuste aus dem Wasser, öffnen sie und schauen nach, wessen Zuckerwürfel unversehrt ist. Das kann so oft wiederholt werden, bis keiner mehr ein ganzes Würfelzuckerstück in der Hand hat.

Schuh-Wettrennen

Material
Lange Schnur
Kochlöffel
Schuhe

Bei diesem Spiel treten immer zwei Spieler gegeneinander an. Jeder Mitspieler bekommt eine fünf Meter lange Schnur und einen Kochlöffel. Ein Ende der Schnur wird nun am Kochlöffel festgeknotet. Dann zieht jeder einen Schuh aus und bindet das andere Ende der Schnur an seinen Schuh. Der Schuh wird nun auf den Boden gelegt, und beide Spieler stellen sich nebeneinander auf. Die Schnur zu ihren Schuhen ist gespannt, und auf ein Startzeichen hin beginnen die beiden Mitspieler, ihren Kochlöffel zu drehen und so die Schnur aufzuwickeln. Die Schuhe rücken langsam nah und immer näher. Wer es geschafft hat, seinen Schuh ganz an den Kochlöffel heranzuwickeln, ist Sieger. Er darf seinen Schuh wieder anziehen. Der Verlierer muss in der zweiten Spielrunde gegen einen anderen Mitspieler antreten, der ebenfalls im ersten Zweierwettkampf unterlegen war. So ziehen nach und nach alle Mitspieler ihre Schuhe wieder an, und der Letzte bekommt zum Trost einen Preis.

Ballon-Troika

Material
Luftballons

Die Mitspieler finden sich in Dreiergruppen zusammen. Jede Gruppe hat einen Luftballon, der aufgeblasen und gut zugeknotet wird. Der Ballon wird hoch in die Luft geschleudert, und dann fassen sich die drei Mitspieler an den Händen. Sie müssen nun versuchen, den Ballon in der Luft zu halten, ohne einander loszulassen. Er kann mit den Füßen, dem Kopf, aber auch mit den »verketteten« Händen immer wieder hochgeschlagen werden. Kommt er auf dem Boden auf, scheidet die Gruppe aus. Welche Gruppe ist die geschickteste Troika?

Fleißige Bienen

Material
Viele Wattepads
Klettband
2 alte Hosen
2 Eimer

Vorbereitung: Die Hosen sollten so groß sein, dass sie von den Mitspielern über die Kleider angezogen werden können. Auf dem Gesäß werden zwei Klettband-Flächen in der Größe eine Bierdeckels festgenäht. Außerdem werden die Hosenbeine abgeschnitten, sodass diese Bienenhose schnell an- und ausgezogen werden kann.

Los geht's: Die Mitspieler teilen sich in zwei gleich große Gruppen und stellen sich in jeweils einer Reihe auf. Die Wattepads werden auf zwei Ecken des Zimmers aufgeteilt und dort aufgehäuft. Die Eimer stehen in den beiden anderen Zimmerecken. Die beiden Wattehaufen sollen zwei Blumenwiesen sein, die Eimer stellen Bienenstöcke dar. Der erste Spieler jeder Gruppe zieht sich nun die Hose an und ist somit die Biene. Auf ein Startzeichen hin laufen die beiden Bienen mit den Klettbandhosen los, jede zu »ihrer« Blumenwiese. Dort setzt sie sich mit dem Hintern so auf die Wattepads, dass möglichst viele an den Klettflächen hängen bleiben. Die Hände dürfen nicht zu Hilfe genommen werden. Dann läuft der Bienenmitspieler zu einem Eimer, dort hinein werden die gesammelten »Blütenpollen« mit den Händen abgestreift, bevor er wieder zu seiner Gruppe zurückläuft und die Bienenhose an den nächsten übergibt. Das Spiel ist beendet, wenn alle Kinder einmal als Biene Pollen gesammelt haben. Dann wird gezählt, welches Bienenvolk fleißiger war und mehr Wattepads gesammelt hat. Weil dieses Spiel vor allem in der größeren Gruppe Spaß macht, eignet es sich sehr gut für Kindergeburtstage. Dort sammeln die fleißigen Bienen zusätzlich um die Wette und die Sieger werden mit einer Süßigkeit aus Honig belohnt.

Den Kreis leeren

Material
Kleinere Steine
Eine Schnur oder Kreide

Am besten lässt sich dieses Spiel an einem heißen Tag auf einer Wiese spielen. Als Vorbereitung sammeln alle zusammen eine größere Menge Steine, die nicht zu klein sein sollten. Dann wird mit der Schnur ein Kreis gelegt, der etwa drei bis vier Meter Durchmesser hat. Auf einem glatten Untergrund kann dieser Kreis auch mit Kreide aufgezeichnet werden. Dann werden in diesem Kreis eine Menge Steine verteilt. Sie sollten etwa kirsch- bis kastaniengroß sein. Anschließend ziehen alle Mitspieler ihre Schuhe und Strümpfe aus, und schon kann es losgehen. Jeder versucht nun, nur mit den Füßen so viele Steine wie möglich außerhalb des Kreises aufzuhäufen. Die Steine dürfen dabei nicht gestoßen oder in die Hand genommen, sondern sie müssen einzeln mit den Zehen gegriffen werden. Jeder Mitspieler greift sich immer nur einen Stein mit einem Fuß, geht aus dem Kreis und sammelt an einer Stelle seine Steine. Ist der ganze Kreis leer geräumt, geht jeder zu seinem Steinhäufchen und zählt, wie viele Steine er erbeutet hat.

Hüpfsteinchen

Zunächst sammeln die Mitspieler möglichst flache Steine. Mit diesen Steinen gehen alle zu einem See oder Weiher und stellen sich an dessen Rand auf. Ein Spieler nach dem anderen wirft nun mit Schwung und möglichst flach einen Stein, sodass er von der Wasseroberfläche abspringt, bevor er schließlich im Wasser versinkt. Wer schafft es, seinen Stein öfter als die Steine der anderen hüpfen zu lassen?

Zitronen treiben

Material
Stöcke
Zitronen

In einem langen Flur oder auf dem Hof kann man Zitronen treiben. Bei diesem Spiel starten mehrere Spieler gleichzeitig an einer Startlinie. Sie müssen versuchen, eine Zitrone mit einem Stöckchen so schnell wie möglich zur Ziellinie zu schubsen. Das ist gar nicht so einfach, denn Zitronen wollen nicht geschubst werden. Sie drehen sich einfach weg oder rollen in die falsche Richtung. Die Mitspieler brauchen also viel Geschick und Geduld, um bis zur Ziellinie zu kommen. Alle Mitspieler haben ihre Aufgabe erfüllt, wenn sie innerhalb einer bestimmten Zeit ihre Zitrone über die Ziellinie getrieben haben.

Deckellauf

Material
Bierdeckel
Stoppuhr

Auf dem Boden werden Bierdeckel verteilt, und zwar in verschiedenen Abständen. Manche liegen ganz eng beieinander, und es ist einfach, von einem zum nächsten zu gehen. Andere liegen dagegen weit auseinander, und man muss große Schritte machen oder sogar springen, um sie zu erreichen. Beim Deckellauf kommt es darauf an, in möglichst kurzer Zeit von einem Bierdeckel zum anderen zu gelangen, ohne einen auszulassen oder danebenzutreten. Der Parcours kann in verschiedenen Schwierigkeitsgraden angelegt werden, wobei der Wechsel von kleinen und großen Abständen die meisten Schwierigkeiten macht. Wer schafft es, den Deckellauf am schnellsten fehlerfrei zu absolvieren?

Astmikado

Material
Äste und Zweige

Beim Mikado-Spiel müssen aus einem Haufen Holzstäbchen einzelne Stäbchen weggenommen werden, ohne dass sich die anderen bewegen. Beim Astmikado ist das genauso, nur ist alles ein bisschen größer. Zunächst werden in der Umgebung Äste und Zweige in unterschiedlichen Größen gesammelt. Am besten ist es, wenn sie wenig Nebenäste haben und gerade gewachsen sind. Dann werden die Äste und Zweige nach Größe sortiert, sodass verschiedene Haufen mit jeweils etwa 20 Ästen und Zweigen entstehen. Nun darf jeder Mitspieler beim kleinsten Mikado-Haufen beginnen. Er muss versuchen, einen Ast wegzunehmen, ohne dass sich ein anderer bewegt. Gelingt ihm das, darf er weitermachen. Sobald jedoch ein anderer Ast wackelt, geht er zum nächstgrößeren Mikado-Haufen und versucht dort sein Glück. Dann beginnt ein anderer Mitspieler beim kleinsten Asthaufen. Beim Astmikado passiert es viel leichter, dass sich ein anderer Ast bewegt, und so ist ein kleines Wackeln erlaubt. Wackelt es deutlicher, beurteilen alle Kinder, ob der Mitspieler noch einen Versuch bekommt.

Tipp

Feinmotorische Fähigkeiten wie das Greifen mit den nackten Zehen oder zitterfreies Be- und Entlasten von wackligen Türmen fallen vielen Kindern anfangs nicht leicht. Aber die Spiele haben einen prima Trainingseffekt, und so geht es bereits nach wenigen Wiederholungen besser.

Wäscheklammernschlange

Material
Viele bunte Wäscheklammern

Eine große Menge bunter Wäscheklammern wird auf einen großen Haufen gelegt. Drumherum sollte so viel Platz sein, dass sich die Mitspieler nicht gegenseitig behindern. Auf ein Startsignal hin klemmt jeder so viele Wäscheklammern wie möglich aneinander, bis er eine lange Schlange hat. Dabei müssen jedoch einige Regeln beachtet werden. Jeder darf immer nur eine Wäscheklammer nach der anderen vom Haufen nehmen. Außerdem müssen sich die Farben in der Schlange abwechseln; es dürfen nie zwei gleichfarbige Wäscheklammern hintereinander klemmen. Nach drei Minuten wird das Spiel gestoppt und gezählt, wessen Schlange am meisten Wäscheklammern hat.

Variante In der nächsten Runde wird eine stehende Schlange gebildet. Das heißt, jeder Mitspieler muss die Klammern in der Hand balancieren. Da kann es schnell passieren, dass die Schlange abbricht oder herunterfällt. Wer nach drei Minuten die längste Schlange hat, hat gewonnen.

Turmbau blind

Material
Bauklötzchen
Augenbinden

Alle Mitspieler sitzen im Kreis am Tisch oder auf dem Boden. In der Mitte liegt ein großer Berg mit verschiedenen Bauklötzchen: runden, rechteckigen, dreieckigen, quadratischen usw. Nun verbinden sich alle die Augen und halten sie ganz fest geschlossen. Blind greift jeder in den Bauklötzchenberg und holt sich ein Bauklötzchen nach dem anderen heraus. Mit den Klötzchen versucht er, einen Turm zu bauen. Der Turm muss so hoch wie möglich werden, und stabil sollte er natürlich auch sein. Wer glaubt, dass sein Turm hoch genug ist oder bald umfällt, weil er so wackelt, der sagt laut »fertig« und nimmt sich die Binde von den Augen. Wenn alle fertig sind, wird ausgewertet, wessen Turm der höchste, der schönste, der stabilste usw. ist.

Heraus mit der Königin

Material
Flache Teller
Getrocknete Erbsen
Filzstift

Jedes Kind bekommt auf seinen Teller eine bestimmte Anzahl getrocknete Erbsen gelegt. Eine Erbse auf jedem Teller ist mit Filzstift bunt markiert und stellt die Königin dar. Durch Schütteln und Rütteln des Tellers muss nun jeder Mitspieler versuchen, seine Königin vom Teller zu befördern. Dabei dürfen die Erbsen aber nicht angefasst werden. Wer schafft es als Erster, seine Erbsenkönigin vom Teller zu befördern, ohne dabei eine andere Erbse herunterzuwerfen?

Dreifußlauf

Material
Zeitungspapier

Die Mitspieler stellen sich paarweise nebeneinander in einem Raum mit glattem Holz- oder Linoleumboden auf. Jedes Paar legt drei Zeitungsseiten auf den Boden. Auf die zwei äußeren Seiten stellen sie jeweils nur ein Bein, auf der mittleren Zeitungsseite stehen sie gemeinsam. Nun geht der Dreifußlauf los: Die Füße bleiben auf dem Zeitungspapier, und die Paare rutschen durchs Zimmer, ohne sich zu behindern oder gar zusammenzustoßen. Alle Paare müssen aufpassen, dass sie sich koordiniert bewegen und die mittlere Zeitungsseite nicht zerreißt. Auf ein Zeichen hin wird erst der linke, dann der rechte Mitspieler gewechselt, so dass sich immer neue Dreifußpaare ergeben. Wenn bei einem Paar die mittlere Zeitungsseite zerreißt, muss es ausscheiden.

Kettenreaktion

Material
Gummibälle
Verschiedene Gegenstände wie
Spielbretter
Bücher
Stuhl
Becher
Leere Küchentuchrollen usw.

Die Mitspieler werden in zwei Gruppen aufgeteilt. Jede Gruppe versucht, verschiedene Gegenstände so aufzubauen, dass sich eine Kettenreaktion auslösen lässt. Zu Beginn der Kettenreaktion könnte zum Beispiel ein Gummiball vom Tisch über ein schräg stehendes Spielbrett auf den Stuhl und weiter auf den Boden rollen. Dort läuft der Gummiball weiter durch eine leere Küchentuch- oder Toilettenpapierrolle und stößt ein paar hintereinander aufgestellte Bücher um. Das letzte Buch fällt auf eine Wippe, die aus einem Spielbrett und einem dicken Filzstift besteht. Die Wippe löst den nächsten Ball aus, der einen Turm Plastikbecher umwirft usw. Welche Gruppe findet die komplizierteste oder effektivste Aufstellung für ihre Kettenreaktion?

Fadenspiel allein

1. Der zusammengeknotete, etwa eineinhalb Meter lange Faden wird um Daumen und kleine Finger gespannt (Abbildung 1).
2. Der Zeigefinger der gegenüberliegenden Hand holt den Faden, der vor der Handfläche liegt (Abb. 2). Der Faden wird wieder gespannt (Abbildung 3).
3. Der Daumen holt den hinter dem Zeigefinger liegenden Faden nach vorn. Dabei greift er über den vor dem Zeigefinger liegenden Faden (Abbildung 4).
4. Mit den Zähnen wird der untere Daumenfaden hochgezogen und über die Daumenschlingen und die Daumen gebracht (Abbildung 5).
5. Nun lässt man die Schlaufen von den kleinen Fingern rutschen und zieht das Fadengebilde auseinander. Fertig ist das »Auslegerboot« (Abbildung 6).

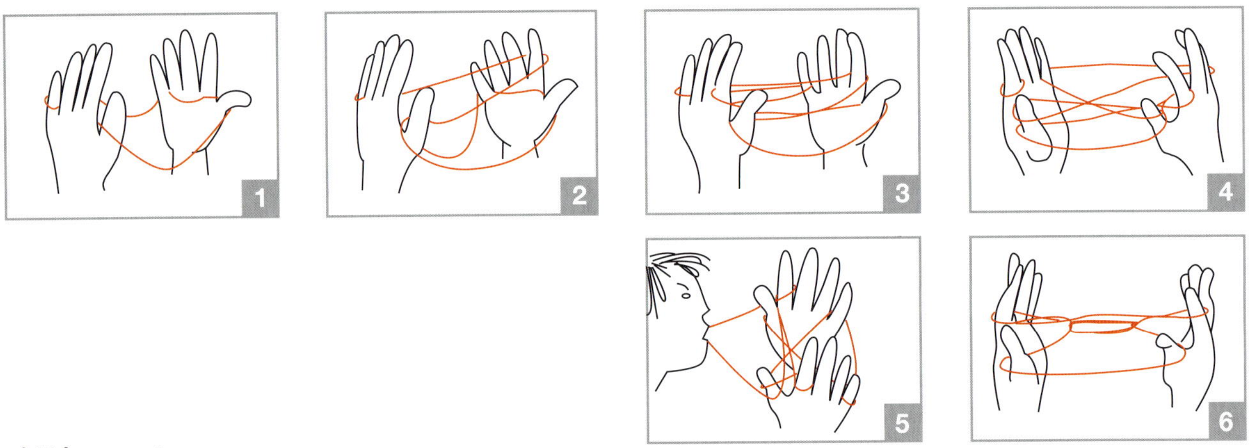

Zwei Diamanten

1. Ausgehend von der Grundfigur (oben Abbildung 3) die Daumenschlingen fallen lassen. Dann greifen die Daumen über alle anderen Fäden ganz nach hinten und holen den hinteren Faden der kleinen Finger.
2. Die Daumen schlüpfen noch unter die Zeigefingerfäden.
3. Die Daumen legen sich flach, und der vor dem Daumen liegende Faden rutscht hinter den Daumen, bevor die Daumen sich wieder aufrichten.
4. Neben der Daumenschlinge hat sich jetzt ein kleines Dreieck gebildet, in das die Zeigefinger gesteckt werden. Die Hände werden dabei nach unten gedreht.
5. Die Schlingen der kleinen Finger werden abgeworfen und die Zeigefinger von den Daumen abgespreizt, während man die Handfläche und die Finger ausbreitet.
   Entstanden sind so »zwei Diamanten«.

Fadenspiel zu zweit

1. Ein Kind legt die Fadenschlinge einmal um beide Handflächen (Abbildung 1).
2. Mit dem Mittelfinger der jeweils anderen Hand die Fadenschlinge vor der gegenüberliegenden Handfläche aufnehmen (Abbildung 2). So ist ein Fadengeflecht mit zwei Kreuzungspunkten und einem freien Fadenteil entstanden.
3. Das andere Kind nimmt die beiden Kreuzungspunkte mit Daumen und Zeigefinger und hebt den Faden über das darunterliegende freie Fadenstück (Abbildung 3).
4. Jetzt wird das ganze Geflecht vom zweiten Kind, das den Faden übernommen hat, wieder auseinander gezogen. Entstanden ist nun eine neue Fadenfigur mit erneut zwei Kreuzungspunkten (Abbildung 4).
5. Jetzt ist das erste Kind wieder mit Abheben und Auseinander ziehen an der Reihe. Je nachdem, ob von oben oder von unten abgehoben wird, entstehen immer neue, unterschiedliche Figuren. Wichtig ist nur, dass immer wieder Kreuzungspunkte entstehen. Im weiteren Spiel können je nach Experimentierfreude und Ausdauer der Spieler viele neue Figuren entstehen.

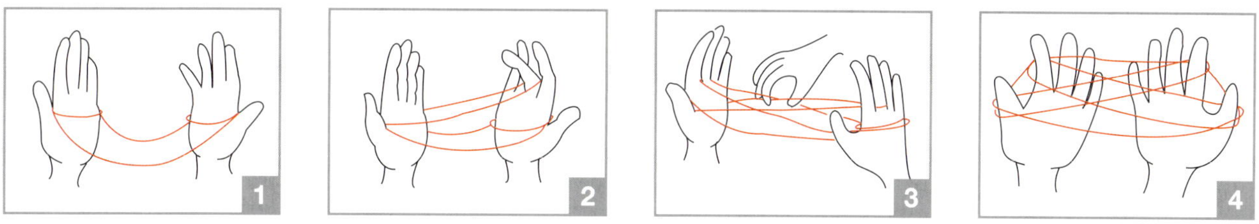

Lauf- und Fangspiele

Viel Bewegung an der frischen Luft – dass das gesund ist, weiß der Volksmund seit jeher. Und da das immer schon ganz besonders für Kinder galt, haben viele, die heute Eltern sind, die mahnende Stimme der eigenen Mutter sicher noch im Ohr: »Kinder, raus an die frische Luft!« Kinder sind meist tatsächlich wahre Bewegungswunder. Sie haben einen ganz natürlichen Bewegungsdrang, und was an motorischer Energie in ihnen steckt, sollte auch genutzt werden. Neben dem immensen Spielspaß, den Lauf- und Fangspiele bieten, übernehmen sie auch die Funktion, die physische Robustheit der Kinder aufzubauen und zu stärken. Reaktionsgeschwindigkeit, Körperbeherrschung, Kraft, Belastbarkeit, Ausdauer, aber auch Gemeinschaftssinn, Rücksichtnahme und Regellernen, alle diese Bereiche werden bei gemeinsamen Lauf- und Fangspielen gefördert. Eine besondere Bedeutung können solche Spiele für zappelige und unkonzentrierte Kinder einnehmen. Eine große körperliche Anstrengung ebnet für sie oft den Weg zur Ruhe.

»Fischer, wie tief ist das Wasser?« ist ein Klassiker aus dem Spielerepertoire der Großeltern, entstanden zu einer Zeit, als Kinder noch die meiste Zeit draußen spielten.

Tiere fangen

Ein Mitspieler wird zum Tierfänger bestimmt. Alle anderen laufen los und versuchen, sich vor ihm in Sicherheit zu bringen. Wen der Tierfänger erwischt, den macht er zum Tier. Fortan darf der Abgeschlagene nur noch hüpfen wie ein Frosch, muss brüllen wie ein Löwe oder meckern wie eine Ziege, je nachdem, in welches Tier ihn der Tierfänger verwandelt hat. Wenn alle Mitspieler in Tiere verwandelt worden sind, wird ein neuer Tierfänger bestimmt.

Variante Der Tierfänger überlegt sich eine bestimmte Tiergruppe, zum Beispiel die Familie der Vögel: Storch, Eule und Kuckuck, Ente, Gans und Rabe lassen sich gut darstellen und haben charakteristische Rufe.

Auto fahren

Ein Mitspieler wird zum Verkehrspolizisten bestimmt, die anderen halten die Hände, als hätten sie ein Lenkrad vor sich und laufen im Kreis über die Wiese oder den Hof. Der Verkehrspolizist gibt vor, wie viel oder wie wenig Verkehr ist, wie schnell oder wie langsam die Autos fahren können. Im ersten Gang wird angefahren, dann beschleunigt und hochgeschaltet. Alle gehen langsam los und werden je nach eingelegtem Gang immer schneller. Die Autos dürfen sich natürlich überholen, sie hupen und bremsen wie die richtigen Autos auf der Straße.

Bauer Muhmann

Material
Steine oder Bauklötzchen

Innerhalb eines Kreises von etwa zwei Meter Durchmesser liegen mehrere Steine oder Bauklötzchen als Kartoffeln. Ein Mitspieler stellt den Bauer Muhmann dar, der im Kreis steht und seine Kartoffeln bewacht. Die anderen Kinder stehen außerhalb des Kreises und rufen:

Kartoffeln, Kartoffeln, ach wie klein, müssen Kartoffeln von Muhmann sein!

Alle versuchen nun, eine Kartoffel aus dem Kreis zu stibitzen, dürfen dabei aber von Bauer Muhmann nicht berührt werden. Wen er abschlägt, der muss sich als Rübe in den Kreis hocken und darf sich nicht mehr rühren. Bauer Muhmann kann die Kartoffeldiebe auch außerhalb des Kreises verfolgen. Das Spiel ist zu Ende, wenn er alle Kartoffeldiebe gefangen hat.

Der schwarze Mann

Alle Kinder stellen sich der Größe nach in einer Reihe auf und zählen durch. Wen die Zahl 19 (oder eine andere, zuvor vereinbarte Zahl) trifft, der ist der »schwarze Mann«. Er stellt sich auf eine Seite eines abgesteckten Spielfelds. Auf der anderen sind die restlichen Kinder versammelt.

Kinder Schwarzer Mann, rühr mich nicht an!
Schwarzer Mann Habt ihr Angst vor dem schwarzen Mann?
Kinder Nein!
Schwarzer Mann Was macht ihr, wenn er kommt?
Kinder Wir laufen davon!

Auf dieses Signal hin laufen der schwarze Mann und die Kindergruppe los und wechseln innerhalb der Begrenzung die Seiten des Spielfelds. Wen der schwarze Mann erwischt, der muss ihm in der nächsten Runde helfen, weitere Kinder zu fangen. Der schwarze Mann darf die Kinder aber nur fangen, solange sie noch in ihrem Spielfeld sind. Sobald sie die Begrenzung zur neuen Spielfeldseite überschritten haben, sind sie frei. Sind schließlich alle Kinder gefangen, beginnt das Spiel von neuem, indem eine andere Zahl den schwarzen Mann bestimmt.

Fischer, wie tief ist das Wasser?

Durch Abzählen wird der »Fischer« bestimmt. Er stellt sich auf die eine Seite des Hofs oder der Spielfläche, die restlichen Kinder stehen auf der anderen Seite. Es beginnt eine Wechselrede zwischen Kindern und Fischer:

Kinder Fischer, wie tief ist das Wasser?
Fischer (zum Beispiel) Fünf Meter!
Kinder Wie kommen wir hinüber?
Fischer nennt eine Gangart, zum Beispiel Auf einem Bein hüpfen!
Rückwärts gehen! Auf allen vieren! o. Ä.

Die Kinder laufen in der vorgeschriebenen Art los, um auf die andere Seite des Spielfelds zu gelangen, und der Fischer versucht, so viele wie möglich abzuschlagen. Dabei muss er sich aber in derselben Gangart bewegen wie die anderen, und er darf nur vorwärts gehen, während die Fische auch rückwärts ausweichen dürfen. Die gefangenen Kinder werden ebenfalls zu Fischern. Das Spiel dauert, bis nur noch ein Fisch übrig ist, der in der nächsten Runde der Fischer ist.

Der Kaiser schickt seine Soldaten aus X

Aus einer größeren Gruppe werden zwei Mitspieler durch Abzählen als »Kaiser« bestimmt. Sie nehmen nun abwechselnd nacheinander ein Kind nach dem anderen als Soldaten in ihre Mannschaft. Die beiden »Soldatengruppen« stellen sich in zehn Meter Entfernung voneinander in einer Linie auf und halten sich an den Händen. Nun beginnt einer der Kaiser zu rufen: »Der Kaiser schickt seine Soldaten aus und schickt den Achim zum Tor hinaus!« Der genannte Mitspieler läuft los und versucht mit Schwung, die gegnerische Soldatenkette zu durchbrechen. Gelingt ihm das, darf er einen der gegnerischen Soldaten, der die Hand losgelassen hat, mitnehmen und so die eigene Gruppe vergrößern. Kommt er jedoch nicht durch, muss er sich selbst in die gegnerische Kette einreihen. Dann schickt der andere Kaiser einen seiner Soldaten aus. Die Kaiser können auch selbst losrennen mit dem Ruf: »Der Kaiser schickt sich selber aus!« Der Kaiser selbst hat jedoch drei Versuche frei, bevor er gefangen genommen werden kann. Die Mannschaft, die am Schluss des Spiels die meisten Soldaten hat, hat gewonnen.

Huhn und Raupe

Alle Mitspieler stellen sich hintereinander auf und fassen den Vordermann an den Schultern oder an der Hüfte. So entsteht eine lange Raupe, die kreuz und quer über das große Spielfeld läuft. Ein frei laufender Mitspieler stellt das Huhn dar. Das Huhn versucht, den letzten Mitspieler in der Raupenkette loszureißen. Die Raupe weicht aus, doch dem Huhn gelingt es, einen Mitspieler nach dem anderen von der Raupe zu trennen, und schließlich hat es die Raupe ganz »aufgefressen«.

Krähen jagen X

Ein Mitspieler wird durch Abzählen als »Bauer« bestimmt, die anderen sind die Krähen. Je nach Anzahl der Mitspieler wird nun eine Spielfläche markiert. Sie ist der Acker des Bauern. Außerhalb des Spielfelds bauen die Krähen ihre Nester, das heißt, sie legen ein Tuch oder ein Kleidungsstück ab. Die Krähen sitzen dann in ihren Nestern und warten, bis der Bauer auf seinem Feld eingeschlafen ist. Der Bauer hockt sich in die Feldmitte und schließt die Augen. Die Krähen laufen daraufhin über den Acker, schlagen mit den Flügeln und rufen: »Wir picken dem Bauern die Körner weg.« Urplötzlich springt der Bauer hoch und versucht, so viele Krähen wie möglich zu erwischen. Die Krähen, die er abgeschlagen hat, bevor sie ihr rettendes Nest erreicht haben, scheiden aus. Das Spiel ist zu Ende, wenn alle Krähen abgeschlagen wurden. Dann wird ein neuer Bauer bestimmt.

Vogelverkauf

Zu diesem Spiel gehören ein Vogelhändler, ein Engel, ein Teufel und eine beliebige Anzahl von Vögeln. Durch Auszählen werden die verschiedenen Rollen verteilt. Der Vogelhändler gibt jedem der Mitspieler, die die Vögel darstellen, einen Vogelnamen, ohne dass es der Engel oder der Teufel hören kann. Nun stellen sich der Engel und der Teufel abwechselnd vor einen Vogel und nennen einen Namen, wobei der Teufel wie der Engel dreimal raten dürfen. Ist der Vogelname dieses Kindes darunter, kauft ihn der Engel bzw. der Teufel. Bevor er ihn aber in seine Gewalt bekommt, muss er mit ihm um die Wette laufen. Erreicht der Vogel ein zuvor ausgemachtes Ziel, ohne gefangen zu werden, darf er ins Vogelhaus zurück und bekommt einen neuen Namen. Sind schließlich alle Vögel gekauft, bilden die Vögel des Engels eine Gasse, durch die die Vögel des Teufels gehen müssen, wobei sie leicht mit der flachen Hand auf den Kopf getippt werden.

Wolf und Geißlein

Zunächst werden die Rollen verteilt. Ein Mitspieler ist der Wolf, ein anderer die Geißenmutter, und die restlichen Mitspieler sind die Geißlein. Dann stellen sich alle Mitspieler hintereinander auf, der Wolf geht voran, hinter ihm die Geißenmutter, danach kommen die Geißlein. Alle fassen sich an der Schulter oder an der Hüfte und gehen singend und hüpfend über das Spielfeld. Der Wolf aber knurrt und grollt. Zwischendurch ruft die Geißenmutter: »Vorsicht Kinder, der Wolf will euch fressen!« Die Geißlein antworten: »Soll er nur kommen, wir laufen davon!« Kurz darauf reißt sich der Wolf plötzlich los und stürzt sich auf die Geißlein. In diesem Augenblick lassen sich die Geißlein blitzschnell zu Boden fallen. Wen der Wolf im Stehen erwischt, scheidet aus.

Chinesische Mauer

In der Mitte des Spielfelds wird ein Strich gezogen. Dieser Strich ist die Chinesische Mauer, die von einem Mauerwächter bewacht wird. Der Mauerwächter darf nur in Seitwärtsschritten auf dem Strich entlang hüpfen, nicht vorwärts oder rückwärts gehen oder in die beiden Spielhälften laufen. Die restlichen Mitspieler versammeln sich in einer Spielfeldhälfte. Gemeinsam oder in kleinen Gruppen laufen sie los, um auf die andere Seite der Mauer zu gelangen. Wer vom Mauerwächter dabei berührt wird, muss ihm helfen, die Chinesische Mauer zu bewachen. Je nach Anzahl der Mauerwächter dürfen diese nur noch zwei oder drei Schritte zu jeder Seite machen. Trotzdem wird es für die Mitspieler immer schwieriger, in die andere Spielfeldhälfte zu gelangen, und schließlich haben die Mauerwächter alle erwischt.

Prinzessin erlösen

Um ein kniendes Mädchen herum stehen die anderen Kinder im Kreis. Während sie über der Prinzessin ein Tuch ausgebreitet halten, singen sie. Bei den letzten Worten laufen die umstehenden Kinder in alle Richtungen davon, das kniende Mädchen aber springt schnell auf und versucht, eines der davonlaufenden Kinder zu fangen. Der gefasste Mitspieler muss als Nächster auf den Boden knien.

Die Glocke schlägt eins, sie kommt noch nicht!
Die Glocke schlägt zwei, sie kommt noch nicht!
Die Glocke schlägt drei, sie kommt noch nicht!
Die Glocke schlägt vier, sie kommt noch nicht!
Die Glocke schlägt fünf, sie kommt noch nicht!
Die Glocke schlägt sechs, sie kommt noch nicht!
Die Glocke schlägt sieben, sie kommt noch nicht!
Die Glocke schlägt acht, sie kommt noch nicht!
Die Glocke schlägt neun, sie kommt noch nicht!
Die Glocke schlägt zehn, sie kommt noch nicht!
Die Glocke schlägt elf, sie rührt sich schon!
Die Glocke schlägt zwölf, da kommt sie schon!

Der Herr lässt einen Diener frei

Durch Abzählen wird aus allen Mitspielern der Herr bestimmt, die restlichen Kinder sind die Diener. Alle Diener stellen sich Schulter an Schulter nebeneinander in einer Reihe auf und halten die Hände hinter dem Rücken geöffnet. Der Herr geht langsam hinter den Dienern entlang und legt einem unauffällig ein Steinchen in die Hand. Dann stellt er sich etwa 30 Schritte vor den Dienern auf und ruft:

Steinchen, Steinchen, komm herbei,
wer den Stein bringt, der ist frei!

Der Diener mit dem Stein in der Hand kann nun sofort loslaufen und versuchen, den Herrn zu erreichen. Gelingt ihm das, ist er der nächste Herr. Wird er aber von einem anderen Dienern abgeschlagen, hat er seine Chance vertan. So kann es sein, dass zunächst niemand losläuft und alle Diener sich belauern, wer den Stein haben könnte.

Kettenlauf

Zwei Mannschaften versammeln sich nebeneinander am Start. Vom Startpunkt aus laufen jeweils zwei Spieler Hand in Hand zu einem etwa 50 Meter entfernten Punkt, beispielsweise einem Baum. Dort angekommen, bleibt einer stehen, und der andere läuft zurück, nimmt einen weiteren Mitspieler an die Hand und läuft mit ihm zum Baum. Jetzt darf er sich ausruhen, und der Erste, der am Baum gewartet hat, holt einen weiteren Mitspieler an der Hand zum Baum. Welche Mannschaft hat als Erste alle Mitspieler am Baum versammelt?

Kettenfangen

Zwei Fänger, die einander an der Hand halten, müssen innerhalb eines großen, abgegrenzten Bereichs, etwa in einem Hof oder auf einem Spielplatz, die anderen Mitspieler erwischen. Wer von den beiden Fängern berührt wird, hängt sich an die Fängerkette an. Immer nur die beiden äußeren Kinder dürfen frei umherlaufende Kinder abschlagen. Das Spiel dauert so lange, bis schließlich alle Kinder an der langen Kette gefangen sind.

Zwillingslauf

Ein besonderes Fangspiel ist der Zwillingslauf. Immer zwei Mitspieler haken sich unter und laufen los. Außer diesen Zwillingspärchen ist ein Mitspieler allein unterwegs. Er versucht jetzt, einen »Zwilling« zu erwischen und sich an seinem freien Arm einzuhängen. Drillinge sind aber nicht erlaubt, und so muss der andere Partner des gefangenen Zwillings loslassen und nun seinerseits versuchen, sich an einem Zwilling anzuhängen. Das Spiel ist zu Ende, wenn den meisten Zwillingsläufern die Puste ausgeht.

Anticken

Ein durch Abzählen bestimmtes Kind ist der Fänger, vor dem die anderen innerhalb des Spielfelds flüchten. Der Fänger versucht, die Mitspieler irgendwo zu berühren. Auf dieser Körperstelle muss das angetickte Kind jetzt seine Hand lassen und so ein anderes Kind ticken, das dann seinerseits als Fänger mit der Hand an der angetickten Stelle ein weiteres Kind zu ticken versucht usw. Der Fänger versucht jeweils so zu ticken, dass das Fangen dem Angetickten schwer fällt, etwa am Bein oder Rücken. Die anderen Kinder haben ihren Spaß dabei zu sehen, in welchen Haltungen der Angetickte versuchen muss, sie zu erwischen.

Schlangen fangen

Material
Schnüre oder Springseile ohne Griffe

Jeder Mitspieler bekommt eine »Schlange«, das ist ein einfaches Springseil oder ein Stück Schnur. Die Schlange wird hinten in den Hosenbund gesteckt und ist so lang, dass jeder Mitspieler sie noch etwa einen Meter hinter sich herschleift. Auf ein Kommando hin laufen nun alle los und müssen die Schlangen fangen. Mit der Hand darf man sie aber nicht anfassen, das wäre ja zu gefährlich. Jeder muss auf die Schlange eines anderen Mitspielers treten. Wer seine Schlange verloren hat, scheidet aus.

Hindernislauf

Material
Kassettenrekorder
Verschiedene Gegenstände wie
Eimer
Bälle
Stühle
Kartons usw.

Im Garten oder auf einem großen Hof werden verschiedene Gegenstände als Hindernisse aufgestellt: Stühle, Kartons, Eimer, Bälle, was sich alles so findet. Auch Bäume und Büsche können in den Hindernisparcours miteingebaut werden. Dann wird festgelegt, in welcher Reihenfolge und auf welcher Seite die Hindernisse umlaufen werden müssen, ob man unter ihnen durchkriechen, über sie balancieren oder hinüberspringen, sie umrunden oder sie überklettern muss usw. Der Kassettenrekorder wird eingeschaltet, und während die Musik spielt, laufen alle durch den Parcours. Stoppt die Musik, bleiben die Mitspieler wie angewurzelt stehen, wenn sie wieder angeht, laufen alle in umgekehrter Richtung durch den Parcours.

Luftballons zertreten

Material
Luftballons
Schnüre

Jeder Mitspieler bindet sich einen aufgeblasenen Luftballon an einer 50 Zentimeter langen Schnur in Knöchelhöhe an ein Bein. Wenn alle fertig sind, geht die wilde Jagd auf ein Signal hin los. Alle laufen durcheinander und versuchen, die Luftballons der anderen Spieler kaputtzutreten. Das ist gar nicht so einfach, denn mit schnellen Bewegungen und überraschendem Zickzack-Kurs kann man seinen Luftballon lange Zeit vor den Tritten der anderen in Sicherheit bringen. Doch nach einer Weile werden die Platzgeräusche immer häufiger, und schließlich bleibt nur noch ein einziger Luftballon übrig. Er hängt am Bein des Siegers und darf nun natürlich von ihm selbst zum Platzen gebracht werden.

Schatten fangen

Schattenfangen kann nur bei Sonnenschein gespielt werden, wenn die Mitspieler einen langen Schatten werfen. Durch Abzählen wird ein Fänger bestimmt, der nun die Aufgabe hat, den Schatten eines Mitspielers zu fangen. Das kann dadurch geschehen, dass er in oder über den Schatten des Mitspielers springen muss. Das Kind, dessen Schatten gefangen wurde, löst den Fänger ab.

Klammernjagd

Material
Wäscheklammern

Die Mitspieler befestigen Wäscheklammern am Gürtel, am Hemdkragen und an den Ärmeln ihres Hemds. Nach einem Startsignal laufen alle los und versuchen, sich gegenseitig die Wäscheklammern wegzuschnappen. Dabei darf aber keiner den anderen festhalten, und alle dürfen sich nur innerhalb eines abgegrenzten Spielfelds bewegen. Die erbeuteten Klammern werden im Laufen an der eigenen Kleidung festgemacht. Wer nach fünf Minuten Klammernjagd die meisten erbeutet hat, darf sich ausruhen.

Tücher fangen

Material
Papiertaschentücher oder Küchentücher

Jeder Mitspieler bekommt fünf Taschentücher oder Küchentücher, die er mit einer Ecke etwa im Gürtel, am Kragen, am Ärmel usw. festklemmt. Die Tücher müssen so fest sitzen, dass sie beim Laufen nicht von allein herausfallen, der größte Teil jedoch frei herausschaut. Auf ein Startzeichen laufen nun alle durcheinander und versuchen, sich gegenseitig die Tücher wegzureißen. Dabei darf kein Mitspieler vom anderen festgehalten werden, nur die Tücher werden gezogen. Wer nach drei Minuten die meisten Tücher hat, hat gewonnen.

Mütze ab!

Ein Kind bekommt eine Pudelmütze aufgesetzt und verfolgt die anderen Mitspieler als Fänger. Wer von ihm berührt wird, muss sich auf den Boden kauern und wie versteinert sitzen bleiben. Gelingt es einem Mitspieler jedoch, dem Fänger die Mütze vom Kopf zu reißen ohne zuvor von ihm berührt zu werden, sind alle wieder frei und dürfen aufstehen. Wer dem Fänger die Mütze entrissen hat, wird neuer Fänger. Wem gelingt es, alle Mitspieler zu versteinern?

Dreierlauf

Ein besonderer Wettlauf ist der Dreierlauf. Jeweils drei Kinder finden sich zu einer Mannschaft zusammen. Start und Ziel werden festgelegt, und dann treten die Gruppen gegeneinander an. Die drei Mitspieler laufen gemeinsam los und halten sich an den Händen. Die beiden äußeren Mitglieder jeder Gruppe laufen nach vorn, der mittlere der drei aber läuft rückwärts. Er darf zwar den Kopf drehen und in Laufrichtung schauen, doch darf er sich nicht umdrehen. Bei verschiedenen Durchgängen werden die Positionen gewechselt, sodass immer ein anderer Mitspieler rückwärts laufen muss.

Mutter, Mutter, darf ich reisen?

Durch Abzählen wird ein Mitspieler zur Mutter bestimmt und stellt sich in einer Entfernung von etwa zehn Metern zu den anderen Kinder auf, die in einer Reihe nebeneinander stehen. Es beginnt die folgende Wechselrede.

Mitspieler	Mutter, Mutter, darf ich reisen?
Mutter	Ja.
Mitspieler	Wohin darf ich gehen?
Mutter zum Beispiel	Nach I-ta-li-en.

Der Mitspieler darf so viele Schritte nach vorne gehen, wie das Wort Silben hat, bei unserem Beispiel also vier. Antwortet die Mutter mit Nein – was sie bei jedem Mitspieler nur dreimal darf –, fragt der nächste Mitspieler. Der Mitspieler, der zuerst bei der Mutter angelangt ist, übernimmt als Nächster die Rolle der Mutter.

Fischer, welche Farbe wünschst du dir?

Durch Abzählen wird ein Mitspieler zum Fischer bestimmt. Der Fischer stellt sich mit dem Gesicht zu einer Wand oder dreht sich von den anderen Kindern weg und hält sich die Augen zu. In einigen Metern Entfernung stehen die restlichen Mitspieler; sie sind die Fische. Sie haben sich in einer Reihe aufgestellt und rufen: »Fischer, welche Farbe wünschst du dir?« Der Fischer nennt eine Farbe, und jedes Kind, das ein Kleidungsstück mit dieser Farbe trägt, darf einen Schritt in Richtung des Fischers machen. Zwischendurch darf sich der Fischer umdrehen und schauen, wie nah ihm die Fische gekommen sind. Der erste Fisch, der ihn erreicht, löst den Fischer ab.

Dosenlauf X

Material
Blechdosen
Schnüre

Zum Dosenwettlauf braucht jeder Mitspieler zwei stabile Blechdosen, die umgedreht werden, so dass die Öffnung nach unten zeigt. Oben, kurz unterhalb des Dosenbodens, werden zwei Löcher in die Dosenwand gebohrt (oder mit Hammer und Nagel geschlagen), die sich gegenüberliegen. Durch die Löcher wird eine Schnur gezogen, die als Haltegriff dient. Jetzt stellt sich jeder mit beiden Beinen auf je eine Dose und hält sie beim Laufen mit der Schnur an den Füßen. Mit ein bisschen Übung kann man mit den Dosen an den Füßen ziemlich schnell laufen. Dann ist der richtige Zeitpunkt, Dosenwettläufe und Dosenhindernisläufe auszutragen.

Das Spiegelbild erlösen

Ein Mitspieler versucht, so viele Kinder wie möglich innerhalb des Spielfelds zu fangen. Hat er ein Kind berührt, muss dieses wie erstarrt stehen bleiben. Es kann aber erlöst werden, wenn sich ein anderes Kind, das noch nicht abgeschlagen wurde, vor ihm aufstellt und die gleiche Pose nachbildet. Nun gibt es wieder einen Mitspieler mehr, der gefangen werden muss.

Spiele im Gelände

Bei schönem Wetter gibt es für größere Gruppen kaum etwas Besseres als Geländespiele. Bei Kinderfreizeiten, im Ferienlager, auf dem Zeltplatz oder beim gemeinsamen Ausflug kommt die richtige Abenteuerlust auf, und der Wald wartet nur darauf, entdeckt und im aktionsreichen Spiel erobert zu werden. Planung und überlegtes Vorgehen, Taktik und Geschick stehen hier im Vordergrund. Ob es um die Einteilung der Kräfte beim Tauziehen oder die möglichst raffinierte Routenwahl bei der Schnitzeljagd geht, immer sind alle Kinder als engagierte Mitglieder der Gruppe mit ihren individuellen Stärken gefragt. In unterschiedlichen Funktionen können alle Altersstufen einbezogen werden, um ein gemeinsames Ziel zu erreichen. In Ergänzung dazu sind die ruhigeren Spiele zu sehen. Zusammen ein Mandala aus Naturmaterialien zu legen, sorgt für die notwendige Ruhe und Erholung zwischen den kraftraubenden Aktionsspielen.

Ausreichend Bewegung ist eine wichtige Voraussetzung für die körperliche und geistige Entwicklung des Kindes. Freies Gelände im Park oder im Wald bietet dafür die idealen Bedingungen.

Steinpuzzle

Material
Steine
Wasserfarben
Pinsel

Es werden 25 ungefähr gleich große, flache Steine gesucht, die zu einem Quadrat von 5 x 5 Steinen so eng wie möglich nebeneinander gelegt werden. Mit Wasserfarbe wird nun eine Schlangenlinie über alle Steine gemalt, die an einer Ecke beginnt und sich von außen nach innen zieht. Beim Malen werden zwischendurch die Farben gewechselt, aber niemals zwischen den Steinen, sondern immer auf einem Stein, sodass sich die Reihenfolge der Steine je nach Linienform, Strichstärke und Farbkombination eindeutig nachvollziehen lässt. Ist die Wasserfarbe getrocknet, werden die Steine vorsichtig durcheinander gemischt. Nun dürfen Spielergruppen aus zwei bis drei Kindern versuchen, das ursprüngliche Puzzle wieder zusammenzusetzen. Welche Gruppe schafft das am schnellsten?

Kaiser, wie viele Schritte schenkst du mir?

Ein Mitspieler ist der »Kaiser«. Er stellt sich mit dem Gesicht gegen ein Garagentor oder eine Wand, die anderen Kinder stehen in etwa zehn Meter Entfernung nebeneinander. Ein Mitspieler nach dem anderen ruft nun dem Kaiser zu: »Kaiser, wie viele Schritte schenkst du mir?« Der Kaiser antwortet: »sechs Mäuseschritte« oder »zwei Elefantenschritte« oder etwas Ähnliches. Da die Schrittweiten der einzelnen Gangarten vorher festgelegt wurden, weiß jeder Mitspieler, wie er nun gehen darf. Zuvor muss er aber den Kaiser noch fragen: »Darf ich kommen?« Antwortet der Kaiser »nein«, muss er stehen bleiben, sagt er »ja«, darf der Mitspieler die geschenkten Schritte gehen. Natürlich darf der Kaiser seine Untertanen nicht erzürnen und kann jedem die Schritte höchstens dreimal verweigern. Das Spiel dauert so lange, bis ein Kind beim Kaiser angelangt ist und ihn ablöst.

Fahrrad- und Tretrollerparcours

Material
Kreide

Auf einer großen geteerten Fläche, etwa einem Parkplatz oder in einem großen Hof, ist Platz für einen Hindernisparcours oder Verkehrsübungsplatz. Mit Kreide werden Kreuzungen, Haltestellen, Fußgängerüberwege und Verkehrsschilder gezeichnet. Wer weiß, wie die echten Verkehrsschilder aussehen? Auf dem so entstandenen Mini-Straßennetz klappt der Verkehr reibungslos, wenn sich jeder an die Schilder und Vorschriften hält. Auch eine Übungsstrecke mit vielen Kurven und Hindernissen darf nicht fehlen.

Land erobern

Material
Kreide
Holzstöckchen

»Land erobern« ist ein Spiel für vier Kinder. Auf einem großen Platz wird mit Kreide ein Kreis von etwa fünf Meter Durchmesser auf den Boden gemalt. Auf einem Sand- oder Kiesplatz kann man den Kreis einritzen. Der Kreis wird in vier gleich große Stücke geteilt. Jeder Mitspieler schreibt seinen Namen in ein Stück dieses Landes und stellt sich hinein. Ein Mitspieler wirft nun ein kleines Stöckchen in eines der anderen Länder und ruft laut den Namen des Landbesitzers. Danach laufen er und die beiden anderen weg, während der Gerufene versucht, so schnell wie möglich einen Fuß auf das Stöckchen zu stellen. Hat er das getan, ruft er laut »stopp«. Die drei geflohenen Landbesitzer müssen nun wie versteinert stehen bleiben, während er das Stöckchen aufnimmt und versucht, einen der drei damit zu treffen. Gelingt ihm das nicht, beginnt das Spiel von vorn. Trifft er einen der drei, dann darf er ein Stück seines Landes erobern. Dazu muss er mit beiden Füßen in seinem Land stehen bleiben und darf sich nicht abstützen, während er mit der Kreide oder dem Stöckchen einen Bogen von seiner Landesgrenze in das Gebiet des Getroffenen und wieder zurück zur Grenze zieht. Die alte Grenze wird nun gelöscht. Die Landbesitzer kehren zurück, und das Spiel geht so lange weiter, bis einer nicht mehr genug Land hat, um darauf zu stehen.

Schatten malen

Material
Kreide

Bei schönem, sonnigen Wetter stellt sich die eine Hälfte der Mitspieler so auf, dass alle möglichst merkwürdige Schattenbilder auf den Pflasterboden werfen. Die anderen Kinder ziehen mit Kreide die Umrisse dieser Mitspieler auf dem Boden nach. Dann werden die Rollen getauscht. Wenn jeder seinen Schatten auf dem Boden hat, darf er ihn nach Lust und Laune ausmalen.

Tipp

Asphaltkünstler benötigen nur Wasser, einige Schüsselchen, Kreiden und eine Reibe, um schöne Gemälde auf die Straße zu bringen. Die Kreiden werden gerieben, das Pulver und die übrigen Stückchen dann in Schüsseln mit Wasser nach Farben getrennt angerührt, sodass eine mehr oder weniger flüssige Fingerfarbe entsteht. Spätestens der nächste Regen sorgt dafür, dass die Bilder wieder verschwinden.

Gartenmemory

Material
Küchentuch

Einer der Mitspieler sucht allein und unbeobachtet im Garten, auf der Wiese oder am Waldrand nach zehn verschiedenen Dingen: Blumen, Gräser, Steine, Früchte usw. Keiner von den anderen darf sehen, was genau er sammelt. Dann legt er die Dinge wohl geordnet nebeneinander und breitet das Küchentuch darüber. Nun versammeln sich alle um das Tuch. Auf ein Kommando wird es weggezogen, und alle dürfen schauen, was da liegt. Dabei wird laut bis zehn gezählt. Bei zehn verdeckt das Tuch wieder die Gegenstände, und alle Spieler verstreuen sich, um möglichst genau die gleichen Dinge zu sammeln. Nach einer Weile finden sich alle wieder ein und vergleichen, was sie gefunden haben. Gewinner des Gartenmemorys ist der Mitspieler, der die höchste Anzahl an Übereinstimmungen zu den vorgelegten Fundstücken erreicht.

Steintürme stapeln

Alle Mitspieler teilen sich in Zweier- oder Dreiergruppen auf und suchen die Umgebung nach flachen Steinen ab. Die Steine werden zusammengetragen und zu möglichst hohen Türmen aufgeschichtet. Zum Befestigen dürfen dabei kleine Äste, Erde und Gras benutzt werden. Die Gruppe mit dem höchsten Turm darf nun beginnen, aus einem Abstand von fünf Metern einen höchstens pflaumengroßen Stein auf ihren Turm zu werfen. Jeder hat nur einen Wurf, bevor der Nächste an der Reihe ist, und es wird so lange geworfen, bis alle Türme zum Einsturz gebracht wurden.

Steinberg

Material
Viele Steine

Aus vielen großen und kleinen Steinen wird ein Berg aufgeschichtet. Dann ist ein Mitspieler nach dem anderen an der Reihe, am Fuß des Steinbergs vorsichtig einen Stein wegzunehmen. Rutschen andere Steine nach, muss der Mitspieler den Stein oben auf den Berg legen. Bewegt sich der Berg nicht, darf er den Stein vor sich legen. Nach und nach wird der Steinberg abgetragen. Gewonnen hat, wer die meisten Steine vor sich versammeln konnte.

Laubversteck

Material
Laub
Ball

Die Stecknadel im Heuhaufen ist wirklich sehr schwer zu finden, aber einen kleinen Ball, einen Tischtennisball etwa oder einen kleinen Gummiball, kann man in einem Laubhaufen sehr wohl aufspüren. Alle Mitspieler sammeln zunächst trockenes Laub auf einem großen Haufen. Nun drehen sich alle Spieler weg und einer steckt den Ball irgendwo in den Laubhaufen. Auf ein Signal hin stürzen sich die anderen auf den Laubhaufen und fangen wie wild an zu suchen. Wer den Ball findet, darf ihn als Nächster verstecken.

Katapult

Material
Stein
Brett
Kastanien

Ein schmales, nicht zu langes Brett wird auf einen dicken, flachen Stein gelegt, sodass der Stein ungefähr unter der Mitte des Bretts liegt. Auf das Ende das Bretts, das auf dem Boden aufliegt, wird eine Kastanie gelegt. Durch Treten auf das andere Brettende wird die Kastanie durch die Luft geschleudert. Jeder versucht nun, seine Kastanie so weit wie möglich zu schleudern. Eine kleine Kuhle, die mit einem Stein in das Brett geklopft werden kann, sorgt dafür, dass sich die Kastanie nicht zu früh vom Brett löst und nur senkrecht hochfliegt.

Kullerbahn

Material
Bretter
Hammer
Nägel

Aus zwei Brettern, die längs in einem 90-Grad-Winkel aneinander genagelt werden, lässt sich mit wenigen Handgriffen eine Kullerbahn herstellen. Die Bahn kann entweder an einem abschüssigen Gelände oder mit zwei Steinen oder einem kleinen, selbst gebastelten Holzkreuz schräg gestellt werden. Zum Kullern eignen sich hartgekochte Eier oder Murmeln. Ursprünglich wurde auf einer solchen Kullerbahn mit Eiern auf einer Wiese gespielt. Jeder Mitspieler hat dabei vier oder fünf hart gekochte Eier, und alle dürfen nacheinander ein Ei die Kullerbahn hinunterrollen lassen. Wessen Ei am weitesten kommt, hat gewonnen. Er darf das Ei, das am wenigsten weit gerollt ist, in seinen Bestand nehmen. Beschädigte Eier müssen ausscheiden und werden gegessen.

Variante Mit Wasser oder Sand gefüllte Luftballons die Kullerbahn hinunterschicken und versuchen, damit eine Ziellinie zu überqueren.

Blättermandala

Im Garten oder Park suchen die Mitspieler Blätter in unterschiedlichen Größen, Farben und Formen zusammen: Blätter von Bäumen und Sträuchern, aber auch Blütenblätter. Jeder Mitspieler bereitet auf einem ebenen Stück Boden eine Fläche vor. Von innen heraus wird das Mandala gelegt, und es wächst kreisförmig weiter nach außen. Regelmäßige Muster sollten sich mit variantenreichen Einsprengseln abwechseln, ganz nach dem Geschmack eines jeden Mitspielers. Die fertigen Mandalas werden begutachtet und bestaunt.

Grasblattkonzert

Mit einem Grasblatt zu pfeifen, ist gar nicht schwierig. Ein langes Grasblatt wird vorsichtig zwischen die beiden nebeneinander gelegten Daumen geklemmt. Die beiden Daumennägel liegen nun nebeneinander, und unter den Daumenknöcheln ist in einer kleinen Höhlung die Schmalseite des Grasblatts zu sehen. Es sollte nicht zu fest gespannt sein. Nun wird der Mund auf diese Öffnung gelegt und vorsichtig gepustet. Das Grasblatt vibriert und gibt zirpende Laute von sich. Je nach Stärke des Grasblatts, der Spannung und Intensität des Luftstroms hört sich das Pfeifgeräusch schrill und hoch oder eher tief an. Nachdem sie ein bisschen geübt haben, geben nun mehrere Mitspieler gemeinsam ein Grasblattkonzert.

Grashalm ziehen

Alle Mitspieler suchen sich einen stabilen Grashalm. Dann treten immer zwei Kinder gegeneinander an. Die beiden Grashalme werden gekreuzt, und jeder hält seinen Grashalm an beiden Enden. Nun wird vorsichtig gezogen. Wessen Grashalm zuerst reißt, der hat verloren. Die Sieger finden sich zu neuen Zweiergruppen zusammen und bekommen neue Grashalme. Zum Schluss bleibt nur noch ein Gesamtsieger übrig.

Tipp

Naturbilder legen: Seltsam geformte Ästchen, schöne Steine, Schneckenhäuser und Obstkerne gibt es in jedem Park. Jeder sammelt, was ihm gefällt, und am Ende wird gemeinsam ein Bild daraus gelegt: Das Schneckenhaus sieht vielleicht aus wie ein Auge, und mit dunklen und hellen Steinchen kann man das Fell eines Zebras andeuten ...

Blumenorakel

Vor allem mit den kleinen Gänseblümchen wird Blumenorakel gespielt. Einzeln werden die weißen Blütenblätter abgezupft, und bei jedem Blatt wird abgezählt. Was beim letzten Blatt an der Reihe ist, trifft zu, heißt es.

Er liebt mich
von Herzen,
mit Schmerzen,
über alle Maßen,
ganz rasend,
ein wenig,
gar nicht.

Kaiser, König, Edelmann,
Bürger, Bauer, Bettelmann,
Schuster, Schneider, Leinenweber,
Doktor, Kaufmann, Totengräber.

Blätter versenken

Material
Blätter
Steinchen

Wichtig ist hier eine möglichst große Pfütze (oder eine Wasserschüssel). Jeder Mitspieler sucht sich ein großes Blatt und etliche kleine Steine. Dann versammeln sich alle um die Pfütze, setzen ihr Blatt auf die Wasseroberfläche und schubsen es in Richtung Pfützenmitte. Gleichzeitig treten alle ein paar Schritte zurück, denn selbst kleine Steine verursachen manchmal große Wasserspritzer, und außerdem soll die Aufgabe ja nicht zu leicht sein. Jeder wirft nun gezielt seine Steinchen auf sein Blatt und versenkt es so in der Pfütze. Wessen Blatt zuerst sinkt, der hat gewonnen.

Schwamm werfen

Material
Plastikeimer
Schwämme

Ein Eimer voller Wasser wird mitten auf den Rasen gestellt. Jeder Mitspieler bekommt nun einen Schwamm, den er ins Wasser tauchen und dann damit auf die anderen werfen darf. Sofort beginnt eine große Schlacht, denn jeder wirft seinen Schwamm, muss ihm hinterherlaufen, wieder nehmen und erneut nass machen, bevor er wieder werfen kann. Das Spiel geht so lange, bis im Eimer kein Wasser mehr ist.

Schnelle Feuerwehr

Material
Zwei große Eimer
Plastikbecher

Einige Meter von einem Bach oder See entfernt werden zwei leere Eimer aufgestellt. Dann teilen sich die Mitspieler in zwei Gruppen auf, die beide die Aufgabe haben, je einen der beiden Eimer mit Hilfe von Plastikbechern aufzufüllen. Auf ein Startsignal hin laufen die Mitspieler jeder Gruppe so schnell wie möglich hin und her, um in kleinen Plastikbechern Wasser zu ihrem Kübel zu tragen. Neben dem vollen Plastikbecher darf jeder Mitspieler auch noch so viel Wasser transportieren, wie er in der Hand halten kann. Wenn ein Mitspieler den Weg zum Eimer fünfmal zurückgelegt hat, darf er zusätzlich am Bach jedes Mal sein T-Shirt mit Wasser vollsaugen lassen und dann über dem Eimer auswringen.

Elefantenrunde

Material
Wasserflasche

Ein Mitspieler wird durch Abzählen zum Elefantenwärter bestimmt. Er dreht sich weg und hält die Augen zu. Die anderen stellen sich im Halbkreis auf. Einer von ihnen nimmt einen großen Schluck aus der Wasserflasche, schluckt das Wasser aber nicht herunter. Alle Mitspieler blasen nun ihre Backen auf, als hätten sie Wasser im Mund. Der Elefantenwärter wird hergeholt und muss nun nacheinander drei Elefanten aussuchen, vor die er sich jeweils stellt und denen er vorsichtig auf die Wange drückt. Erwischt er den Elefanten mit Wasser im Mund, muss er schnell zurückspringen, sonst wird er nass. Dann wird erneut abgezählt, wer sich der Elefantenrunde stellen muss.

Regenmacher

Material
Luftballons
Wasser
Schnur
Stockschirm

Eine Schnur wird zwischen Bäumen in etwa zwei Meter Höhe gespannt. An der Schnur werden mit Wasser gefüllte Luftballons befestigt. Ein Mitspieler nach dem anderen läuft nun mit aufgespanntem Schirm unter den Ballons durch und versucht bei jedem Ballon, ihn von unten zu treffen und zum Platzen zu bringen, gleichzeitig jedoch so im Schutz des Schirms zu bleiben, dass er nicht nass wird. Gelingt ihm das bei einem Ballon, ist er ein erfolgreicher Regenmacher, und er kann sofort umkehren, damit der nächste Mitspieler an die Reihe kommt und sein Geschick unter Beweis stellen kann. Gelingt es ihm nicht, stellt er sich wieder aufs Neue an, um sein Glück zu versuchen.

Regentropfen fangen

Material
Plastikbecher
Lineal

Wenn es draußen so richtig stark regnet, muss man entweder im Haus bleiben oder man spielt Regentropfen fangen. Alle Mitspieler ziehen sich mit Gummistiefeln und Kapuzenjacke möglichst wasserdicht an. Bei einem warmen Sommerregen ist das natürlich nicht nötig. Jeder bekommt dann einen Plastikbecher in die Hand, und hinaus geht's. In Zweiergruppen unterwegs, versucht jeder Mitspieler, so viele Regentropfen wie möglich in seinem Plastikbecher zu sammeln. Nach fünf Minuten kommen alle wieder zurück, und dann wird mit einem Lineal gemessen, wer der Regenkönig ist.

Pfützenboccia

Material
Alufolie
Steine
Filzstift

Jeder Mitspieler sammelt eine Anzahl Steine, auf die er mit dem Filzstift seinen Namen schreibt. Nun werden alle Steine in Alufolie verpackt. Ein kleiner Stein, der nicht verpackt ist, wird in die Mitte einer großen Pfütze geworfen. Vom Rand der Pfütze aus versucht nun jeder, seinen Glitzerstein so nah wie möglich an den kleinen Stein zu werfen. Sind alle Steine geworfen, wird die Pfütze gestürmt. Der Stein, der dem kleinen Stein am nächsten liegt, wird ausgepackt und gibt den Namen des Siegers preis.

Münzflöße

Material
Kleine Brettchen
oder Rindenstücke
Münzen

An einer großen Pfütze oder einem Bach werden Rindenstücke oder Holzabfälle zu kleinen Flößen. Sie sollten flach sein und so groß, dass man einige Münzen darauf legen kann. Jeder Mitspieler hat viele Münzen dabei und beginnt nun, sein Floß damit zu beladen. Die Ladung muss möglichst gleichmäßig liegen, denn sonst kippt das Floß um und die Münzen fallen ins Wasser. Wenn das passiert, gibt's nur eins: Ärmel hochkrempeln und Münzen aus dem Wasser holen. Haben alle ihre Flöße gut beladen, werden sie mit vorsichtigem Schwung über die Pfütze hin und her oder ein Stück weit den Bach entlang geschickt.

Rolltransport

Fünf bis sechs Mitspieler legen sich mit etwa 30 Zentimeter Abstand parallel nebeneinander auf den Boden. Ein weiterer Mitspieler legt sich stocksteif quer auf sie, sodass er wie ein Baumstamm auf Rollen liegt. Auf Kommando drehen sich nun die unten liegenden Mitspieler langsam in eine Richtung, und der oben liegende Mitspieler wird weitertransportiert. Der jeweils hinterste Mitspieler springt auf und reiht sich vorn wieder ein, sodass der oben liegende Mitspieler immer weiter transportiert wird. Sind genug Mitspieler vorhanden, so können zwei Mannschaften gebildet werden. Eine Strecke von etwa 20 Metern mit Start- und Zielpunkt wird abgesteckt, und die beiden Mannschaften können im Transportwettrollen gegeneinander antreten.

Das lange Ross

Durch Abzählen teilen sich die Mitspieler in zwei Gruppen, die eine Gruppe stellt die Pferde dar, die andere die Reiter. Das kräftigste Kind von der Gruppe der Pferde stellt sich gebückt an einen Baum, die Hände auf die Knie oder an den Baum gestemmt. Dann stellt sich das nächste Pferd gebückt dahinter und hält sich am ersten fest usw., bis die ganze Gruppe der Pferde in einer Reihe hintereinander steht. Nun springen die Reiter auf. Das erste Kind der Gruppe der Reiter springt so weit wie möglich nach vorn auf die Reihe der Pferde, das nächste springt dahinter usw. Schließlich sitzen alle Reiter hintereinander auf den Pferden. Jetzt setzt sich das lange Ross langsam und vorsichtig rund um den Baum in Bewegung und wird immer schneller, bis zuletzt alle jubelnd übereinander fallen. Anschließend werden die Parteien gewechselt, und die vormaligen Reiter müssen sich als Ross bewähren.

Bockspringen

Der erste Mitspieler einer Gruppe stellt sich, nach vorn gebeugt, mitten auf einen freien Platz und stützt sich mit den Händen an den Knien ab. Das nächste Kind springt im Grätschsprung über diesen »Bock« und stellt sich in ein paar Metern Entfernung in der gleichen Haltung auf. Wiederum das nächste Kind springt über die beiden und nimmt als dritter Bock Aufstellung usw. Sind alle Kinder gesprungen und haben sich als Böcke aufgestellt, löst sich die Reihe auf, indem der erste Bock über alle anderen springt, dann der zweite usw.

Riesenschritte

Zwei gleich große Gruppen werden gebildet, die sich nebeneinander aufstellen. Von einer Startlinie aus macht der erste Mitspieler jeder Gruppe einen großen Schritt vorwärts. Die Stelle, wo er landet, markiert er mit einem Strick oder einem Stöckchen als Startlinie für den zweiten Mitspieler seiner Gruppe usw. Wenn alle an der Reihe waren, wird geschaut, welche Gruppe weiter gekommen ist. Man darf auch springen, muss dann allerdings auf einem Fuß landen. Landet der Mitspieler auf beiden Füßen, hat er einen Wiederholungsversuch.

Narrenlauf

Zwei Kinder stellen sich mindestens 20 Meter von einem Zielpunkt entfernt auf. Beiden werden die Augen verbunden. Dann fassen sie sich an den Händen und versuchen, das Ziel zu erreichen. Für die anderen Mitspieler ist es lustig mit anzusehen, wie jeder von ihnen in eine andere Richtung zieht, um das Ziel so schnell wie möglich zu erreichen. Um das Spiel zu erschweren, können die Narren vor dem Loslassen einige Male gedreht werden.

Bewegungszauber

Durch Abzählen wird ein Zauberer ausgewählt. Er stellt sich auf einen Baumstumpf oder einen Fels und ruft laut, in was er die anderen Mitspieler verwandelt, zum Beispiel: »Ich verwandle euch alle in wilde Motorradfahrer!« Dann müssen sich die anderen bewegen wie Motorradfahrer, die durch die Gegend rasen. Ruft der Zauberer: »Halt, ich erlöse euch!«, dann bleiben alle stehen und warten auf den nächsten Zauberspruch, der sie vielleicht in Roboter, schnappende Krokodile oder Flugzeuge verwandelt.

Bärenfänger

Material
Pro Gruppe ein dicker Ast

Die Mitspieler teilen sich in Dreiergruppen auf. Dann wird eine Start- und eine Ziellinie festgelegt. Jede Gruppe sucht sich einen Ast, der so dick ist, dass sich ein Mitspieler daranhängen kann, und so lang, dass die beiden anderen den Ast auf den Schultern tragen können. Ersatzweise können hölzerne Besenstiele verwendet werden. Um die Schultern der Bärenfänger zu schonen, können die Enden der Tragehilfen mit Handtüchern umwickelt werden. Nun stellen sich die Dreiergruppen am Start auf: Zwei schultern den Ast, der dritte Mitspieler hängt sich an den Ast wie ein erlegter Bär. Auf das Signal: »Schleppt den Bären!« laufen die Träger los. Welche Gruppe überquert zuerst die Ziellinie?

Kerzenlauf

Material
Kerzen
Streichhölzer

Für dieses Spiel, das am besten in der Abenddämmerung gespielt wird, werden die Mitspieler in Dreier- oder Vierergruppen eingeteilt. Jede Gruppe erhält eine Kerze und eine Schachtel Streichhölzer. Gemeinsam wird ein Start- und ein Zielpunkt festgelegt, die Gruppen stellen sich nebeneinander am Startpunkt auf. Sie zünden ihre Kerze an, und auf ein Startzeichen läuft ein Kind von jeder Gruppe mit der brennenden Kerze los. Es gilt nun, so schnell wie möglich zum Zielpunkt und wieder zurück zum Start zu laufen, ohne dass die Kerze erlischt. Wieder am Startpunkt angekommen, läuft der nächste Mitspieler los. Wenn einem Mitspieler unterwegs die Kerze ausgeht, muss er sofort zurück zum Startpunkt, sich dort die Kerze anzünden lassen und erneut loslaufen. Haben alle Mitspieler die Aufgabe erfüllt, ist das Spiel beendet.

Eierlauf

Material
Esslöffel
Teelöffel
Gekochte Eier

Jeder Mitspieler bekommt einen Esslöffel und ein gekochtes Ei. Er muss das Ei nun auf dem Löffel balancieren und möglichst schnell eine vorher festgelegte Strecke zurücklegen. Wer als Erster durchs Ziel kommt, ohne das Ei vom Löffel fallen zu lassen, hat gewonnen. Schwieriger wird das Spiel, wenn man einen kleineren Teelöffel nimmt. Statt nebeneinander um die Wette zu laufen, kann man auch einen Hindernisparcours aufbauen, der so schnell wie möglich durchquert werden muss.

Sackhüpfen

Material
Plastikmüllsäcke oder Kartoffelsäcke

Jeder Mitspieler steckt in einem Sack, der ihm bis über die Schulter reicht, so dass nur noch der Kopf herausschaut. Alle stellen sich in einer Reihe auf und versuchen nach einem Startsignal, so schnell wie möglich das Ziel zu erreichen. Die Fortbewegungsart ist dabei egal: Hüpfen, in kleinen Schritten gehen, auf Knien rutschen, sogar kriechen ist erlaubt. Die Hände dürfen jedoch nicht zu Hilfe genommen werden, sie müssen wie die Beine im Sack bleiben. Wer umfällt, muss wieder aus eigener Kraft aufstehen. Ein weicher, sandiger Untergrund, auf dem sich niemand verletzen kann und der das ohnehin schon schwierige Vorwärtskommen noch erschwert, ist bei diesem Spiel ideal.

Sockenwerfen

Material
Alte Socken
Küchentuch

Jeder Mitspieler benötigt eine alte Socke, die nun mit Sand oder Erde gefüllt wird. Dann wird das Küchentuch auf den Boden gelegt und alle gehen zehn Schritte weg. Nun wirft jeder seine Socke in Richtung Küchentuch. Wer mit dem ersten Wurf das Tuch trifft, hat diese Runde schon beendet. Die anderen werfen erneut. Wenn jeder einmal das Küchentuch getroffen hat, wird der Abstand auf 15 Schritte erweitert. Die Entfernung kann beliebig vergrößert werden. Wer zum Schluss die wenigsten Würfe gebraucht hat, um ins Ziel zu treffen, ist Sockenwurfmeister.

Reiterkampf

Immer zu zweit finden sich die Mitspieler zum Reiterkampf zusammen. Dabei ist es am zweckmäßigsten, wenn ein stärkeres Kind als Pferd ein weniger starkes als Reiter auf den Rücken nimmt. So bevölkern nun lauter Reiterpaare das Spielfeld, die sich gegenseitig bekämpfen. Sie versuchen, sich umzustoßen oder den gegnerischen Reiter vom Pferd zu ziehen. Welches Reiterpaar bleibt am längsten auf den Beinen?

Tipp

Ideal für Spiele wie »Reiterkampf« oder »Bärenfänger« (→ Seite 250) ist es, wenn auch einige Erwachsene mitspielen, die ausdauernd die tragende Rolle übernehmen können.

Hahnenkampf

Jeweils zwei Spieler kämpfen gegeneinander. Sie stehen auf nur einem Bein und haben die Arme vor der Brust gekreuzt. Sie hüpfen nun in dieser Haltung aufeinander los und versuchen, den anderen aus dem Gleichgewicht zu bringen. Wer umfällt bzw. das andere Bein zum Abstützen braucht oder die Arme von der Brust nimmt, scheidet aus. Gekämpft wird so lange, bis nur noch ein »Hahn« übrig ist.

Schubkarrenrennen

Beim Schubkarrenrennen ist je ein Mitspieler der Schubkarren, der andere schiebt den Schubkarren. Ein Mitspieler stützt sich mit den Händen auf den Boden als Schubkarren, der andere nimmt die Beine des Schubkarrenkindes etwa in Knöchelhöhe in die Hand. In dieser Schubkarrenhaltung treten nun die Gespanne gegeneinander zu einem Rennen an. Welcher Schubkarren kommt als Erster im Ziel an?

Variante Kleinere Kinder, die noch nicht so viel Körperspannung haben, werden am Oberschenkel gefasst und so geschoben.

Festungsspiel

Durch Abzählen wird die Kindergruppe in zwei gleich große Hälften geteilt. Die eine Hälfte, die Bürger, stellt sich auf die Spitze eines Hügels, die andere Hälfte, die Ritter, läuft im Sturm den Hügel hinauf und versucht, die Bürger herabzuziehen. Wer dabei bis über eine bestimmte Linie gezogen wird, gilt als Gefangener der Ritter. Im Gegenzug versuchen auch die Bürger auf dem Hügel, Gefangene zu machen, indem sie einzelne Ritter zu sich hinaufziehen und in ihre Mitte nehmen. Ist eine der Gruppen so geschwächt, dass sie nicht mehr angreifen oder sich verteidigen kann, gilt sie als besiegt. Für das nächste Spiel werden durch erneutes Abzählen die Gruppen neu zusammengesetzt.

Sautreiben

Material
Kreide
Stoffball oder
Bündel
Stöcke

Dieses alte Spiel für sechs bis zehn Kinder ist spannend und aktionsreich. Zunächst wird ein kleiner Kreis aufgezeichnet, in den der Stoffball gelegt wird – der Ball ist die Sau, der Kreis der Saustall. Rund um den Saustall herum werden in gut fünf Meter Entfernung größere Kreise von etwa einem Meter Durchmesser aufgezeichnet, und zwar einer weniger als Mitspieler vorhanden sind. Durch Abzählen wird nun ein Mitspieler zum Stallburschen bestimmt, der die Sau aus dem Stall treiben darf. Alle Mitspieler gehen um den Saustall, jeder hat einen Stock in der Hand. Sie beobachten den Stallburschen, und sobald dieser mit einem kräftigen Schlag die Sau aus dem Saustall schickt, versucht jeder, einen der großen Kreise zu besetzen. Da aber ein Kreis zu wenig da ist, bleibt ein Mitspieler übrig, der Sautreiber. Der Sautreiber hat nun die Aufgabe, die Sau mit seinem Stock wieder zurück in den Saustall zu treiben. Die anderen Mitspieler müssen versuchen, das zu verhindern. Dabei passen sie aber auch auf, dass der Sautreiber nicht einen der Kreise besetzt, wenn sie sich außerhalb ihres Kreises aufhalten. Gelingt das dem Sautreiber, wird der Mitspieler, dessen Kreis er erobert hat, Sautreiber. Sobald ein Sautreiber die Sau in den Stall zurückgetrieben hat, beginnt das Spiel von vorn.

Über die Grenze

Material
Viele Steine
Eicheln
Kastanien

Vor Beginn des Spiels werden viele kleinere Steine gesammelt, noch besser sind Eicheln oder Kastanien, die im Herbst überall zu finden sind. Ersatzweise können aber auch kleine Gummibälle oder Tischtennisbälle für das Spiel genommen werden. Dann teilen sich die Mitspieler in zwei gleich große Gruppen. Nun wird auf einem Rasenstück oder einem Platz mit einem Stock oder mit einem Kreidestrich eine Grenze markiert. Auf jeder Seite dieser Grenze steht eine Gruppe, etwa fünf Meter von der Grenze entfernt. Auf dem Boden verteilt liegen die Steinchen. Auf ein Startsignal hin beginnt jede Gruppe, die Steinchen über die Grenze zur anderen Gruppe zu kullern. Dabei gilt: Werfen verboten! Die Steine dürfen nur mit Schwung gerollt werden. Dazu muss jedes Steinchen einzeln in die Hand genommen werden. Es gilt nicht, sie mit dem Fuß zu treten. Jede Gruppe muss versuchen, so viele Steinchen wie möglich auf die andere Seite der Grenze zu befördern. Nach fünf Minuten wird das Spiel gestoppt und gezählt, welche Gruppe erfolgreicher war.

Tauziehen

Material
Tau
Markierungs-schnur

Zwei etwa gleich starke Kindergruppen stehen sich an einem langen Tau gegenüber. In der Mitte des Taus wird eine Markierung angebracht, die einen auf dem Boden eingezeichneten Bereich von etwa drei Meter Länge nicht verlassen darf. Schafft es eine Gruppe, die Markierung über die Grenze auf ihre Seite zu ziehen, hat sie gewonnen.

Im Wald versteckt

Material
Straßenkreide
Sägemehl

Ein Waldstück, das mit vielen Wanderwegen oder Trimmpfaden durchzogen ist, eignet sich für dieses Spiel besonders gut. Alle Mitspieler teilen sich in zwei Gruppen. Die erste, etwas größere Gruppe bekommt zehn Minuten Vorsprung und zieht gemeinsam los. Den eingeschlagenen Weg markiert diese Gruppe mit sparsamen, aber ausreichenden Hinweisen, etwa einem Pfeil an einem Baum oder mit Sägemehl auf dem Boden. An besonders geeigneten Stellen dürfen sich ein paar der Mitspieler dieser Gruppe im Umkreis von 20 Metern verbergen. Als Zeichen wird ein Kreis aufgezeichnet und daneben die Zahl der verborgenen Mitspieler geschrieben. Die restliche Gruppe geht weiter und verbirgt sich an einer anderen Stelle. Die Verfolgergruppe liest nun die Hinweise und versucht, die verborgenen Mitspieler der ersten Gruppe zu finden. Hat sie diese entdeckt, gehen alle gemeinsam auf die weitere Verfolgungsjagd, bis schließlich die restliche Gruppe auch entdeckt wird.

Lanzenkampf

Material
2 Besen
Tücher
Schnur

Auf einem umgefallenen Baumstamm oder einem niedrigen Mäuerchen stellen sich immer zwei Mitspieler zum Lanzenkampf auf. Die Lanzen sind Besen, deren Enden mit Tüchern und Lappen gepolstert sind. Die Tücher sind zusätzlich mit Schnur umwickelt, sodass sie mehrere Kämpfe überstehen. Die beiden Kämpfer versuchen, sich gegenseitig vom Baumstamm zu stoßen. Wer auf den Boden tritt, scheidet aus. Die Sieger treten wieder gegeneinander an. Zum Schluss bleibt der Gesamtsieger übrig.

Die Blinden und die Lahmen

Material
Tücher als Augenbinden

Im Gelände stehen zwei gleich große Gruppen mindestens 30 Meter voneinander entfernt. Die kräftiger gebauten Mitspieler sind die Gruppe der Blinden, die anderen Kinder sind die Lahmen. Den Blinden werden jetzt die Augen verbunden. Auf ein Signal hin laufen die Blinden los, auf die Lahmen zu. Die Lahmen locken sie mit Rufen zu sich her. Sobald ein Blinder einen Lahmen erreicht hat, nimmt er ihn auf den Rücken. Der Lahme leitet nun den Blinden zurück zum Startpunkt der Blinden. Welches Paar kommt als Erstes an?

Bäumchen, wechsle dich

Bei diesem Spiel stellen sich alle Mitspieler neben einen Baum, nur eines bleibt etwa in der Mitte der auf die Bäume verteilten Mitspieler stehen und ruft »Bäumchen, wechsle dich!« Nun müssen die Mitspieler neben den Bäumen ihre Plätze tauschen. Währenddessen versucht der Mitspieler in der Mitte, an einen freien Baum zu gelangen. Wer seinen Baum nicht verlässt oder keinen freien Baum mehr erreicht, stellt sich in die Mitte und ruft als Nächster zum Bäumchenwechsel.

Schnitzeljagd

In einem freien, abwechslungsreichen Gelände versteckt eine Gruppe einen Gegenstand. Dann wird der Weg zum Versteck durch unauffällige Zeichen angezeigt, etwa durch einen geknickten Zweig, ein Steinhäufchen, in den Boden gesteckte Stöckchen usw. Die restlichen Mitspieler gehen nun auf die Suche. Wer den Gegenstand als Erster findet, bekommt eine Belohnung.

Kreis erobern

Ähnlich wie das Spiel »Bäumchen wechsle dich« wird auch »Kreis erobern« gespielt. Jeder Mitspieler malt mit Kreide einen Kreis von etwa einem Meter Durchmesser auf den Boden bzw. ritzt den Kreis in den Boden. Diese kleinen Kreise sind rund um den in der Mitte stehenden Spieler angeordnet, der ab und zu ruft »Tauscht die Kreise!« Dann muss jeder Mitspieler seinen Kreis verlassen und den nebenliegenden Kreis erreichen, bevor der Mitspieler aus der Mitte herangestürmt kommt und vor ihm den Kreis erobert. Rempeln und schubsen gilt nicht. Wer mit dem Fuß zuerst im Kreis ist, hat ihn erobert.

Hüpf- und Seilspiele

Hüpfspiele mit aufgemalten oder in die Erde geritzten Kästchenfiguren, bei denen nicht nur die Beinarbeit gefragt ist, sind ein uralter Zeitvertreib. Ein wenig Straßenkreide oder ein Stöckchen ist alles, was ein Kind braucht, um sich allein oder zu mehreren, auf der Straße oder im Park zu beschäftigen. Ob und wenn ja, was in die Kästchen geschrieben wird, ist Gegenstand ebenso vieler Variationen wie die Bedingungen und Regeln, nach denen die Kästchen durchhüpft werden sollen. Mit unermüdlichem Eifer und Hingabe werden diese Spiele immer wieder neu erfunden und abgeändert. Das Gleiche gilt für die ebenso traditionsreichen wie nach wie vor beliebten Klassiker Seilhüpfen und Gummitwist. Hier stehen nicht nur Beweglichkeit, Kraft und Ausdauer im Vordergrund, sondern auch Koordination und Geschick – und die Kinder wachen mit Argusaugen darüber, dass Regeln eingehalten werden und Fairness herrscht.

Beim »Heuschreckenhüpfen« *(→ Seite 258)* *sammeln die Mitspieler Punkte, indem sie mit beiden Beinen in vorgezeichnete Kreise springen.*

Hinklauf

Alle Mitspieler stehen nebeneinander in einer Reihe. Jeder winkelt nun ein Bein an und nimmt den linken Fuß in die linke Hand oder den rechten Fuß in die rechte Hand. Auf ein Zeichen hüpfen alle auf ein Ziel zu. Wer die Ziellinie zuerst überquert und während der ganzen Strecke nur auf einem Bein gehüpft ist, ist Sieger.

Himmel und Hölle

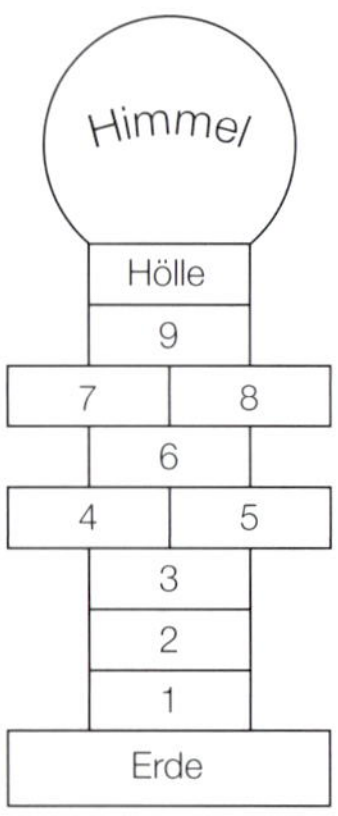

Zum Aufwärmen darf jeder Spieler die Kästchen probehalber auf einem oder beiden Beinen durchhüpfen. Bei den Feldern 4/5 und 7/8 muss man gegrätscht springen. Die Hölle muss übersprungen werden, um im Himmel zu landen. Dort wird gewendet und kurz verschnauft, bevor es auf den Rückweg geht. Wer auf die Linie springt oder die Hölle berührt, muss aussetzen bis alle anderen Mitspieler dran waren. Dann macht er dort weiter, wo ihm der Fehler passiert ist. Beim ersten Durchgang hüpfen alle mit beiden Beinen, beim zweiten muss jeder mit gekreuzten Beinen in die nebeneinander liegenden Kästchen hüpfen, beim dritten werden alle Kästchen der Reihe nach auf einem Bein durchhüpft, und zum Schluss hüpfen alle mit geschlossenen Augen.

Heuschreckenhüpfen

Mit Kreide, Steinchen oder Schnur werden einige Kreise mit einem Durchmesser von etwa 50 Zentimetern markiert. Sie sind unregelmäßig angeordnet und etwa 30 bis 50 Zentimeter voneinander entfernt. Nun hüpfen der Reihe nach alle Mitspieler wie die Heuschrecken, nämlich mit beiden Beinen, von einem Kreis zum nächsten, ohne den Rand des Kreises zu berühren. Wer in den Kreis hüpft, bekommt einen Punkt, wird der Kreisrand berührt, gibt es keinen Punkt. Gewonnen hat, wer nach zehn Hüpfdurchgängen die meisten Punkte hat.

Tipp

Eigentlich reicht ein einfacher Kalkstein, um die Hüpfkästchen auf Asphalt zu malen. Etwas leichter und auch hübscher geht es aber mit farbiger Straßenkreide.

Auf einem Bein

Alle Mitspieler hüpfen auf einem Bein und sagen gemeinsam den nachfolgenden Spruch auf. Wer müde wird und auf beiden Füßen hüpft, scheidet aus.

> Guten Tag, Frau Hoppsassa,
> was macht die liebe Frau Mama?
> Ich dank, ich dank, ich dank recht schön,
> ich werd mich erst erkund'gen gehn.

Woche hüpfen

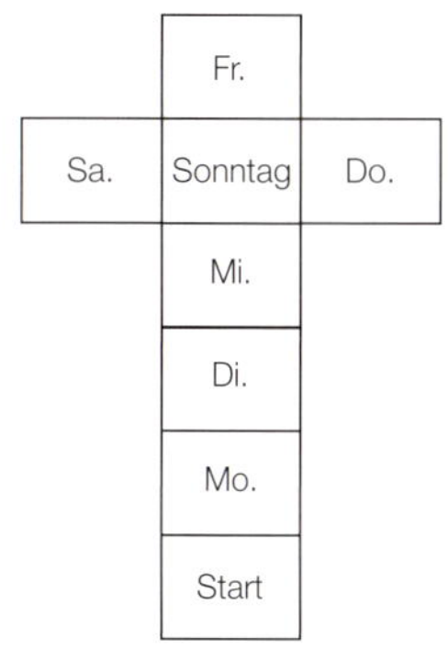

Im ersten Durchgang wird der Spielstein in Montag geworfen, auf einem Bein in Dienstag gehüpft, dann die Wochentage weiter bis Sonntag, wo der Spieler auf beiden Beinen stehen darf. Dann geht's auf einem Bein wieder zurück. Auf dem Rückweg hüpft man auch in das Montag-Kästchen, nimmt – auf einem Bein stehend – den Stein auf und verlässt die Figur. Dann wird der Stein in Dienstag geworfen, auf einem Bein in Montag, Mittwoch, Donnerstag gehüpft usw. So landet der Stein nacheinander in allen Wochentagen, nur der Sonntag bleibt ausgespart. Wer fehlerfrei durch die Figur gehüpft ist, darf einen Teil eines Wochentags als seinen »Besitz« anzeichnen. Die Mitspieler dürfen dort nicht mehr hineintreten und auch ihr Spielstein darf dort nicht landen.

Vierzigerhüpfen

1	6	9	11	18	21	25	35	38	40
7	8	12	15	20	24	27	36	39	37
2	5	10	19	17	22	26	34	32	33
4	3	13	16	14	23	28	30	29	31

Zahlenkästchen zu hüpfen ist eine besondere Herausforderung. Auf den einzelnen Zahlenfeldern darf nicht lange verweilt werden. Kästchen, in denen man bequem stehen können muss, sollen alle von 1 bis 40 in der richtigen Reihenfolge durchhüpft werden. Die anderen Mitspieler achten darauf, dass die Reihenfolge stimmt und die Linien beim Hüpfen nicht berührt werden. Wer die 40 Felder nacheinander beidbeinig, auf je einem Bein und schließlich noch rückwärts durchüpft hat, ohne einen Fehler zu machen, der darf ein Zahlenkästchen seiner Wahl mit farbiger Kreide ausmalen oder seinen Namen hineinschreiben. In dieses Kästchen dürfen nun die anderen Mitspieler nicht mehr hüpfen.

Himmelsleiter

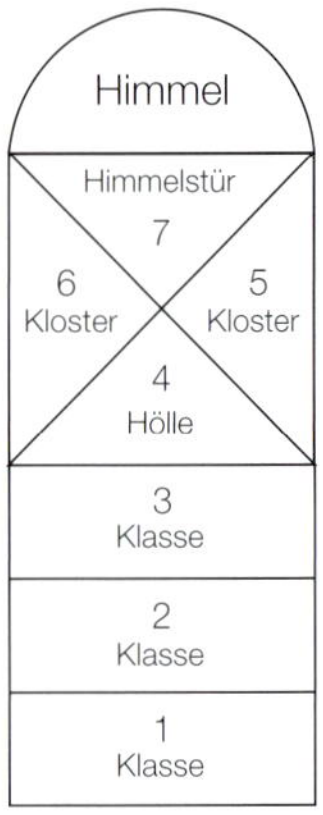

Ähnlich wie »Himmel und Hölle« (→ Seite 258) wird die »Himmelsleiter« gespielt. Auch hier darf das Hölle-Kästchen nicht betreten werden. Beim Aufstieg in den Himmel hüpft jeder Spieler auf einem Bein in die Klasse 1, 2, 3, dann ins Kloster (5), weiter zur Himmelstür (7) und schließlich in den Himmel. Dort landet er auf beiden Füßen, dreht sich mit einem Sprung um und hüpft über die Felder 7, 6, 3, 2 und 1 die Himmelsleiter hinunter. Auch hier gilt: Wer auf eine Linie oder in die »Hölle« tritt oder mit beiden Beinen hüpft, muss aussetzen, bis alle anderen dran waren. Wer die Himmelsleiter fehlerfrei hoch- und wieder hinuntergehüpft ist, wiederholt es sofort auf dem anderen Bein.

Variante Ein Steinchen der Reihe nach in die Felder 1 bis 7 werfen. Auf dem Hinweg überspringen, auf dem Rückweg wieder aufnehmen.

Himmel und Erde

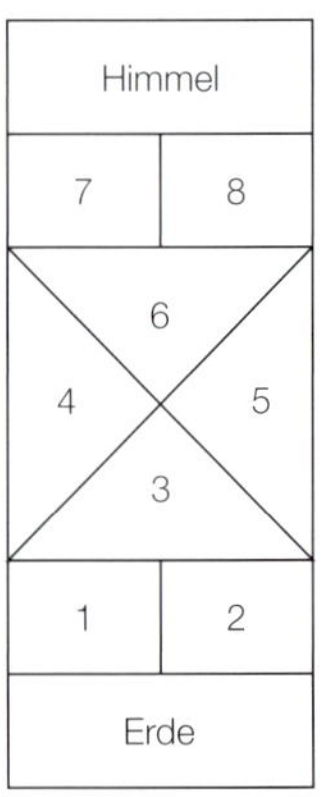

Gestartet wird vor der Erde. Von dort wird ein Steinchen in Feld 1 geworfen. Dieses Feld wird jetzt ausgelassen, und der Spieler hüpft beidbeinig in die Erde, in Kästchen 2, dann in 3, grätscht in 4/5, beidbeinig in 6, dann in 7/8, schließlich in den Himmel. Ist dieser erste Durchgang fehlerfrei geschafft, bleibt der Stein vorerst liegen. Jetzt müssen alle Kästchen außer dem, in welchem der Stein liegt, auf einem Bein in absteigender Reihenfolge durchhüpft werden. Beim Rückweg wird der Stein von einem Nebenfeld aus aufgehoben und in der nächsten Runde in Kästchen 2 geworfen. Das geht so fort, bis der Stein in alle Felder bis hinauf zum Himmel geworfen und die Figur auf die oben beschriebene Weise durchhüpft wurde.

Brief abschicken

Der Name dieses Hüpfspiels kommt von der Zeichnung, die im oberen Teil wie ein aufgeklappter Briefumschlag aussieht. Die Kästchen werden entsprechend der Nummerierung nacheinander durchhüpft, nur in die Felder 5/6 und 8/9 wird gleichzeitig gegrätscht. In 8/9 dreht sich jeder Spieler mit einem Sprung, bevor es wieder zurückgeht. Wer fehlerfrei auf beiden Beinen und danach auf je einem Bein durchgehüpft ist, kann noch einen Durchgang hüpfen und dabei den unten stehenden Spruch sagen oder singen. Bei »sieben« wird oben gewendet. Wer auch das fehlerfrei geschafft hat, darf seinen Namen auf den Umschlag schreiben. Damit ist der Brief abgeschickt.

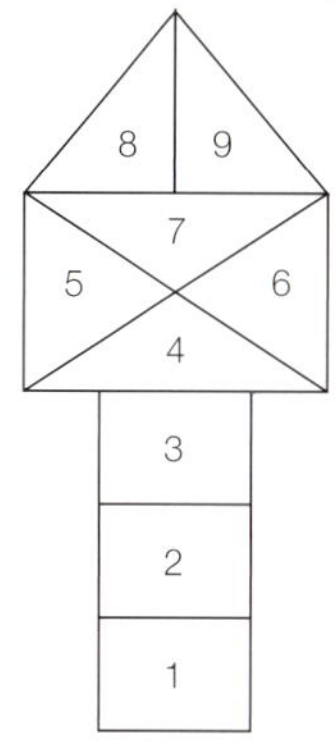

Eins, zwei, drei, vier, fünf, sechs, sieben,
wer hat diesen Brief geschrieben?

Schnickhickeln

Beim Schnickhickeln wird ein flacher Stein ins erste Feld gelegt und dann vom ersten Feld mit dem Fuß ins zweite Kästchen geschnickt, also gestoßen. Erst wenn der Stein im jeweils nächstfolgenden Kästchen liegt, darf der Spieler hinterherhüpfen. Es gilt dabei, den Stein vorsichtig zu schnicken; er darf nicht zu weit rutschen und auf einer Linie oder in einem falschen Kästchen landen, sonst muss der betreffende Spieler aussetzen, bis alle anderen an der Reihe waren. Der Stein wird bis in Feld 5 geschnickt, dann wird in den Halbkreis gehüpft und mit einem Sprung gewendet. Wer seinen Stein fehlerfrei hoch- und wieder hinuntergeschnickt hat, versucht beim nächsten Durchgang, den Stein auf einem Fuß stehend zu schnicken.

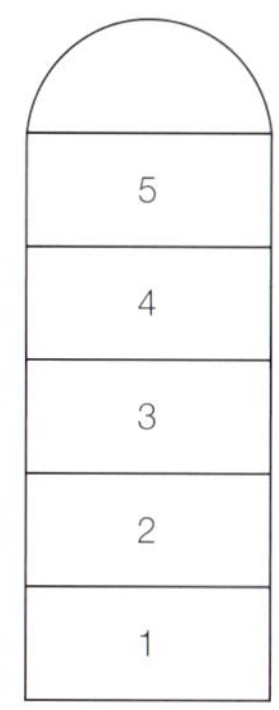

Tipp

»Schnicken« heißt die besondere Technik, mit der ein kleiner Stein beim Hüpfen weitergekickt wird. Also heißt es, gezielt mit dem Fuß dort aufzukommen, wo dieser den Schnickstein trifft und in die richtige Richtung weiterbefördert.

Kreuzsprung

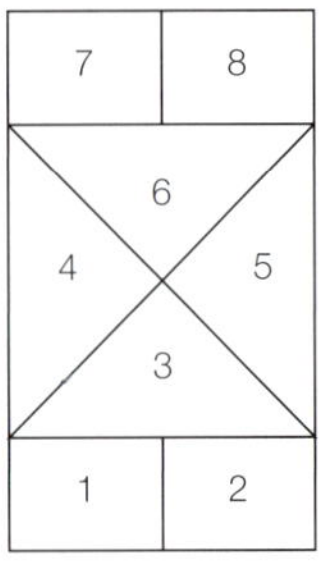

Bei diesem Hüpfspiel wird der Schnickstein in Feld 1 geworfen. Nun überspringt der Mitspieler dieses Feld und landet mit beiden Beinen erst im Kästchen 2, dann in 3, grätscht weiter in 4 und 5 und landet beidbeinig in Kästchen 6. Dann weiter gleichzeitig in 7 und 8, dort wird gedreht, bevor es zurück geht. Auf dem Rückweg wird auch in das Kästchen mit dem Stein gehüpft, wobei der Schnickstein beim Aufhüpfen mit dem Fuß aus der Figur geschossen werden muss. Beim zweiten Durchgang muss der Schnickstein in Kästchen 2 geworfen werden, das dann übersprungen wird. Also: Mit beiden Beinen in 1, dann in 3, in 4 und 5 grätschen, beidbeinig in 6, in 7 und 8 grätschen, ein großer Wendesprung und wieder zurück. Beim nächsten Durchgang wird der Schnickstein in Kästchen 3 geworfen usw.

Doppelreihe

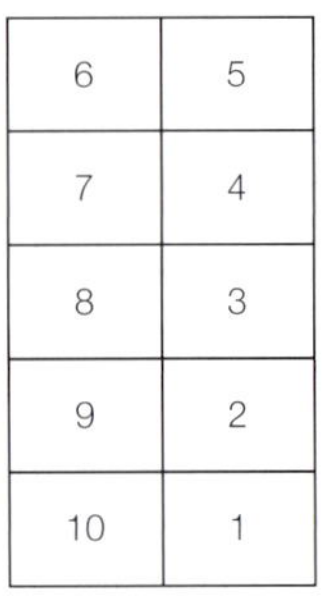

Doppelreihen werden mit einem Schnickstein durchhüpft. Die Kästchen sind auf einer Seite aufsteigend, auf der anderen absteigend nummeriert. Der Stein wird in das erste Kästchen gelegt und mit dem Fuß in die nachfolgenden geschnickt. Dabei wird der Stein zuerst geschnickt, bevor der Spieler in das entsprechende Kästchen hinterherhüpfen darf. Schwieriger wird es, wenn beim beidbeinigen oder einbeinigen Sprung in das Kästchen der Stein geschnickt werden muss. Nur wer die Doppelreihe fehlerfrei hoch- und wieder hinuntergehüpft ist, wer also den Stein treffsicher von Kästchen zu Kästchen geschnickt hat und auch selbst beim Hüpfen keinen Strich berührt hat, darf die nächstschwierigere Variante in Angriff nehmen: Auf einem Bein hüpfen oder den Stein zwei Kästchen weiter schnicken und auch immer ein Kästchen überspringen. Die Spielregeln können je nach Können der Mitspieler angepasst werden.

Wörterkreis

Ein Kreidekreis wird in acht gleich große Tortenstücke unterteilt, wobei in jedes Tortenstück ein Oberbegriff wie »Tiere«, »Länder«, »Mädchennamen« usw. eingetragen wird. Der erste Spieler wirft nun seinen Stein in eines der Tortenstücke, und bevor er hineinhüpft, nennt er etwas, das unter den Oberbegriff passt, bei dem sein Stein gelandet ist. Das Alphabet gibt die Reihenfolge vor. Landet also in der ersten Runde der Stein des Mitspielers bei »Mädchennamen«, kann er »Anna« sagen, in das Feld und danach in frei gewählter Folge in die anderen Segmente des Kreises hüpfen, wobei er jedesmal einen Begriff mit dem entsprechenden Buchstaben nennen muss. Auch hier gelten die Spielregeln: Landet der Stein auf einem Strich oder berührt der Spieler eine Linie, muss er aussetzen, bis alle anderen an der Reihe waren. Ebenso, wenn er einen falschen Begriff nennt oder zu lange zögert.

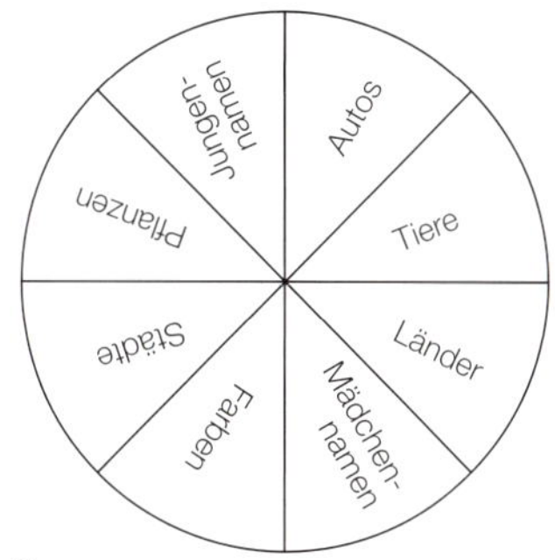

Schnecke

Durch die große Schnecke hüpfen alle Kinder zuerst mit beiden Beinen von außen nach innen und zurück. Alle müssen gut aufpassen, denn durch die unterschiedlichen Größen der Kästchen ist es hier besonders schwierig, nicht auf einen Strich zu treten. Das innerste Feld der Schnecke ist zum Umdrehen und Ausruhen da. Dann folgt je ein Durchgang, der nur auf dem rechten bzw. auf dem linken Bein gehüpft wird. Nun wird ein Spielstein geworfen, und zwar vom Startfeld aus in Kästchen 1, das nun auf einem Bein übersprungen werden muss. Auf dem Rückweg wird der Spielstein wieder aufgehoben und vom Startfeld aus in Kästchen 3 geworfen. Wenn alle ungeraden Zahlen getroffen wurden, sind die geraden Zahlen dran. Wer diese Aufgaben geschafft hat, darf ein Kästchen der Schnecke für sich beanspruchen und mit seinem Namen versehen. Die anderen Mitspieler dürfen dieses Kästchen nicht mehr betreten oder ihren Stein hineinwerfen. Um das Hüpfen nicht unmöglich zu machen, dürfen solche »Besitzerkästchen« nie direkt nebeneinander liegen; es muss immer mindestens ein Feld zwischen ihnen frei bleiben. Im letzten Durchgang wird der Spielstein vom Startfeld aus in Kästchen 1 geworfen, von dort auf einem Bein hüpfend in Kästchen 2 geschnickt usw. bis ins Innerste der Schnecke. Der Stein darf nicht auf einer Linie oder einem fremden Kästchen zu liegen kommen. Dasselbe gilt natürlich auch für den Rückweg.

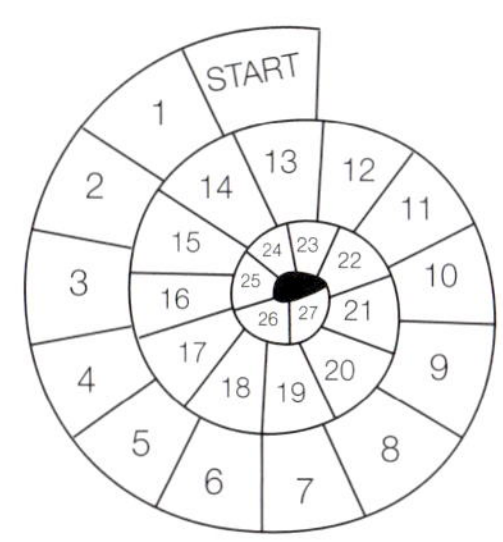

Gummitwist

Für Gummitwist braucht man ein etwa vier Meter langes, dünnes Gummiband (Hosengummi), das zusammengeknotet wird. Diese große Gummischlinge wird von zwei Spielern mit gegrätschten Beinen in Rechteckform gehalten, während der dritte den Gummitwist hüpft. In der ersten Runde wird der Gummi in Knöchelhöhe gespannt, in der zweiten auf halber Wade, in der dritten in Kniehöhe und in der vierten am Oberschenkel. Wer einen Fehler macht, muss aussetzen und das Gummiband halten, und der nächste Mitspieler ist an der Reihe.

Dreizehnersprung

Die Ausgangsposition (→ Abbildung A) ist immer mit geschlossenen Füßen neben dem Gummiband. Beim Hüpfen wird laut von eins bis dreizehn gezählt, wobei die Ausgangsposition nicht mitgezählt wird.

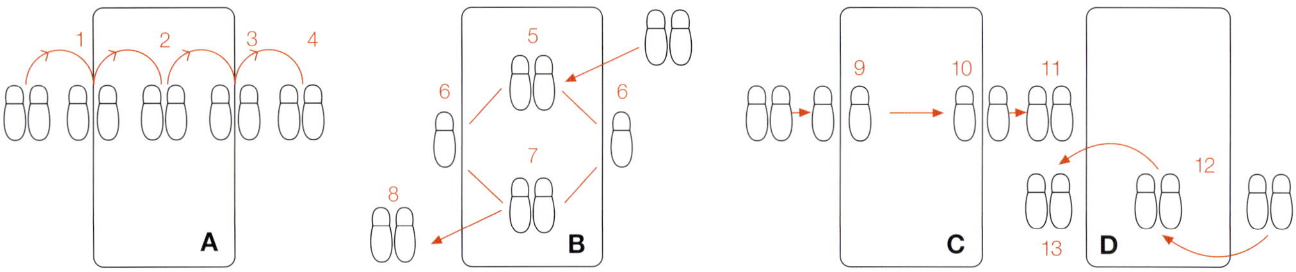

Schuhe, Socken, Strümpf

Abwechselnd werden Seitsprünge nach links und rechts ausgeführt.
Dabei wird rhythmisch der nachfolgende Vers aufgesagt.

Eins, zwei, drei, vier, fünf,
Schuhe, Socken, Strümpf
trage ich sehr gern
wie die jungen Herrn,
wie die hübschen Frau'n,
prächtig anzuschaun.

Zehnersprung

Bei der Ausgangsposition steht das Kind mit geschlossenen Füßen neben dem Gummi. Jeder Sprung wird laut mitgezählt. Wenn die Kombination zu Ende ist, muss das Gummi zur anderen Seite verlassen werden – das ist manchmal der schwierigste Teil!

Einer rein – raus

Zweier Seit – Seit – raus

Dreier Seit – rein – Seit – raus

Vierer Ein Fuß auf, ein Fuß unter das Gummi (1); der untere Fuß wird ebenfalls auf das Gummi gestellt (2); Sprung auf das andere Band wie eins (3); beide Füße drauf (4) und raus.

Fünfer rein – Grätsch – rein – Seit – Seit – raus.

Sechser Seit (1); mit dem Gummi drehen (1); Seit (3); Seitsprung auf die andere Seite (4); drehen (5); Seit (6) und raus.

Siebener Seitsprung auf die linke Seite, dabei das rechte Gummi mitnehmen. 6-mal über dem linken Gummi drehen und dabei das rechte Gummi nicht verlieren. Über die linke Seite raus.

Achter Zweimal den Vierer springen, wobei die Sprünge auf »fünf« und »sieben« nur mit einer Drehung zu schaffen sind .

Neuner Neun Seitsprünge abwechselnd links und rechts; über die linke Seite raus.

Zehner rein (1); linkes Bein schlägt das Gummi einmal um (2); rechtes Bein schlägt das Gummi einmal um (3); 6-mal Grätschsprung, wobei das Gummi sich immer mehr um die Beine dreht (4–9); mit den Händen das Gummi unter die Sohlen schieben, dabei gut festhalten!; bei »zehn« mit hohem Sprung das Gummi flitschen lassen und rausspringen.

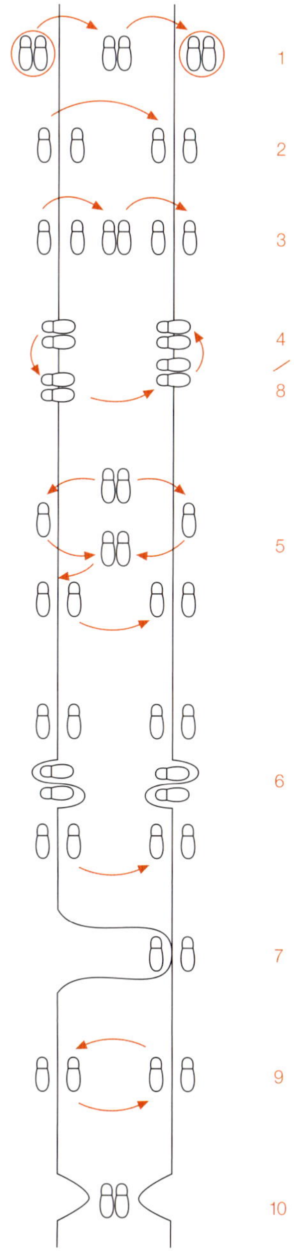

Seilhüpfen

Seilhüpfen mit dem Sprungseil, das verspricht Kurzweil und Spaß, denn die Geschicklichkeit nimmt schnell zu, und wer am Anfang kaum zwei, drei Schwünge schafft, ohne sich im Seil zu verheddern, kann bald ausdauernd und mit Leichtigkeit hüpfen. Wie die meisten Spiele ist Seilhüpfen in der Gruppe am schönsten, auch wenn jeder mit seinem eigenen Seil springt.

Doppelsprung

Jeder braucht ein eigenes Seil. Zu Beginn wird das Seil von hinten nach vorn geschlagen und jeder Mitspieler hüpft mit beiden Beinen hoch. Es muss ein Zwischenhüpfer eingelegt werden, bevor das Seil das nächste Mal übersprungen wird. Alle Mitspieler beginnen gleichzeitig und zählen laut ihre Sprünge mit. Wer sich im Seil verheddert, kommt natürlich auf weniger Sprünge als die anderen.

Einfachsprung

Schneller als der Doppelsprung ist der Einfachsprung. Nun wird kein Zwischenhüpfer mehr eingelegt und das Seil wird schneller geschlagen. Auch hier beginnen alle gleichzeitig und wer einen Fehler macht, fällt etwas zurück. Es wird so lange gesprungen, bis den Spielern die Puste ausgeht.

Storchensprung

Der Storchensprung wird als Doppelsprung gehüpft. Beim Zwischenhüpfer wird auf beide Beine oder auf das andere Bein gesprungen – je nachdem, was festgelegt wurde. Das Seil überhüpft werden darf aber nur mit einem Bein. Ob immer mit dem selben oder abwechselnd mit beiden, das machen die Spieler zu Beginn des Spiels aus.

Tipp

Am besten ist ein Hüpfseil aus Naturfaser oder aus schwerer Kunstfaser.
Ist das Seil zu leicht, erschwert das einen runden und gleichmäßigen Schlag.

Laufschritt

Ein bisschen Übung ist nötig, vor allem aber auch viel freier Platz, um im Laufschritt hüpfen zu können, aber das macht natürlich noch mehr Spaß. Abwechselnd wird das Seil mit je einem Bein übersprungen, wobei vorwärts gegangen wird. Es kommt nicht auf die Schrittlänge an, sondern darauf, wirklich vorwärts zu kommen. Wenn alle gleichzeitig loslaufen, kann gemeinsam der folgende Vers aufgesagt werden.

Auf dem Schulweg heute früh
traf ich Isabella,
mächtig eilig hatte sie's,
doch ich war viel schneller.

Rückwärtsgang

Ziemlich ungewohnt und nicht einfach ist es, das Seil von vorn nach hinten zu schwingen. Man beginnt am besten auch hier mit dem Doppelsprung, schließlich gelingt es aber auch, ein paar Schritte im Rückwärtsgang zurückzulegen und dabei das Seil zu überspringen.

Can-Can

Ähnlich wie bei dem berühmten Varieté-Tanz werden die Beine beim Can-Can-Hüpfen abwechselnd angewinkelt und gestreckt. Das eine Bein springt ab, während das andere angewinkelt oder möglichst lang nach vorn gestreckt wird. Besonders gut sieht es aus, wenn mehrere Spieler eine festgelegte Bewegungsabfolge gleichzeitig hüpfen. Dabei kann der folgende Spruch im Hüpftakt aufgesagt werden.

Lampenputzer ist mein Vater
am Berliner Hoftheater.
Meine Mutter wäscht Manschetten
für die Berliner Hofkadetten.
Meine Schwester, die Gertrude,
die hat eine Frittenbude.
Und mein Bruder, dieser Lümmel,
der raucht Zigarettenstümmel.

Tandem

Wenn zwei Spieler etwa gleich groß und gleich ausdauernd sind, können sie versuchen, im Tandem zu hüpfen. Beide stellen sich hintereinander auf, der vordere schwingt das Seil von hinten und nun müssen sie zur rechten Zeit hochspringen, damit das Seil nicht gestoppt wird.

Schwungseil-Hüpfen

Ebenso traditions- wie variantenreich ist das Hüpfen im großen Seil, das von zwei Mitspielern geschwungen wird. Das Seil sollte in einem großen, gleichmäßigen Bogen in konstanter Geschwindigkeit schwingen, dann sind die Sprünge gar nicht mehr so schwierig. Anfänger stellen sich zunächst in das Seil, bevor es in Bewegung kommt, denn das Einspringen in den Bogen muss geübt werden. Macht einer einen Fehler, löst er einen Seilschwinger ab.

Durchlauf

Ein Spieler nach dem anderen läuft von der Seite eines der Seilschwinger in das schwingende Seil ein, hüpft einmal und verlässt das Seil wieder auf der anderen Seite. Schon beim nächsten Schwung des Seils steht der nächste Spieler zur Stelle und hüpft. Bei geübten Spielern entsteht so ein schneller Rundlauf, bei dem sich alle sehr konzentrieren müssen.

Henriette

Von der Seite in das schwingende Seil einspringen. Der Mitspieler hüpft mit beiden Beinen im Seil, während die Schwinger im Takt den Vers aufsagen. Der Mitspieler nennt sein Alter und macht so viele Sprünge wie er Lebensjahre hat. Die Sprünge werden laut mitgezählt. Dann verlässt er das Seil wieder. Wenn alle Spieler an der Reihe waren, beginnt der zweite Durchgang. Im zweiten Durchgang nennt der Spieler im Seil sein Alter nicht, sondern hüpft so oft wie möglich. Wer am »ältesten« wird, hat das Spiel gewonnen.

Henriette,
gold'ne Kette,
gold'ner Schuh,
wie alt bist du?

Weltreise

Ins schwingende Seil einspringen und mit beiden Beinen hüpfen. Nach jedem Sprung gehen die beiden Seilschwinger einen kleinen Seitwärtsschritt im Kreis, und auch der hüpfende Spieler muss sich immer ein bisschen drehen. Bei jedem Sprung muss er außerdem in alphabetischer Reihenfolge ein Land nennen: Afrika – Brasilien – Chile – Deutschland – England – Frankreich – Griechenland – Holland – Irland – Japan usw. Fällt ihm zu einem Buchstaben kein Land ein, muss er drei Sprünge auf einem Bein absolvieren und darf dann zum nächsten Buchstaben übergehen.

Teddybär

Während ein Spieler im Seil hüpft, sagen die restlichen Mitspieler den Spruch vom Teddybär auf. Zu jeder Textzeile muss der Spieler im Seil die entsprechende Figur machen: sich einmal im Seil drehen, dann bücken, sich strecken, besonders hoch hüpfen, mit den Händen ein Dach über dem Kopf machen und das Seil verlassen.

> Teddybär, Teddybär, dreh dich um.
> Teddybär, Teddybär, mach dich krumm.
> Teddybär, Teddybär, mach dich groß.
> Teddybär, Teddybär, hüpf ganz hoch.
> Teddybär, Teddybär, bau ein Haus.
> Teddybär, Teddybär, du musst raus.

Kreishüpfen

Die Mitspieler stellen sich in einem Kreis auf, nur ein Kind steht mit einem Seil in der Hand in der Mitte. Es schwingt das Seil ganz knapp über dem Boden im Kreisrund. Die anderen Mitspieler müssen gut aufpassen und immer rechtzeitig hochspringen, wenn das Seil kommt. Damit es schön gestrafft bleibt, kann an das Ende des Seils ein Stein geknotet werden. Wer vom Seil berührt wird, scheidet aus. Der Mitspieler, der als Letzter übrig bleibt, darf das Seil in der nächsten Spielrunde schwingen.

Rätsel- und Denkspiele

Ratespiele, Rätsel- und Scherzfragen, Gedächtnis- und Denksportspiele fordern die intellektuellen Fähigkeiten heraus. Anders als bei den Worträtseln wird hier nicht nur mit Doppeldeutigkeiten gespielt oder mit Buchstaben und Wortteilen jongliert. Diese Spiele erfordern eine größere Abstraktions- und manchmal auch Gedächtnisleistung. Gereimte Rätsel, für deren Lösung man um die Ecke denken muss, Geschichten mit einem offensichtlichen oder versteckten Pferdefuß, Ironie und Witz, Absurdes und unmöglich Scheinendes – all das sorgt für Nervenkitzel. Ein gutes Sprachverständnis wird dafür ebenso benötigt wie ein gewisses Maß an Weltwissen. Gemeinsam wird gegrübelt, kombiniert und nachgedacht, bis schließlich der Groschen fällt und der Geistesblitz für helle Freude sorgt. Ein Zeitvertreib, der vor allem Schulkindern bei trübem Wetter oder an kalten Wintertagen die Langeweile vertreibt.

Fehlergeschichten wie den »Steinzeitjäger« *(→ Seite 274)* *selbst zu formulieren fordert logisches Denken und das Sprachvermögen heraus.*

Was kommt mit?

Ein Kind beginnt das Spiel und sagt beispielsweise: »Ich reise nach Marokko. Was kommt mit?« Die anderen Mitspieler raten nun einer nach dem anderen, was das Kind wohl mitnehmen könnte. Der Erste könnte fragen: »Nimmst du einen Mantel mit?« Das Zweite könnte fragen: »Nimmst du Orangensaft mit?« Das dritte Kind fragt vielleicht: »Nimmst du eine Mütze mit?« Je nachdem, welches Kriterium sich das Kind ausgedacht hat, kann es die Fragen bejahen oder verneinen. Vielleicht nimmt es all solche Dinge mit, die mit M oder O beginnen (erster und letzter Buchstabe des Orts), vielleicht solche Dinge, deren Namen einen Doppelvokal haben, oder aber es hat sich ein anderes Kriterium ausgedacht. Wer kommt schnell dahinter?

Was ist falsch?

Während sich alle Mitspieler in einem Raum versammeln, geht ein Kind durch die Wohnung und vertauscht ein paar offensichtliche Dinge. Beispielsweise stellt es eine Rolle Toilettenpapier in die Küche, den Küchenwecker ins Wohnzimmer, legt die Fernsehzeitschrift in den Hobbyraum, stellt die Topfpflanze hinter die Toilettenschüssel, verstellt in einem Raum mit zwei Uhren an einer Uhr die Uhrzeit usw. Ist es damit fertig, beginnt der große Rundgang. Zimmer für Zimmer versammeln sich alle Mitspieler, schauen sich um und versuchen zu erraten, was alles falsch ist. Am Ende des Rundgangs werden die Geheimnisse gelüftet.

Das Haus vom Nikolaus

Material
Papier
Stifte

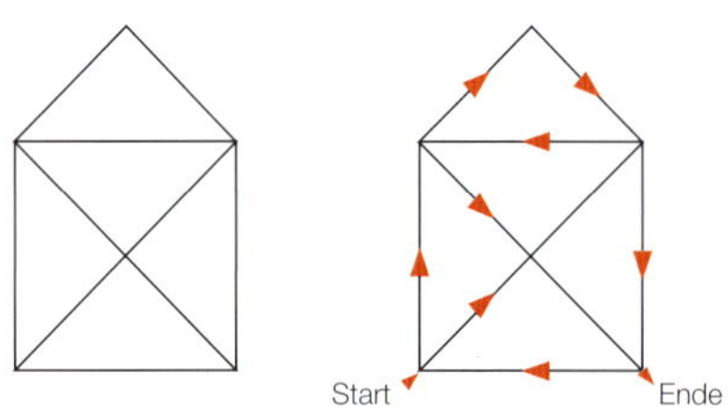

Auf einem Blatt Papier ist das Haus vom Nikolaus zu sehen. Es besteht aus acht Strichen, genau so viele also, wie der Spruch: »Das ist das Haus vom Nikolaus« Silben hat. Alle Mitspieler versuchen nun, das Haus vom Nikolaus mit acht Strichen zu zeichnen, ohne den Stift abzusetzen. Dabei darf natürlich auch keine Linie doppelt gezeichnet werden. Wer es geschafft hat, wartet, bis alle genug herumprobiert haben. Schließlich darf jeder zeigen, wie er das Haus vom Nikolaus in einem Zug zeichnet, denn es gibt mehrere Möglichkeiten. Dabei muss natürlich auch der Spruch aufgesagt werden.

Gaunersprache

Man muss kein Gauner sein, um eine Gaunersprache zu sprechen oder zu verstehen, man muss nur wissen, wie sie funktioniert. Bei der Gaunersprache wird jeder Selbstlaut (also jedes a, e, i oder u) mit einem anderen Buchstaben wiederholt, der kein Selbstlaut (sondern ein Mitlaut oder Konsonant) ist. Ein Beispiel: Wenn das P als Ergänzungskonsonant gewählt ist, dann heißt Katze »Kapatzepe«, Hund heißt »Hupund« und Fahrrad »Fapahrrapad«. Ist das T der ergänzende Konsonant, muss es »Katatzete«, »Hutund« und »Fatahrratad« heißen. Das klingt nicht nur witzig, sondern alle Nichteingeweihten haben große Schwierigkeiten, die Gaunersprache zu verstehen. Am Anfang kann ein bisschen üben nicht schaden, damit die Gauner sich untereinander gut verstehen und richtig sprechen können.

Der größte Wortschatz

Material
Notizblöcke
Stifte
Uhr

Beim Wortschatzspiel kommt es darauf an, innerhalb von einer Minute so viele Begriffe wie möglich zu einem vorgegebenen Buchstaben zu finden.
Durch Abzählen wird ein Mitspieler bestimmt, dessen Wortschatz »geprüft« wird. Da er als erster dran ist, darf er sich den Buchstaben aussuchen. Aber langes Überlegen ist nicht erlaubt! Die Zeit beginnt zu laufen, und nun muss er innerhalb von 60 Sekunden alle möglichen Begriffe nennen, die mit dem Buchstaben beginnen. Alle anderen schreiben die Begriffe mit. Ist die Zeit um, wird ausgezählt. Es gelten nur allgemein bekannte Begriffe, keine Fantasiebezeichnungen. Nun darf der Spieler den Buchstaben benennen, zu dem der Nächste, der durch Abzählen bestimmt wird, Begriffe finden muss. Ausgeschlossen sind besonders schwere Buchstaben wie x, y, z, ä, ü, ö.

Variante Die Buchstaben des Alphabets werden aufsteigend durchnummeriert. Der Anfangsbuchstabe wird nun mit Würfeln ermittelt: Es wird erst mit einem, dann mit zwei, dann mit drei, schließlich mit vier Würfeln gewürfelt, die Augenzahl benennt den Buchstaben.

Fehlergeschichten

Zwei Mitspieler überlegen sich gemeinsam eine Geschichte, in die sie ein paar Fehler einbauen. Sie schreiben sie auf und lesen sie vor. Bei jedem Fehler, den die Mitspieler erkennen, rufen sie laut »stopp« oder springen auf. Wer findet alle Fehler in der Geschichte heraus? Eine einfache Fehlergeschichte könnte beispielsweise so lauten:

Steinzeitjäger

Die Steinzeitmänner sind gemeinsam auf der Jagd. Sie wollen einen Hirsch erlegen, den sie mit dem Fernglas entdeckt haben. Die ganze Gruppe schleicht sich an das Tier heran, das sie auf einer Waldlichtung bei einem Hochspannungsmasten entdeckt haben. Langsam schließt sich der Kreis der Jäger, noch hat das Tier sie nicht bemerkt. Doch plötzlich klingelt das Handy eines der Männer. Der Hirsch zuckt zusammen, macht einen großen Satz und läuft in großen Sprüngen in Richtung der Bahnstrecke davon. Die Männer grummeln missmutig und der Anführer wirft dem Übeltäter einen strafenden Blick zu. Dann trotten sie weiter in der Hoffnung, ein anderes Wild erlegen zu können. Tatsächlich entdecken sie in der Nähe des Stauwehrs eine Antilope. Wieder bilden alle einen großen Halbkreis und kesseln das Tier ein. Diesmal ist den Männern das Jagdglück hold: Mit mehreren Gewehrschüssen strecken sie das Tier nieder. Dann binden sie das Tier an einen Trageast und bringen es zu ihrem Jeep. Als sie ins Dorf zurückkommen, jubeln die Frauen und Kinder. Sie haben die Männer kommen sehen und schon die Wasserkessel auf den Herd gestellt. An diesem Abend tanzt und feiert der Clan lange, und bis spät in die Nacht ist laute Radiomusik zu hören

Was ist gemeint?

Wer kann sich denken, was sich hinter diesen rätselhaften Beschreibungen verbirgt?

Ohne Waschen ist es viel sauberer,
als es durch Waschen wird.
Was ist das?
Das Wasser

Egal, wie viel Nahrungsmittel er
zu sich nimmt, sein Umfang nimmt
weder zu noch ab.
Wer ist das?
Der Kochtopf

Der geht durch das,
also wer durch was?
Der Tor geht durch das Tor.

Vor- und rückwärts
liegt es immer seitwärts.
Was ist das?
Das Wort »neben«

Dreiecke schließen

Material
Block
Buntstifte

Zu Beginn dieses Spiels werden 21 Punkte in einer großen Dreieckform aufgezeichnet. Dann beginnt ein Spieler, zwei Punkte miteinander zu verbinden. Der nächste darf zwei weitere Punkte verbinden usw. Schließt einer der Spieler ein Dreieck, dann darf er es in seiner Farbe ausmalen. Jeder Spieler muss also versuchen, möglichst viele Dreiecke zu schließen, ohne den anderen zuzuarbeiten.

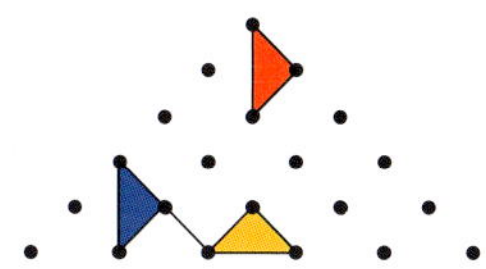

Eigenschaften zuordnen

Material
Notizblöcke
Stifte
Stoppuhr

Jeder Mitspieler schreibt auf drei Notizzettel jeweils ein Eigenschaftswort, zum Beispiel »eckig« auf den ersten, »glatt« auf den zweiten und »süß« auf den dritten. Jetzt werden alle Zettel eingesammelt und auf einen Haufen gelegt. Ein Mitspieler nimmt mit verschlossenen Augen einen Zettel aus dem Haufen. Dann liest er ihn vor und zeigt auf einen der anderen Mitspieler. Dieser muss nun innerhalb von zwei Minuten so viele Dinge wie möglich nennen, die zu dem Eigenschaftswort passen. Für jede passende Antwort gibt es einen Punkt. Anschließend darf er einen Zettel ziehen und den nächsten Mitspieler befragen.

Variante Wesentlich schwieriger wird das Spiel, wenn statt Eigenschaftswörtern Verben eingesetzt werden müssen.

Abkürzungen raten

Material
Notizzettel
Stifte

Alle sitzen bei diesem Spiel um einen Tisch. Jeder Mitspieler notiert auf einem Zettel eine Abkürzung und schreibt auf die Zettelrückseite, was sie bedeutet. Also beispielsweise steht auf der Zettelvorderseite »HmkS«, auf der Rückseite »Hausaufgaben machen keinen Spaß«. Diese Lösung bleibt aber verdeckt, wenn jeder Mitspieler seinen Zettel nach links weitergibt. Jeder schreibt nun unter die Abkürzung, was sie seiner Meinung nach bedeuten könnte. So könnte unter »HmkS« etwa stehen: »Hunde mögen keine Socken.« Oder: »Heute mogelt kein Spieler.« Sind die Zettel wieder am Ausgangspunkt angelangt, werden die geratenen Lösungen und die »richtige« Lösung vorgelesen.

Wörter raten

Material
Schreibblock
Stift

Ein Mitspieler schreibt ein Wort in Großbuchstaben auf ein Blatt. Er verdeckt es mit einem zweiten Blatt vom Schreibblock. Dann stellt er sich vor die anderen Mitspieler, die in einer Reihe nebeneinander stehen, und zieht das Deckblatt Millimeter für Millimeter herunter. Langsam kommen die Buchstaben von oben her zum Vorschein, und wer das Wort als Erster errät, darf das nächste Wort schreiben und vorstellen.

Antwort sucht Frage

Ein Ratespiel, bei dem alles verkehrt herum geht. Jeweils zwei Mitspieler setzen sich einander gegenüber und sagen sich eine Antwort vor, auf die eine Frage gefunden werden muss. Einer beginnt und sagt zum Beispiel: »Wir fahren nach Sardinien.« Die Frage könnte lauten: »Wohin fahrt ihr in den Urlaub?« Nach drei Anworten und gefundenen Fragen wird gewechselt, und der andere Mitspieler gibt Antworten, auf die der erste Fragen finden muss.

Rätselhafte Texte

Material
Schreibblöcke
Stifte

Jeder freut sich, wenn die Post kommt. Doch manche Briefe sind nicht ganz einfach zu lesen. Wir sind gewohnt, dass die Wortabstände an den richtigen Stellen sind, und die Wörter mal groß, mal klein geschrieben werden. Briefe, bei denen das nicht so ist, kan nma nkau men tziffe rn. Besonders witzig ist es, wenn jemand einen solchen Brief laut vorlesen muss. Jeder Mitspieler schreibt also ein paar Zeilen in dieser Art, dann werden die Briefe ausgetauscht, und wer an der Reihe ist, liest so fließend wie möglich vor.

Namen suchen und ergänzen

Material
Telefonbuch oder Adressbuch

In einem Telefon- oder Adressbuch gibt es viele Namen, lustige und normale, lange und kurze. Alle Mitspieler überlegen sich gemeinsam, welche Namen sie suchen wollen. Welche Namen hören sich besonders lustig oder gut an? Lassen sich Namen von Märchen- oder Filmfiguren im Telefonbuch finden? Was könnten die verschiedenen Namen bedeuten?

Scherzfragen

Welche Steine findet man nie auf dem Grund eines Sees?
Trockene

Was ist das Lieblingstier von Elektrikern?
Kabeljau

Welcher Teil des Dreiecks ist genießbar?
Das Ei, der Rest ist Dreck.

Was macht der Storch auf einem Bein?
Er hält das Gleichgewicht.

Welcher Fisch macht einen Diener?
Bückling

Was kann man noch halten, auch wenn man es jemandem gegeben hat?
Sein Wort

Wie weit kann ein Reh in den Wald hineinlaufen?
Höchstens bis zur Mitte des Waldes, dann läuft es wieder hinaus.

Was ist mitten in Ulm?
Das »l«

In welchem Fall ist zwei mal zwei fünf?
In keinem Fall

Warum ruft der Kuckuck im Bayerischen Wald nie mittags?
Auch im Bayerischen Wald ruft er immer »Kuckuck«.

Was ist, wenn der Schornsteinfeger in den Schnee fällt?
Winter

Was macht den Schmerz derart unangenehm?
Das »m«, sonst wäre es ja ein Scherz.

Wie oft kann man 10 von 100 abziehen?
Einmal, denn dann sind's nur noch 90.

Wer hat Zähne und kann nicht beißen?
Briefmarke, Kamm

Was ist das?
Früher ein Baum, hat es noch immer viele Blätter, ohne ein Baum zu sein.
Buch

Welche Taschen sprechen?
Plaudertaschen

Partyspiele

Bei jeder Kinderparty wollen die Gäste etwas erleben, gemeinsam feiern, spielen und viel Spaß haben, deshalb sind Partyspiele hier die Hauptattraktion. In ausgelassener Stimmung macht das Spielen noch mehr Spaß, und der lustige Wettstreit zwischen den Spielgruppen oder Einzelkandidaten ist weit entfernt von verbissenem Kampfgeist und zu ernstem Siegeswillen. Schließlich sind die Aufgaben oftmals ziemlich unernst, und den meisten Beifall erntet, wer am besten zur Unterhaltung und Belustigung der anderen beiträgt. Damit trotzdem jeder Partygast seine Stärken ausspielen kann und das Festgeschehen nicht eintönig wird, sollten sich verschiedene Spielarten abwechseln. Dazu ist ein ungefährer Fahrplan, eine kleine Choreografie der Attraktionen notwendig. Bewegungsreiche Spiele sollten darin genauso ihren Platz haben wie ruhigere, konzentrierte und auch entspannende Aktionen.

Beim »Mumien wickeln« (→ Seite 283) müssen die Mannschaften Geschicklichkeit, Schnelligkeit und Würfelglück aufbringen, um zu gewinnen. Dabei ist die Zusammenarbeit der Spieler ein wichtiger Punkt.

Quietschballon

Material
Luftballons

Jeder Mitspieler bekommt einen Luftballon, den er aufpusten muss. Der aufgeblasene Ballon wird aber nicht zugeknotet, sondern die Öffnung wird mit Daumen und Zeigefinger beider Hände zu einem schmalen Schlitz verengt, sodass die Luft quietschend und pfeifend aus dem Ballon strömt. Wer kann die schönsten Quietschgeräusche erzeugen? Wessen Ballon quietscht am längsten? Gemeinsam wird ein Luftballon-Quietschkonzert gespielt.

Ballon zupfen

Material
Luftballons

Alle Mitspieler pusten ihre Luftballons auf und knoten sie fest zu. Die Ballons müssen prall mit Luft gefüllt sein, dann quietschen sie am besten. Mit trockenen Händen reiben und zupfen nun alle Kinder ihren Ballon und entlocken ihm so die grässlichsten Geräusche. Dabei geht man natürlich erst vorsichtig zu Werke, doch die Ballons halten erstaunlich viel aus. Das merkt man am Ende des Spiels, wenn es darum geht, den Luftballon mit den Händen zum Platzen zu bringen, ohne scharfkantige Gegenstände oder die Fingernägel einzusetzen.

Luftballon-Zielfliegen

Material
Luftballons
1 Blatt Papier

Ein Blatt Papier wird als Zielfläche irgendwo auf den Boden oder Tisch gelegt. Nun bekommt jeder Mitspieler einen Luftballon in einer anderen Farbe, den er aufbläst. Die Luftballons werden aber nicht zugeknotet, sondern jeder lässt seinen Ballon auf ein Kommando hin sausen. Bleibt er auf dem Blatt Papier liegen, hat er das Ziel erreicht. Sonst wird er erneut aufgeblasen und von dort aus, wo er niedergegangen ist, auf die Reise zum Zielfeld geschickt. Wenn drei Luftballons das Zielfeld erreicht haben, ist die Spielrunde zu Ende.

Tipp

Die lauten und lustigen Luftballonspiele sind genau das Richtige, um eine Partygesellschaft nach dem ersten Kennenlernen in Feierlaune zu bringen. Weil sie schnell erklärt sind und kaum Material bedürfen, kann man ruhig auch alle drei hintereinander spielen, bevor eine ruhige Spielphase folgt.

Der lange Ton

Material
Stoppuhr

Nacheinander versuchen alle Mitspieler, einen Ton so lange wie möglich zu halten. Das kann ein langes Aaaaaaaa oder ein langes Ooooooo sein, wichtig ist nur, gaaaanz tief Luft zu holen und den Ton so lange wie möglich ununterbrochen zu sagen. Alle sind mucksmäuschenstill und hören ganz genau hin, ein Mitspieler stoppt mit der Stoppuhr, wer den Ton am längsten hält.

Auf einem Bein

Material
Stoppuhr

Alle Mitspieler stellen sich in einem großen Kreis auf. Ein Mitspieler ist Schiedsrichter in der Kreismitte und bedient die Stoppuhr. Auf ein Signal hin läuft die Zeit, und alle müssen das linke Bein anheben. Egal wie sie auf dem rechten Bein stehen, es geht darum, mit dem linken Bein den Boden nicht zu berühren. Es kann festgehalten, abgespreizt oder angewinkelt werden, nur darf es nicht an irgendwelchen Möbeln abgestützt werden. Nach und nach geben die Mitspieler auf und stellen sich wieder auf beide Beine. Wer hält es am längsten aus, nur auf dem rechten Bein zu stehen? Der Sieger wird Schiedsrichter in der nächsten Runde.

Fäden binden

Material
Schnur
Wollfäden
Scheren

Jeder Mitspieler bekommt ein Wollknäuel in einer anderen Farbe und schneidet die Wolle in lauter Stücke von etwa 20 Zentimeter Länge. Dann werden mehrere Schnüre in etwa eineinhalb Meter Höhe durch den Raum gespannt. Im Raum verteilt liegen mehrere Haufen bunt durcheinander gemischter Wollfäden. Auf ein Signal hin sucht jeder Mitspieler seine Wollfäden aus den Haufen und bindet sie an den Schnüren fest. Sie müssen mit einem doppelten Knoten oder mit einer Schleife festgebunden werden, je nachdem, was zuvor ausgemacht war. Die Runde endet spätestens nach fünf Minuten. Gemeinsam wird gezählt, wie viele Wollfäden der einzelnen Farben an den Schnüren festgebunden und ob sie richtig befestigt wurden. Der Sieger darf in der nächsten Runde Oberschiedsrichter sein.

Stockschieben

Material
Stock oder Besenstiel
Ring

Jeweils zwei Kinder halten einen Stock an je einem Ende fest, während sie versuchen, einen Ring, der zwischen ihnen auf dem Boden liegt, mit der freien Hand aufzuheben. Die beiden versuchen dabei durch Ziehen und Schieben am Stock, den anderen aus dem Gleichgewicht zu bringen bzw. vom Ring wegzuschieben. Wer den Ring aufgehoben hat, ohne den Stock loszulassen, hat gewonnen. Schwieriger wird es, wenn beide Kontrahenten nur auf einem Bein stehen. Wer den Boden mit beiden Füßen berührt, scheidet aus.

Aschenputtel zu zweit

Material
Luftballons
Getrocknete Erbsen
Schüsselchen

Für dieses Spiel finden sich alle Kinder zu Paaren zusammen. Jedes Paar bekommt einen Luftballon, der aufgeblasen und verknotet wird. Dann werden die getrockneten Erbsen auf dem Boden verteilt und die Schüsselchen – für jede Gruppe eines – auf den Tisch gestellt. Die beiden Mitspieler jedes Spielerpaars stehen sich jetzt gegenüber und halten ihren Luftballon mit der Stirn zwischen sich eingeklemmt. Auf ein Startsignal hin beginnen sie gemeinsam die Erbsen vom Boden aufzulesen und in ihr Schüsselchen zu legen. Dabei darf jeder Mitspieler immer nur eine Erbse in die Hand nehmen. Außerdem darf der Luftballon nicht zu Boden fallen. Nach fünf Minuten ist die Spielrunde beendet, und es wird gezählt, wie viele Erbsen jede Gruppe gesammelt hat. In der nächsten Runde muss der Luftballon mit den Schultern oder der Brust festgehalten werden.

Nüsse retten

Material
Große Schüssel
Walnüsse
Teelöffel

In einer großen Schüssel, die beinah bis zum Rand mit Wasser gefüllt ist, schwimmen Walnüsse. Jeder Mitspieler nimmt einen Teelöffel in den Mund. Ohne die Hände zu Hilfe zu nehmen, soll jeder nun so viele Nüsse wie möglich aus dem Wasser retten. Dabei müssen alle gut aufpassen, dass kein Löffel ins Wasser fällt oder die Mitspieler mit den Köpfen zusammenstoßen. Es ist erlaubt, die anderen ein bisschen zu behindern und ihnen die Nüsse vom Löffel zu schubsen. Wenn alle Nüsse aus dem Wasser geholt sind, wird gezählt, wer die meisten retten konnte.

Schuhpuzzle

Je mehr Kinder mitspielen, desto lustiger wird das Schuhpuzzle. Alle Mitspieler ziehen ihre Schuhe aus und werfen sie auf einen Haufen. Der Haufen wird gut gemischt, dann treten alle so weit wie möglich zurück. Auf ein Zeichen hin laufen alle auf den Haufen los und versuchen, so schnell wie möglich ihre beiden Schuhe zu finden und anzuziehen. Wer als Erster seine Schuhe ordentlich gebunden an den Füßen hat ist Sieger.

Schuhe anziehen

Schuhe anzuziehen kann schwierig sein, vor allem, wenn man sie nicht an die eigenen Füße zieht und die Augen verbunden hat. Alle Mitspieler ziehen ihre Schuhe aus und werfen sie auf einen großen Haufen. Neben dem Haufen stehen ein paar Stühle. Dann werden zwei Mitspielern die Augen verbunden, und auf ein Startsignal hin krabbeln die beiden zum Schuhhaufen, nehmen einen Schuh, tasten sich zu einem Stuhl und stellen den Schuh unter das Stuhlbein. Nun geht es zurück zum Schuhhaufen, um den nächsten Schuh zu holen. Wer als Erster einem Stuhl vier Schuhe angezogen und sich auf den Stuhl gesetzt hat, ist Sieger. Viel schwieriger wird das Spiel, wenn dem Stuhl zwei zueinander passende Schuhpaare angezogen werden sollen.

Mumien wickeln

Material
Mehrere lange Mullbinden
Würfel

Die Mitspieler werden in die Gruppe der Mumienwickler und in die Gruppe der Mumienentdecker geteilt. Ein Kind übernimmt die Rolle der Mumie. Die Mumie stellt sich mit geschlossenen Beinen in die Mitte, und die Gruppe der Mumienwickler beginnt an den Füßen damit, die Mumie schnell einzuwickeln. Währenddessen würfeln die Mumienentdecker, und sobald sie dreimal eine 6 gewürfelt haben, müssen die Mumienwickler mit dem Einwickeln der Mumie aufhören, und die Mumienentdecker beginnen damit, die Mumie wieder auszuwickeln. Dabei darf die Mullbinde nicht einfach heruntergerissen, sondern sie muss wieder sorgfältig aufgerollt werden. Während die Mumienentdecker die Mumie auswickeln, würfelt die Gruppe der Mumienwickler so lange, bis sie zweimal hintereinander eine 6 gewürfelt hat – dann dürfen sie die Mumie wieder weiter einwickeln. Wenn der Kopf der Mumie erreicht ist, beginnt das Spiel von neuem.

Moderne Kunst

Material
Schuhkarton
Wasser- oder Fingerfarben
Papier
Gummibälle

Reihum sind die Mitspieler an der Reihe, ihr eigenes modernes Kunstwerk zu gestalten. In einen Schuhkarton wird ein Stück Papier gelegt. Dann taucht der Künstler einen kleinen Gummiball in Farbe, legt ihn in den Schuhkarton, nimmt den Schuhkarton in beide Hände und lässt den Ball kreisen und hüpfen. Hierauf wird der Ball in die nächste Farbe getaucht und die Farbe auf die gleiche Weise aufs Papier gebracht. Manche Mitspieler arbeiten als moderne Künstler mit zwei oder drei verschiedenfarbigen Gummibällen gleichzeitig. Das Ergebnis lässt sich auf jeden Fall sehen.

Farbenrennen

Material
Kaffeefiltertüten
Wasserlösliche Farbstifte
Untertassen

Jeder Mitspieler erhält eine halbe Kaffeefiltertüte, eine Untertasse mit Wasser und wasserlösliche Filzstifte. In das untere Drittel des Filterpapiers malt jeder ein paar Punkte mit den Filzstiften auf. Dann wird das Filterpapier so auf die Untertasse gelegt, dass nur das unterste Eckchen ins Wasser ragt. Sofort saugt das Filterpapier das Wasser auf und leitet es weiter. Die Farbpunkte werden vom Wasser mitgenommen, und es entstehen farbige Streifen auf dem Filterpapier. Wessen Farbstreifen erreicht als Erstes den Rand des Filterpapiers? Welcher Regenbogen ist besonders schön?

Am dünnen Faden

Material
Wollfaden
Leichtes Körbchen
Verschiedene Gegenstände

Einen Wollfaden quer über einem Tisch aufhängen. Das Körbchen wird an dem Wollfaden aufgehängt, sodass es frei in der Luft schwebt. Ein Mitspieler nach dem anderen legt nun immer einen unzerbrechlichen Gegenstand in das Körbchen, eine Spielfigur, ein kleines Klötzchen etc. Dabei wird immer folgender Spruch aufgesagt:

> Fädchen, Fädchen, reiße nicht,
> damit das Glück ja nicht zerbricht.

Reißt der Faden, muss der Mitspieler, der den letzten Gegenstand hineingelegt hat, alles aufheben und sorgfältig auf den Tisch legen.

Glückshafen

Material
Kleine Süßigkeiten
Lange Wollfäden

An mehrere Wollfäden wird eine kleine Süßigkeit gebunden, an vielen Wollfäden hängen jedoch nur Bauklötzchen oder leere Streichholzschachteln. Die verschiedenen Gegenstände werden hinter einen Tisch gelegt, der bis zum Boden mit einem Tischtuch bedeckt ist, die Fäden hängen vorn am Tisch herunter. Die Mitspieler können nicht sehen, was hinter dem Tisch an den Fäden hängt, und so muss sich jeder auf sein Glück verlassen. Einer nach dem anderen kommt nun zum Glückshafen und zieht an einem Wollfaden. Hat er Glück, erwischt er eine kleine Süßigkeit.

Schokolade auspacken

Material
Schokoladentafel
Zeitungspapier
Schere
Schnur
Messer
Gabel
Schal
Handschuhe
Mütze
Würfel

Zunächst wird die Schokolade sorgfältig in mehrere Seiten Zeitungspapier eingewickelt und mit der Schnur wie ein Päckchen zugeknotet. Alle Utensilien werden in die Tischmitte gelegt. Dann wird der Reihe nach gewürfelt. Wer von den Mitspielern eine 6 würfelt, zieht in Windeseile Mütze und Handschuhe an, wirft sich den Schal um, nimmt Messer und Gabel zur Hand und versucht, mit dem Besteck die Schokolade auszupacken. In der Zwischenzeit würfeln die anderen schnell reihum weiter. Hat ein anderer Mitspieler eine 6 gewürfelt, schreit er laut »stopp«, übernimmt Mütze, Handschuhe, Schal und Besteck und darf die Schokoladentafel weiter auspacken. So geht es hektisch im Kreis, bis schließlich die begehrte Schokolade erreicht ist und ein glücklicher Spieler nach dem anderen mit dem Besteck Schokoladenstücke abschneiden und essen kann.

Wörteralphabet

Das Wörteralphabet kann auf viele verschiedene Arten gespielt werden. Es beginnt aber immer damit, dass ein Mitspieler ein Wort nennt, das mit A beginnt, etwa Affe. Der nächste sagt dann beispielsweise Bär, der dritte Chamäleon usw., bis das ganze Alphabet durch ist. Besonders schwierige Buchstaben können ausgelassen werden, vielleicht finden aber alle gemeinsam ein Tier, das mit Y beginnt. Statt mit Tieren kann man das Wörteralphabet aber auch mit Städtenamen, Mädchen- oder Jungennamen spielen. Zum Aufwärmen fängt man aber am besten mit allgemeinen Begriffen an, sodass jeder sagen kann, was ihm gerade einfällt.

Die Bombe tickt

Material
Küchenwecker
Kleine Plastiktüte

Alle Mitspieler stellen sich in einem großen Kreis auf. Ein Küchenwecker wird so eingestellt, dass er nach wenigen Minuten klingelt. Dann wird er in eine kleine Plastiktüte gesteckt, sodass keiner sehen kann, wie viel Zeit noch bis zum Klingeln bleibt. Die Tüte wird in der Spielerrunde schnell weitergereicht. Doch jeder, der die Weckerbombe hält, muss vor dem Weitergeben den Satz sagen: »Heiliger Sankt Florian, verschon mein Haus, zünd andere an«. Bei wem der Wecker anfängt zu klingeln, der scheidet aus. Dann wird der Wecker neu gestellt und wieder herumgereicht. Das Spiel wird so lange gespielt, bis nur noch ein Mitspieler übrig bleibt.

Flitzefinger

Dieses Spiel eignet sich gut, um Mannschaften zu bilden oder besondere Aufgaben zu verteilen. Jeweils zwei Spieler treten gegeneinander an. Die beiden Mitspieler schwingen im Takt die Faust dreimal auf und nieder, beim dritten Mal zeigt jeder ein paar Finger seiner Hand. Zugleich sagt jeder eine Zahl, und zwar die Anzahl der abgespreizten Finger, die beide Hände vermutlich zeigen. Das kann jede Zahl zwischen null und zehn sein. Einen Punkt bekommt derjenige, der die richtige Zahl geraten hat. Wer zuerst drei Punkte hat, tritt gegen den nächsten Mitspieler an.

Schere, Stein, Papier

Auch bei diesem Spielen zählen beide Spieler gemeinsam auf drei, und bei der letzten Zahl bildet jeder der Spieler blitzschnell mit einer Hand einen Brunnen (Brunnenloch mit den Fingern formen), eine Schere (Zeige- und Mittelfinger abspreizen), einen Stein (Faust) oder ein Blatt Papier (flache Hand). Wer nach drei Durchgängen die meisten Punkte hat, der ist Sieger. Dabei gelten folgende Regeln:

Papier deckt den Brunnen ab und besiegt ihn: einen Punkt für das Papier.
Schere schneidet das Papier und ist so dem Papier überlegen: einen Punkt für die Schere.
Die Schere fällt ins Brunnenloch, sodass der Brunnen mehr als die Schere zählt:
einen Punkt für den Brunnen.
Papier umwickelt den Stein: einen Punkt für das Papier.
Stein schleift die Schere: einen Punkt für den Stein.

Blind füttern

Material
Schüsselchen mit Pudding oder Jogurt
Löffel
Augenbinden
Küchentücher

Durch Abzählen werden jeweils zwei Mitspieler bestimmt, die sich blind füttern müssen. Beiden werden die Augen verbunden, dann wird ein Schüsselchen mit Jogurt auf den Tisch gestellt, und ein Mitspieler bekommt einen Teelöffel in die Hand gedrückt. Vorsichtshalber werden beiden zum Schutz der Kleidung Küchentücher umgebunden. Jetzt geht das blinde Füttern los. Der Mitspieler mit dem Löffel muss versuchen, den anderen Löffel für Löffel zu füttern. Bei diesem Spiel kann es hoch hergehen! Deshalb eignet es sich eigentlich idealerweise für ein Gartenfest, denn da ist es weniger schlimm, wenn der halbe Schüsselinhalt auf dem Boden landet.

Kirschen essen

Material
Schüsselchen
Kirschen aus dem Glas
Tücher

Auf den Boden werden mehrere Schüsselchen gestellt, in jedes kommt die gleiche Anzahl Kirschen. Entsprechend der Anzahl Schüsselchen werden jetzt Kirschenesser bestimmt. Ihnen werden die Hände auf dem Rücken zusammengebunden. Auf ein Startzeichen hin laufen sie zu einem Schüsselchen, knien sich nieder und essen das Schüsselchen mit den Kirschen leer. Wer schafft das am schnellsten?

Wasserball

Material
Luftballon

Ein Luftballon wird statt mit Luft mit Wasser gefüllt, bis er etwa doppelt so groß wie ein Tennisball ist. Die Mitspieler stellen sich draußen in einem großen Kreis auf. Vorsichtig wird nun der Wasserball von einem zum anderen Mitspieler geworfen. Zuerst beginnt es langsam und vorsichtig, dann geht es immer schneller und verwegener vor sich. Der Wasserball darf aber nicht so fest geworfen werden, dass er nicht mehr gefangen werden kann. Irgendwann hat ein Mitspieler Pech, und der Wasserball platzt, wenn er ihn fängt. Alle Mitspieler sollten also darauf eingestellt sein, dass sie nass werden könnten.

Variante Noch witziger und ausgelassener wird das Spiel, wenn von Anfang an mehrere Wasserbälle kreisen!

Bunter Gruß

Material
Fingerfarben

Die Fingerfarben werden so verteilt, dass jeder Mitspieler eine andere Farbe bekommt. Dabei lassen sich durch Mischen auch neue, ganz unterschiedliche Farbtöne finden. Jeder fährt jetzt mit einem Finger durch seine Farbe und läuft los, um möglichst viele Mitspieler zu fangen und ihnen einen Klecks auf die Hand zu machen. Dazwischen muss jeder immer mal wieder zu seiner Farbdose zurück, denn die Farbe auf dem Finger reicht natürlich nicht weit. Wer nach fünf Minuten die meisten Farbkleckse verteilt hat, ist Sieger.

Variante Die Kleidung bleibt garantiert verschont, wenn statt der Fingerfarbe bunte Klebepunkte eingesetzt werden.

Mehlschneiden

Material
Mehl
Tasse
Ring
Besteckmesser

Eine Tasse wird mit Mehl vollgedrückt und anschließend auf die Tischplatte gestürzt, sodass ein kleiner Mehlberg entsteht. Mitten auf diesen Mehlberg steckt man senkrecht einen kleinen Ring. Nun müssen die Mitspieler reihum mit einem Messer, das immer weitergereicht wird, Stück für Stück von diesem Mehlberg abschneiden. Der Mitspieler, bei dem der Ring herunterfällt, muss den Ring mit den Lippen aufheben. Dabei versuchen die anderen, den Unglücklichen oder die Unglückliche zum Lachen zu bringen, sodass er oder sie in das Mehl prustet und damit über und über bepudert ist. Anschließend wird der Ring wieder auf den Berg gesteckt, und die restlichen Mitspieler schneiden weiter, bis kein Mehlberg mehr vorhanden ist.

Klebetanz

Material
Musik

Alle Mitspieler tanzen durch den Raum. Plötzlich ruft der Spielleiter laut: »Die rechte Hand klebt!« – und jeder muss mit seiner rechten Hand an der rechten Hand eines Mitspielers kleben und so weitertanzen. Das gilt so lange, bis der Spielleiter eine andere Klebestelle bekannt gibt, etwa: »Die rechte Schulter klebt!« Oder: »Die Nase klebt!« Jedes Mal suchen sich die Mitspieler andere Tanzpartner, mit denen sie sich zusammengeklebt im Takt der Musik weiterbewegen müssen.

Pilot auf dem Hocker

Durch Auszählen wird ein Mitspieler bestimmt, der Pilot sein darf. Pilot kann aber auch werden, wer bei einem anderen Spiel gewonnen hat. Der Pilot setzt sich auf einen Hocker oder auf einen Stuhl. Er steuert sein ganz besonderes Gefährt nicht mit einem Steuerknüppel oder Lenkrad, sondern über Befehle. Fünf Minuten lang müssen ihn die anderen Mitspieler umhertragen, ganz wie er es wünscht. Es gibt jedoch eine Einschränkung: Der Pilot muss seine Anweisungen immer mit »bitte« einleiten. So beginnt er etwa mit: »bitte hochheben«, er kann sich schneller tragen lassen mit der Anweisung »bitte etwas schneller« usw. Vergisst er dieses Zauberwort, endet seine Pilotenlaufbahn auf der Stelle. Nach Ablauf von fünf Minuten wird der Pilot wieder sanft am Ausgangspunkt abgesetzt.

Vier Ecken raten

Mindestens fünf Mitspieler zählen untereinander aus, wer den Raum verlassen muss. Die vier Ecken des Raums werden dann an vier verschiedene Mitspieler verteilt, eine Ecke kann auch dem Mitspieler zugeordnet werden, der vor der Tür ist. Sind alle vier Ecken vier Kindern zugeordnet, darf der Mitspieler wieder hereinkommen. Dann deuten alle auf die erste Ecke und fragen den Hereingekommenen: »Was soll diese Ecke tun?« Draußen vor der Tür hat sich der Mitspieler ein paar Aufgaben ausgedacht, und nun antwortet er beispielsweise: »dreimal ums Haus laufen«, »rückwärts von 100 bis 0 zählen« oder etwas Ähnliches. Der Mitspieler, dem die Ecke zugeteilt wurde, muss nun diese Aufgabe ausführen. Dabei kann es aber auch sein, dass der Aufgabensteller selbst eine seiner Aufgaben ausführen muss.

Wettmelken

Material
1 stabiler Plastikhandschuh
Stecknadel
Wasserfester Stift
Wasser
Schüssel
Stoppuhr

In die Spitzen der vier Handschuhfinger (also nicht in den Daumen) kleine Löcher stechen. Jeder Finger bekommt nur ein Loch. An der Handschuhinnenseite wird mit einem wasserfesten Stift eine Linie gezogen als Marke, bis zu welcher Stelle Wasser in den Handschuh gefüllt werden muss. Nun finden sich die Kinder in Zweiergruppen zusammen. Der Handschuh wird von der ersten Gruppe bis zur Markierung mit Wasser gefüllt. Dann hält ein Mitspieler den Handschuh am oberen Ende fest, während der andere niederkniet und das Wasser aus dem Handschuh in die Schüssel melkt, die darunter steht. Die anderen Kinder stoppen die Zeit, und nach 3 Minuten wird das Melken abgebrochen. Im Handschuh wird nun mit einem kleinen Strich markiert, wie viel Wasser die erste Gruppe gemolken hat. Dann ist die nächste Zweiergruppe an der Reihe. Wer in den drei Minuten der beste Melker war, gewinnt.

Limbo

Material
Besenstiel
Zwei Stühle
Mehrere Bücher

Zwei Stühle werden so aufgestellt, dass der Besenstiel quer über ihre Lehnen gelegt werden kann. Ein Kind nach dem anderen tanzt mit dem Bauch nach oben unter dem Besenstiel hindurch. Dabei darf es sich nicht mit den Armen abstützen! Diese erste Tanzrunde ist noch ganz einfach, weil der Besenstiel recht hoch liegt. Während die anderen weitertanzen, drehen zwei Kinder die Stühle um, legen einen Stapel Bücher auf jede Stuhlfläche und den Besenstiel quer darüber. Wieder tanzen alle unter dem Besenstiel hindurch. Ein Buch nach dem anderen wird jeweils auf beiden Seiten herausgenommen. Wer den Besenstiel herunterwirft, scheidet aus.

Lichtsätze

Material
Taschenlampe

In einem verdunkelten Zimmer sitzen die Kinder im Kreis auf dem Boden. Ein Kind beginnt und beleuchtet mit der Taschenlampe drei Gegenstände im Zimmer. Alle Kinder nennen die Gegenstände laut. Dann leuchtet das Kind einem anderen Kind ins Gesicht. Dieses muss nun schnell einen Satz bilden, in dem die drei Gegenstände vorkommen. Dann bekommt es die Taschenlampe, und das Spiel beginnt von neuem.

Lichtjagd

Material
Taschenlampen
Transparentpapier in verschiedenen Farben
Klebestreifen

Jedes Kind bekommt eine Taschenlampe und überzieht das Glas mit einem Stück farbigem Transparentpapier. Nur eine Taschenlampe behält ihren hellen, weißen Lichtkegel. Alle setzen sich in einen großen Kreis, und der Raum wird verdunkelt. Ein Kind gibt das Kommando: »Lampen an!« Alle knipsen ihre Taschenlampen an und richten den Lichtkegel gegen die Decke. Dann ertönt ein neues Kommando, beispielsweise: »Weiß fängt Blau!« Das Kind mit der unbeklebten Taschenlampe muss nun versuchen, den oder die blauen Lichtkegel zu fangen. Hat es einen erwischt, werden alle Lampen ausgeknipst, und die Kinder tauschen die Lampen untereinander aus. Je schneller die Lampen ausgetauscht werden, desto spannender wird das Spiel, denn kein Kind weiß zunächst, welche Lampenfarbe es beim Tausch bekommen hat.

Schreckeffekt

Material
Papier
Stift
Klebestreifen
Augenbinde
Schokoküsse

Auf ein Stück Papier wird eine Zielscheibe gezeichnet, die an der Wand befestigt wird. Dann werden einem Mitspieler die Augen verbunden. Er geht mit ausgestrecktem Arm auf die Zielscheibe zu und versucht mit dem Finger den Mittelpunkt zu treffen. Währenddessen stellt sich ein anderes Kind leise neben die Zielscheibe. Es hält einen Schokokuss, dessen Waffel entfernt wurde, so hin, dass der Mitspieler mit den verbundenen Augen seinen Finger in die weiche Eischneemasse steckt. Den Schrecken über die unerwartete klebrige Masse darf er sich mit einem frischen Schokokuss versüßen.

Kartoffel rollen

Material
1 möglichst runde Kartoffel
Kieselsteine
Wasserfarben

Aus den Kieselsteinen eine etwa 40 Zentimeter breite, zwei Meter lange Gasse legen. Einen Meter vor der Gasse die Wurflinie markieren, hinter der sich die Kinder aufstellen. Jedes Kind versucht nun, die Kartoffel so durch die Gasse zu rollen, dass sie die ganze Strecke zurücklegt, ohne die Kieselsteine zu berühren. Bleibt die Kartoffel in der Gasse liegen oder bricht sie aus der Gasse aus, wird die entsprechende Stelle für jedes Kind in einer unterschiedlichen Farbe auf den Steinen markiert. Das Spiel geht so lange, bis es mindestens drei Mitspielern gelungen ist, die Kartoffel ans Ziel zu bringen.

Reifenspiele

Material
Plastikreifen
Radfelgen
Stöckchen

Reifen sind ein vielseitiges Spielgerät, für das man allerdings ein Gefühl entwickeln muss: Jeder treibt also zuerst einmal seinen Reifen mit der Hand oder mit einem Stöckchen über den Hof oder die Wiese. Dann geht es darum, den Reifen so schnell und geschickt wie möglich durch einen Hindernisparcours, zum Beispiel aus Blumentöpfen oder Mülltonnen, zu treiben. Schikanen in Form eines kurzen Kies- oder Sandwegs machen den Parcours noch spannender. Auch ein Wettrennen über eine festgelegte Distanz ist interessant. Wessen Reifen umfällt, der scheidet aus.

Variante: Beim Reifendrehen versucht jeder, seinen stehenden Reifen so stark anzustoßen, dass er sich so lange wie möglich auf einem Punkt dreht.

Dosenpyramide umschießen

Material
Leere Blechdosen
oder Plastikbecher
Tennisbälle

Eine Pyramide aus zehn leeren Blechdosen oder Plastikbechern wird auf einem Tisch oder Mäuerchen aufgestellt. Jeder Spieler hat nun drei Würfe und muss die Pyramide aus einem Abstand von fünf Metern möglichst ganz abräumen. Für jede gefallene Dose gibt es einen Punkt, für die ganze Pyramide fünf Punkte extra. Gewonnen hat, wer als erster 25 Punkte erreicht hat.

Kleider suchen

Am Ende einer Party erwartet die Gäste noch eine Überraschung. Statt wohl geordnet an der Garderobe, liegen alle Kleider auf einem Haufen und sind wild durcheinander gemischt. Besonders im Winter, wenn alle mit Mütze, Mantel, Schal, Handschuhen usw. angekommen sind, ist das ein großes Durcheinander. Alle stürzen sich auf den Kleiderhaufen und beginnen, sich anzuziehen. Der Erste, der fertig angezogen ist, ruft laut »stopp!« Alle müssen in der augenblicklichen Position verharren. Dann sagt er laut »weiter«, und die Kleidersuche geht weiter, bis der Zweite fertig angezogen ist und wieder »stopp!« ruft.

Variante Manche Kleidungsstücke können auch versteckt werden: Wenn alle Handschuhe in einem Karton liegen und das Versteck erst verraten wird, wenn alle Mitspieler angezogen sind, werden sie beinahe gleichzeitig fertig.

Anziehen mit Luftballon

Material
Luftballons

Bevor ein Mitspieler sich zum Gehen anzieht, bekommt er einen Luftballon in die Hand gedrückt. Der muss nun aufgeblasen und zugeknotet werden. Dann darf der Luftballon nicht mehr den Boden berühren. Beim Anziehen muss ihn der Mitspieler also in der Hand halten, auf dem Arm balancieren usw. Eine Ausnahme gibt es: Der Luftballon darf nicht mit den Zähnen gehalten werden. Besonders beim Zuknöpfen der Jacken oder beim Zubinden der Schuhe wird das ganz schön schwierig. Wessen Ballon zu Boden fällt, der muss wieder ein Kleidungsstück ausziehen. Platzt der Ballon, muss der Mitspieler mit dem Anziehen von vorn beginnen.

Würfel- und Streichholzspiele

Mit einfachen Mitteln eine längere Zeit hochkonzentriert spielen, das gelingt schon mit ein paar Würfeln oder Streichhölzern und ganz ohne teure oder aufwändige Spielmaterialien und -vorlagen. Spiele und Rätsel mit Streichhölzern oder Zahnstochern lassen sich auf ungeahnte Weise variieren. Das Spektrum reicht vom Turmbau, der Geschick, Konzentration und eine ruhige Hand verlangt, bis hin zu rätselhaften Zahlen- und Symbolspielen, zu deren Lösung Fantasie und Kombinatorik nötig sind. Die einfachen Holzstückchen geben jeder Idee Raum. Genauso spannend ist das Spiel mit Würfeln. Hier ist das stets herbeigesehnte und nie berechenbare Würfelglück die treibende Kraft, und häufig muss es mit dem Geschick guter Spielzüge kombiniert werden. Kein Wunder also, wenn sich angespannte Stille und konzentrierte Hingabe verbreiten, sobald die Streichhölzer oder Würfel auf dem Tisch liegen.

»Kaiser und Bürger« (→ Seite 300) ist ein rasantes Würfelspiel, bei dem mindestens drei Mitspieler um Streichhölzer kämpfen. Es gewinnt von Runde zu Runde zunehmend an Tempo.

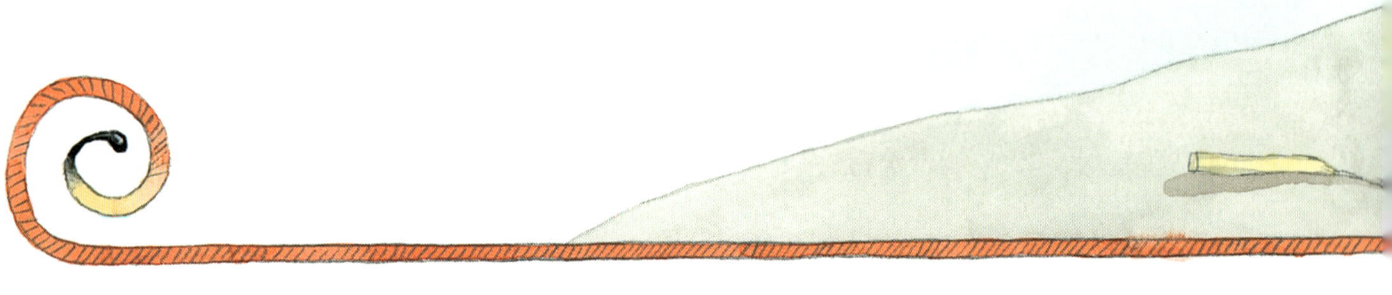

Würfeln und teilen

Material
Notizblock
Stift
2 Würfel

Ein Rechenspiel, das auch schon ab zwei Mitspielern Spaß macht. Reihum wird gewürfelt, und zwar nach folgender Regel: Zuerst würfelt jeder Mitspieler mit zwei Würfeln. Die Augenzahl des ersten Wurfs merkt er sich. Dann würfelt er nur noch mit einem Würfel. Lässt sich die Augenzahl des ersten Wurfs durch die Augenzahl des zweiten Wurfs teilen, darf er sich einen Punkt gutschreiben. Ansonsten geht er leer aus, und der nächste Mitspieler ist an der Reihe. Es gibt also beispielsweise einen Punkt, wenn er beim ersten Wurf 2 und 4 (= 6 Augen) gewürfelt hat und im zweiten 2, 3 oder 6 Augen. Die Punkte aller Mitspieler werden in jeder Runde aufgeschrieben und zum Schluss zusammengerechnet. Wer hat nach einer bestimmten Anzahl von Durchgängen am meisten Punkte gesammelt?

Würfeln und vervielfachen

Material
Notizblock
Stift
1 Würfel

Jeder Mitspieler hat drei Würfe mit einem Würfel. Die Augenzahl des ersten Wurfs wird verzehnfacht, die des zweiten Wurfs verdoppelt, während die Augenzahl des dritten Wurfs nur einfach gewertet wird. Gemeinsam wird jeweils ausgerechnet, wer wie viele Punkte erwürfelt hat. Welcher Mitspieler hat nach drei Runden die meisten Punkte?

Treppensteigen

Material
1 Würfel
pro Mitspieler

Alle Mitspieler stellen sich an die unterste Stufe einer Treppe. Jeder hat einen Würfel, und nun wird der Reihe nach gewürfelt. Die beiden gegenüberliegenden Seiten der Würfel bedeuten immer das Gleiche, zum Beispiel: 6 und 1 bedeuten »stehen bleiben«, 3 und 4 bedeuten »eine Stufe hoch gehen«, 2 und 5 bedeuten »eine Stufe zurückgehen«. Alle Spieler achten mit darauf, welche Zahlen die anderen würfeln, damit nicht geschummelt wird. Wer als Erster oben an der Treppe angelangt ist, muss sich wieder hinunterwürfeln. Sieger ist, wer als Erster wieder unten ankommt.

Nüssejagd

Material
Nüsse
2 Würfel

Jeder Mitspieler hat fünf Nüsse, von denen er eine in die Mitte legt. Ein Mitspieler gibt nun eine Zahl zwischen zwei und zwölf vor, und der Mitspieler rechts von ihm würfelt. Erreicht er die Zahl mit einem Wurf, darf er eine Nuss aus der Mitte nehmen, die sein Vorgänger, also der Mitspieler links von ihm, ersetzen muss. Dann nennt er selbst eine Zahl und würfelt noch einmal. Wirft er wieder die Zahl, darf er sich noch eine Nuss nehmen, sein linker Nachbar muss erneut eine abgeben. Erreicht er sie nicht, gibt er die Würfel an seinen rechten Nachbarn weiter und gibt eine neue Zahl zwischen zwei und zwölf vor. Das Spiel ist zu Ende, wenn einer der Mitspieler keine Nüsse mehr hat. Dann bekommt derjenige mit den meisten Nüssen den »Topf« in der Mitte und teilt alle seine Nüsse mit dem Verlierer.

Rätselhafter Würfel

Material
1 Würfel

Nur ein Mitspieler weiß zunächst die Augen des Würfels richtig zu deuten. Er würfelt beispielsweise eine 2 und sagt: »Zwei Eskimos«. Dann gibt er den Würfel weiter an das nächste Kind, das eine 3 würfelt. Das Kind sagt natürlich: »Drei Eskimos«. Aber das ist falsch. Ohne Begründung, weshalb das falsch ist, wird der Würfel an den nächsten Spieler weitergereicht, der seinerseits würfelt. Er würfelt beispielsweise eine 4 und sagt: »Vier Eskimos«. Das ist richtig, und das nächste Kind ist an der Reihe. Mit der Zeit erraten vielleicht die Mitspieler, wie gezählt wird: Erscheint ein Würfelpunkt in der Mitte, ist es ein Loch im Eis (das nicht genannt und nicht gezählt wird), alle anderen Würfelaugen sind Eskimos. Die 1 ist also kein Eskimo, die 2 sind zwei Eskimos, die 3 sind zwei Eskimos, die 4 sind vier Eskimos, die 5 sind vier Eskimos, und die 6 sind sechs Eskimos. Nach ein paar Würfelrunden wird die Zählregel erklärt. Damit das Spiel nicht langweilig wird, muss natürlich in jeder Runde eine neue Zählregel erfunden werden: nur ungerade Augen zählen, nur die Augen, die in Ecken stehen usw.

Zu Befehl

Material
1 Würfel

Ein Kind ist Befehlshaber und gibt den Würfel einem Mitspieler nach dem anderen. Jedes Mal nennt der Befehlshaber eine Zahl, die der betreffende Mitspieler zu würfeln hat. Der Mitspieler antwortet nur: »Zu Befehl!« und würfelt einmal. Würfelt er tatsächlich die verlangte Zahl, wird er neuer Befehlshaber.

Variante Das Spiel kann auch mit mehreren Würfeln gespielt werden. Der Befehlshaber darf dann eine Summe der Würfelaugen verlangen, bei zwei Würfeln also die Zahlen zwischen zwei und zwölf.

Knöpfe ausbuddeln

Material
Plastikbecher
Sand
Alte Knöpfe
1 Würfel

Jeder Mitspieler bekommt einen Plastikbecher und drei Knöpfe. Die Knöpfe werden in den Becher gelegt, und der Becher wird anschließend bis zum Rand mit Sand gefüllt. Nun wird reihum gewürfelt. Wer eine 6 würfelt, darf schnell mit zwei Fingern Sand aus seinem Becher schaufeln, ohne ihn dabei schräg zu halten oder gar zu kippen. Währenddessen würfeln die anderen weiter. Würfelt ein anderer Mitspieler eine 6, rufen alle laut: »stopp!«, der erste Buddler muss aufhören und derjenige, der eben eine 6 gewürfelt hat, darf in seinem Becher losbuddeln. Das geht immer so weiter, bis einer schließlich alle drei Knöpfe aus seinem Becher ausgebuddelt hat. Danach wird um die Plätze zwei und drei weitergewürfelt und -gebuddelt.

Zahlen wegwürfeln

Material
Notizzettel
Stifte
2 Würfel

Jeder Mitspieler schreibt die Zahlen von 1 bis 12 auf seinen Notizzettel, dann wird mit zwei Würfeln reihum gewürfelt. Der Spieler mit der höchsten Punktzahl beginnt. Die Zahl, die er mit den beiden Würfeln würfelt, darf er durchstreichen, dann ist der Nächste an der Reihe. Würfelt er eine Zahl, die er bereits durchgestrichen hat, gibt er die Würfel weiter – jetzt kommt es nur aufs Würfelglück an, um nach und nach alle Zahlen durchstreichen zu können. Wer alle Zahlen außer der 1 weggewürfelt hat, darf mit einem Würfel weitermachen. Sieger ist, wer als Erster auch die 1 durchstreichen kann.

12 gewinnt

Material
1 Würfel

Ähnlich wie beim Kartenspiel 17 und 4 geht es hier darum, beim Würfeln so nah wie möglich an die Zahl 12 heranzukommen, ohne sie zu überschreiten. Reihum würfelt jeder Mitspieler mindestens zweimal. Erreicht er mit zwei Sechsern die 12, ist er ausgeschieden, denn er muss mindestens drei Mal würfeln. Er darf aber auch öfter würfeln, um die 12 zu erreichen. Wer mit mindestens drei Würfen der 12 am nächsten ist, hat gewonnen. Wer mehr als 12 Augen würfelt, ist ausgeschieden.

Hausnummer würfeln

Material
1 Würfel
Notizzettel
Stift

Jeder Spieler hat drei Würfe, um eine so große dreistellige Zahl wie möglich zu würfeln. Nach jedem Wurf legt der Spieler fest, ob die gerade gewürfelte Zahl an der Einer-, an der Zehner- oder an der Hunderterstelle gezählt werden soll. Ein Beispiel: Der erste Wurf ergibt eine 1, die an der letzten, also der Einerstelle stehen soll. Der zweite Wurf ist eine 6, die für die Hunderterstelle gezählt werden soll, und so ergibt sich automatisch, dass die dritte Zahl, zum Beispiel die 2, an der Zehnerstelle steht. Die Hausnummer lautet demnach 621 und ist – Glück für den Spieler – die höchstmögliche mit den gewürfelten Zahlen. Der Spieler mit der höchsten dreistelligen Hausnummer hat gewonnen und beginnt beim Würfeln um eine vierstellige Hausnummer.

Würfeltiere

Material
1 Würfel
Zeichenblätter
Stifte

Die sechs Zahlen eines Würfels stehen bei diesem Spiel für verschiedene Körperteile: Die 1 für Kopf, die 2 für Ohr, die 3 für Körper, die 4 und die 5 für Bein und die 6 für Schwanz. Zu Beginn wird festgelegt, wie viele Tiere gezeichnet werden dürfen. Reihum wird nun gewürfelt, und je nach gewürfelter Zahl darf der Mitspieler auf sein Zeichenblatt das entsprechende Körperteil zeichnen. Jedes Tier hat einen Kopf, zwei Ohren, einen Körper, einen Schwanz und vier Beine. Bei drei Tieren braucht jeder Mitspieler also drei Köpfe, sechs Ohren, drei Körper, drei Schwänze und zwölf Beine. Körperteile, die er zu viel würfelt, verfallen. Wer die festgelegte Anzahl Tiere als Erster komplettieren kann, gewinnt.

Würfelsprint

Material
1 Würfel
Notizblock
Stift

Ein Spieler beginnt zu würfeln, während alle anderen laut ein Gedicht aufsagen oder ein Lied singen. Zuvor wurde ausgemacht, welche Zahl er möglichst oft würfeln muss, solange die anderen singen. Ist das Lied oder das Gedicht zu Ende, wird notiert, wie oft der Mitspieler die geforderte Zahl gewürfelt hat. Nun ist der nächste Spieler an der Reihe. Nach dem ersten Durchgang folgen weitere, und zum Schluss wird zusammengezählt, wer die meisten Punkte während der kurzen »Würfelsprintphasen« gesammelt hat.

Haus würfeln

Material
Zeichenblätter
Stifte
1 Würfel

Zu Beginn des Spiels wird ein großes Haus auf ein Zeichenblatt gemalt. Gemeinsam zählen die Mitspieler die Striche, die nötig waren, um das Haus zu zeichnen. Es sollten nicht weniger als 25 Striche sein. Nun wird reihum gewürfelt, und jeder darf auf seinem Zeichenblatt mit so vielen Strichen, wie er Augen gewürfelt hat, ein Abbild des vorgegebenen Hauses zu zeichnen beginnen. Die anderen Mitspieler passen auf, dass er sich nicht verzählt. Die letzten Striche müssen genau erwürfelt werden. Wer hat sein Haus als Erster fertig?

Bis zum letzten Blatt

Material
1 Rolle
Toilettenpapier
2 Würfel

Reihum wird mit zwei Würfeln gewürfelt. Je nach Anzahl der gewürfelten Augen reißt jeder Mitspieler eine entsprechende Anzahl Blätter von der Toilettenpapierrolle ab und legt sie vor sich auf den Tisch. Nur wer zwei Einser würfelt, darf sechs Blätter in die Kreismitte zurücklegen. Gespielt wird so lange, bis alle Blätter unter den Mitspielern verteilt sind. Wer das letzte Blatt von der Rolle nimmt, darf fünf Blätter in die Mitte legen. Dann wird gezählt, und wer die wenigsten Blätter vor sich liegen hat, gewinnt.

Plus und Minus

Material
Notizblock
Bleistift
1 Würfel

Reihum wird mit einem Würfel gewürfelt, und jeder Spieler hat sechs Würfe. Die Augenzahl der ersten drei Würfe wird zusammengezählt, der Wurf Nummer vier wird abgezogen, dann wird Wurf fünf wieder dazugezählt, und schließlich zieht man die Augenzahl des sechsten Wurfs wieder ab. Wer hat nach einer Runde die meisten Punkte im Plus? Dieser Mitspieler beginnt die nächste Spielrunde.

Variante Weitere Würfelspiele für schnelle Kopfrechner sind »Würfeln und teilen« sowie »Würfeln und vervielfachen« (→ Seite 294). Alle sind für kleinere Gruppen von zwei bis sechs Mitspielern interessant.

Ultimo

Material
Zeichenblatt
Stift
10 Streichhölzer pro Mitspieler
1 Würfel

Auf das Blatt werden sechs Uhren gezeichnet, die in der Mitte nummeriert und rundum mit den restlichen fünf Zahlen von eins bis sechs versehen sind. Nun würfelt jeder Mitspieler mit einem Würfel. Beim ersten Wurf erhält er die Zahl der Uhr, beim zweiten die Uhrzeit. Würfelt also beispielsweise ein Mitspieler beim ersten Wurf 3 und beim zweiten 4, so muss er ein Streichholz auf die 4 in der Uhr Nummer 3 legen, wenn dieser Platz noch frei ist. Liegt an dieser Stelle aber bereits ein Streichholz, dann muss er keines ablegen sondern darf das dort liegende Streichholz nehmen. Würfelt ein Mitspieler zweimal die selbe Zahl, also etwa zweimal hintereinander die 4, so darf er alle Streichhölzer, die auf der Uhr Nummer 4 liegen, wegnehmen. Würfelt er aber zweimal dieselbe Zahl und auf der betreffenden Uhr liegt kein Streichholz, so heißt es für ihn »Ultimo«, und er muss auf alle 5 Zahlen dieser Uhr ein Streichholz ablegen. Das Spiel dauert so lange, bis ein Mitspieler alle seine Streichhölzer verspielt hat.

Kaiser und Bürger

Material
Streichhölzer
2 Würfel

Zu Beginn des Spiels erhält jeder Mitspieler 20 Streichhölzer. Dann wird reihum mit zwei Würfeln gewürfelt. Bei diesem Spiel zählen nur die Zahlen 3 und 5. Würfelt ein Spieler eine 3, muss er seinem linken Nachbarn, dem Bürger, ein Streichholz abgeben. Würfelt er eine 5, legt er ein Streichholz in die Mitte, das gehört nun dem Kaiser. Da mit zwei Würfeln gewürfelt wird, gelten auch die Summen der Würfelaugen. Würfelt ein Mitspieler beispielsweise mit einem Würfel eine 2 und mit dem anderen eine 3, dann muss er sowohl dem Bürger (3) als auch dem Kaiser (3 + 2 = 5) ein Streichholz geben. Alle Mitspieler achten darauf, dass jeder seinen Pflichten auch wirklich nachkommt. Wer zwei gleiche Zahlen würfelt, darf noch einmal würfeln, ohne dass er (bei zwei Dreiern oder zwei Fünfern) ein Streichholz abgeben musste. Erst der zweite Wurf zählt. Schafft er beim zweiten Wurf wieder zwei gleiche Zahlen, darf er den Kaiser berauben und alle Streichhölzer aus der Mitte nehmen. Das Spiel ist zu Ende, wenn nur noch ein Mitspieler Streichhölzer hat. Er würfelt dann so oft, bis er entweder eine 3 oder eine 5 würfelt. Denn dann muss er entweder ein Streichholz an den Bürger geben, sodass das Spiel doch noch weitergeht, oder er darf den Kaiser ausrauben und ist der reiche Spielsieger.

Streichhölzer auswürfeln

Material
Streichhölzer
1 Würfel

Auf einem Tisch liegt ein Haufen Streichhölzer. Reihum wird mit einem Würfel gewürfelt, und jeder darf entsprechend der gewürfelten Augenzahl Streichhölzer vom Tisch nehmen und vor sich aufstapeln. Wenn zum Schluss sechs Hölzchen oder weniger auf dem Tisch liegen, müssen sie mit einem Wurf ausgewürfelt werden. Sind beispielsweise nur noch drei Streichhölzer übrig, bekommt sie der Mitspieler, der eine 3 würfelt. Am Schluss wird gezählt, wer die meisten Streichhölzer hat, dann beginnt eine neue Spielrunde.

Streichhölzer schieben

Material
Streichhölzer
1 Würfel

Die Mitspieler sitzen im Kreis, jeder hat zehn Streichhölzer vor sich. Nun beginnt ein Mitspieler zu würfeln und darf so viele Streichhölzer an seinen rechten Nachbarn weitergeben, wie er Augen gewürfelt hat. Dann ist der Nachbar an der Reihe und darf seinerseits die gewürfelte Zahl Streichhölzer weitergeben. Die letzten Streichhölzer können nur weitergeschoben werden, wenn der Mitspieler die entsprechende Zahl würfelt. Würfelt er beispielsweise eine 4 und hat nur noch drei Streichhölzchen, darf er keines weitergeben und muss warten, bis er wieder an der Reihe ist. Wem gelingt es als Erstem, alle Streichhölzer weiterzugeben?

Streichhölzer abtragen

Material
Streichhölzer
1 Würfel

Alle sitzen um einen Tisch, auf dem viele Streichhölzer durcheinander auf einem Haufen liegen. Nun wird reihum gewürfelt, und jeder nimmt so viele Streichhölzer vom Haufen, wie er Augen gewürfelt hat. Nach mehreren Runden ist der Streichholzhaufen aufgeteilt. Das oder die letzten Hölzchen müssen aber auf einmal, also mit der gleichen Anzahl Augen »weggewürfelt« werden. Liegen also nur noch drei Streichhölzer auf dem Tisch und der Mitspieler, der gerade an der Reihe ist, würfelt eine 5, so geht er leer aus, und der nächste Mitspieler ist dran. Würfelt dieser wiederum eine 2, so nimmt er zwei Hölzer. Um das letzte Streichholz zu bekommen, bleibt nun nur noch die 1. Bevor die nächste Runde beginnt wird gezählt, wer die meisten Streichhölzer hat.

Streichhölzer stapeln

Material
Streichhölzer

Bei diesem Spiel, das viel Fingerspitzengefühl und eine ruhige Hand erfordert, erhält jeder Mitspieler 20 Streichhölzer. Dann wird eine Streichholzschachtel mit der Schmalseite auf den Tisch gestellt. Reihum darf nun jeder ein bis drei Streichhölzer seines Stapels auf die Streichholzschachtel legen. Die Streichhölzer müssen vorsichtig und überlegt gestapelt werden, denn wenn sie herunterfallen, muss der Mitspieler, dem dieses Missgeschick passiert ist, alle Streichhölzer nehmen und das Spiel beginnt von vorn. Wer als Erster alle seine Streichhölzer ablegen konnte, ist Sieger.

Einfache Gleichung

Bei dieser Rechenaufgabe stimmt das Ergebnis nicht; welches Streichholz muss umgesetzt werden, damit das Ergebnis stimmt?

Lösung:

Aus vier mach fünf

Auf dem Tisch liegen vier Quadrate, aus Streichhölzern gebildet. Wer schafft es als Erster, daraus fünf Quadrate zu machen, indem er nur zwei Streichhölzer umlegt?

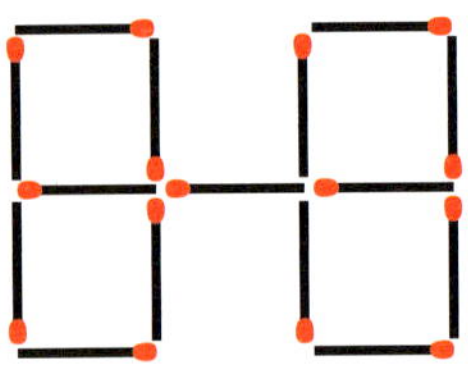

Lösung:

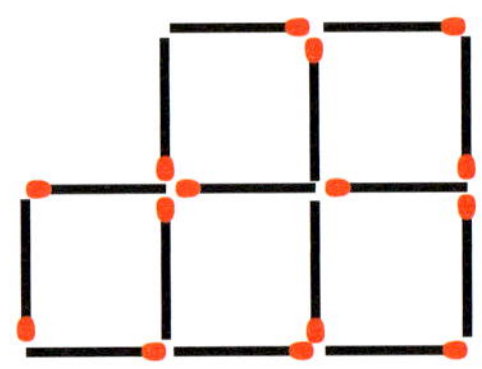

Zusammenzählen

Die Streichhölzer zeigen eine einfache Rechenaufgabe. Nun soll durch Versetzen eines einzigen Streichhölzchens eine neue Rechenaufgabe entstehen, deren Ergebnis ebenfalls stimmt.

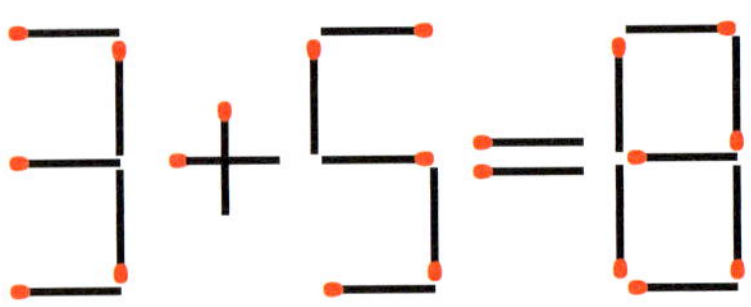

Lösung:

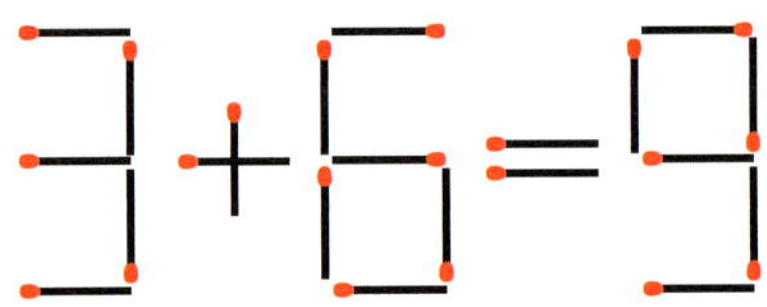

Tipp

Streichholzschachtel-Weitpusten macht wieder locker:
Jeder schiebt das Innenteil seiner Schachtel ein Stück heraus und markiert es farbig.
Dann von der anderen Seite kräftig hineinpusten und sehen, wer am weitesten kommt.

Um-schreiben

11 Streichhölzchen bilden das Wort TUCH, und es kann noch einmal gebildet werden, wenn zwei Zündhölzchen umgesetzt werden. Wo müssen sie liegen?

Lösung:

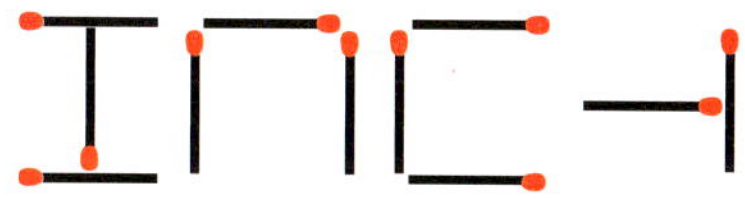

Dreiecke vermehren

Drei Dreiecke stehen hier einträglich nebeneinander, doch wenn man zwei Streichhölzchen umsetzt, können daraus vier Dreiecke entstehen. Wer schafft's?

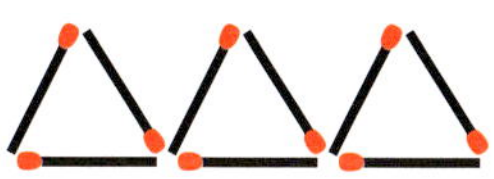

Lösung:

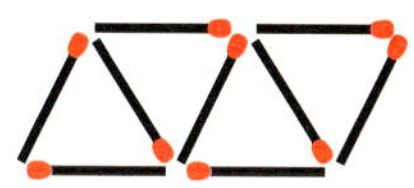

Mach drei aus zwei

Aus zehn Streichhölzchen sind diese beiden Quadrate entstanden. Werden zwei Streichhölzchen umgesetzt, entstehen drei Quadrate. Welche beiden Streichhölzchen sind das?

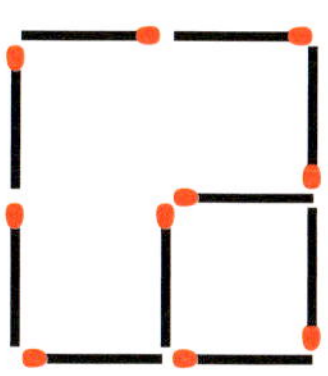

Lösung:

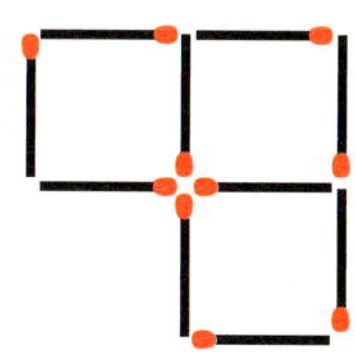

Spiele für unterwegs

Mobil zu sein ist eines der bedeutenden Merkmale der heutigen Gesellschaft. Egal ob kurze Wochenendausflüge oder weite Urlaubsreisen – auch Familien sind oft unterwegs. Grundsätzlich reisen die meisten Kinder gern, doch wenn sie sich dabei nicht selbst bewegen, beim Wanderngehen oder Radfahren, ist ihre Geduld nicht grenzenlos. Das Interesse am Blick aus dem Auto-, Zug- oder Flugzeugfenster erschöpft sich oft recht schnell. Gerade in solchen Situationen ist es aber umso wichtiger, den Familienfrieden aufrechtzuerhalten. Dabei helfen Spiele, die das Reisen für Kinder kurzweiliger, vielleicht sogar zu einem spannenden Erlebnis werden lassen. Mit Geschwistern oder Eltern lassen sich im Auto, Flugzeug oder Zug witzige Spiele durchführen. Am besten bezieht man dabei die Umgebung mit ein: alle möglichen Dinge, die bei der Fahrt im Auto zu sehen sind, andere Autofahrer, Mitreisende im Zug oder Flugzeug etc.

Möglichst geringer Aufwand und einfache, gut zu variierende Spielregeln reichen aus, damit die langweilige Fahrzeit im Nu vergeht.

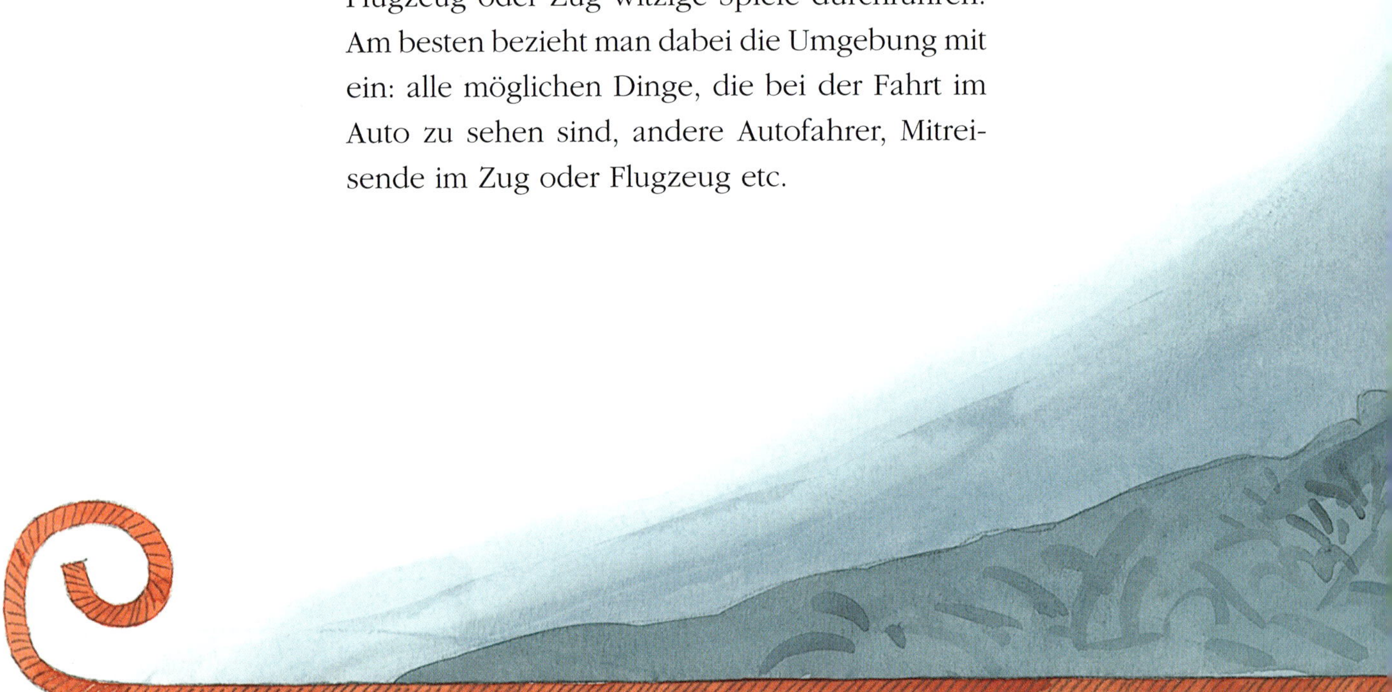

Autokennzeichen verwandeln

Material
Notizblöcke
Stifte

Alle notieren möglichst unterschiedliche Nummernschilder mit Zahlen und Buchstaben. Aus den Buchstabenkombinationen sollen kurze Sätze gebildet werden. Aus der Autonummer B-MS 312 kann zum Beispiel der Satz »Brigitte mag Schnecken« oder aus FR-TT 108 »Fünf Ritter tanzen Tango« gebildet werden. Aus den Zahlen werden kleine Rechenaufgaben: Die Summe aus 3 + 1 + 2 ergibt genau 6, und 10 + 8 gibt 18.

Reisecrew

Material
Notizblöcke
Stifte

Die Reisecrew ist für verschiedene Aufgaben während einer Reise verantwortlich. Ein Mitglied der Crew liest die Streckenkarte und überwacht, wo sich das Fahrzeug im Augenblick befindet. Ein anderes Crewmitglied behält die Armaturen und Anzeigen im Auge und berichtet in regelmäßigen Zeitabständen über Tankfüllung, Kühlwassertemperatur, Geschwindigkeit, Drehzahl und Uhrzeit. Ein weiteres Crewmitglied notiert Eigenheiten der Wegstrecke wie Anzahl der Tankstellen, Zebrastreifen, Kirchen etc. Schließlich ist ein Crewmitglied für die Verpflegung der Reisegesellschaft verantwortlich, bietet Getränke an und packt die mitgeführten Snacks aus.

Schritt für Schritt

In einer Pause sollten sich alle bewegen, und meist fällt das auch gar nicht schwer. Wer aber so richtig »eingerostet« ist, braucht vielleicht etwas Motivation über ein Spiel wie dieses: Zwei Mitspieler stellen sich in einem Abstand von etwa drei Metern voneinander entfernt auf. Dann gehen sie aufeinander zu, wobei sie abwechselnd einen Fuß genau vor den anderen setzen. Eine Linie am Boden, auf der man entlanggehen kann, ist dabei sehr hilfreich. Jeder darf bei jedem Schritt eine ganze Fußlänge vor den anderen Fuß setzen oder eine halbe, also den Fuß quer stellen. Die beiden Mitspieler kommen einander immer näher, und zum Schluss des Spiels gewinnt, wer mit einem längs oder quer gestellten Fuß die Lücke schließt.

Fahrtprotokoll

Material
Heft oder Notizblock
Stift

In einem Protokoll, das abwechselnd geführt wird, wird alles Wesentliche festgehalten, was auf einer Fahrt passiert. Die anderen können die Rolle des Berichterstatters einnehmen und berichten, was sie beobachten. Nach einer festgelegten Zeitspanne führt ein anderer Mitspieler das Protokoll weiter. Am Ende der Fahrt wird das Protokoll vorgelesen, und zwar liest jeder den Teil, den er selbst notiert hat. Ist nur ein Beifahrer mit auf Reisen, muss er alle Aufgaben allein übernehmen und das Protokoll führen.

Nachrichtenlotto

Material
Blöcke
Stifte

Während der Fahrt wird ein Musiksender eingeschaltet, der in regelmäßigen Abständen Nachrichten bringt. Kurz bevor diese Nachrichten ertönen, schreibt sich jeder ein paar Wörter auf, von denen er glaubt, dass sie in den Nachrichten vorkommen. »Und«, »oder«, »sind«, »ist« und ähnlich häufig vorkommende Wörter dürfen aber nicht genannt werden. Wer eines seiner Wörter hört, hält seinen Notizzettel in die Höhe, sodass alle lesen können, dass er ein Schlüsselwort geraten hat. Vor jeder Runde einigt man sich darüber, welche Wortart (Verb, Adjektiv oder Nomen) als Nächste geraten werden soll.

Zahlenjagd

Der letzte Bestandteil jeder Autonummer sind Zahlen. Selten sind es einstellige Zahlen, meist sind sie zwei- oder dreistellig, manchmal vierstellig. Durch Auszählen wird bestimmt, wer eine Zahl nennen darf. Die genannte Zahl muss nun auf allen Nummernschildern entgegenkommender Autos gesucht werden. Wer die Zahl zuerst sieht und laut nennt, darf die nächste Zahl nennen, die gesucht werden muss. Sind alle Kinder an der Reihe gewesen, wird in der nächsten Runde nicht die Zahl gesagt, die gesucht werden soll, sondern eine leichte Rechenaufgabe gestellt, deren Ergebnis (ohne dass es laut genannt werden darf) gesucht wird. Wieder darf derjenige, der das Nummernschild mit dem richtigen Ergebnis zuerst gesehen hat, die nächste Aufgabe stellen.

Variante Auf den Kennzeichen passende Ziffern suchen, um auf- oder absteigend durchzuzählen. Mit Hinweis auf Autotyp und -farbe können alle durcheinander zählen. Der Erste ruft »blauer Mercedes – eins!«, der Nächste »roter Käfer – zwei!« usw.

Kennzeichenalphabet

Material
Notizblock
Stift

Wenn ein Spieler als einziger Beifahrer mit auf Reisen ist, schreibt er alle Buchstaben von A bis Z auf einen Zettel. Dann streicht er jeden Buchstaben durch, den er auf einem Nummernschild eines entgegenkommenden Fahrzeugs sieht. Das Spiel ist zu Ende, wenn er alle Buchstaben des Alphabets entdeckt hat. Mehrere Beifahrer spielen das Spiel genauso, nur dass jeder für sich die Buchstaben durchstreicht. Schwieriger wird das Spiel, wenn alle Buchstaben in alphabetischer Reihenfolge durchgestrichen werden müssen. Oder wenn nur Buchstaben von PKWs einer bestimmten Farbe zählen.

Farbenliste

Material
Notizblock
Stift

Jeder Mitspieler schreibt sich eine oder zwei Farbbezeichnungen auf seinen Block. Dann wird beobachtet, wie viele Autos der entsprechenden Farbe auf der Gegenspur fahren, und ein Strich unter die jeweilige Farbbezeichnung gemacht. Nach einer festgelegten Zeit oder beim Auftauchen eines bestimmten, seltenen Wagentyps wird die Runde beendet und gezählt, wer am meisten Striche hat. Der Sieger darf sich die nächsten zwei Farben aussuchen, nach denen er Ausschau halten will.

Variante Für einen Spieler allein wird die Farbenliste verlängert. Am Anfang steht die Überlegung, ob die fünf häufigsten oder seltensten Autofarben gesammelt werden sollen, und welche das – in welcher Reihenfolge – sein könnten. Die Farbenliste wird über 15 oder 30 Minuten hinweg geführt, und am Ende wird überprüft, ob die Rangliste stimmte.

Automarken nennen

Die verschiedenen Automarken und -typen sehen von vorn und von hinten ganz unterschiedlich aus. Manche Autos sind leichter zu unterscheiden als andere. Bei diesem Spiel geht es darum, die Marke eines Autos aus möglichst großer Entfernung zu erkennen. Dazu wird eine Fahrspur festgelegt, die beobachtet wird. Nähert sich auf ihr ein Fahrzeug, so muss möglichst schnell der richtige Fahrzeugtyp gesagt werden. Wer am schnellsten richtig geraten hat, bekommt einen Punkt. Wenn einer der Mitspieler zehn Punkte hat, wird eine andere Fahrspur beobachtet.

Nummernschilder bestimmen

Nun sind bestimmte Buchstaben- oder Zahlenkombinationen auf Autonummernschildern gesucht. Durch Auszählen wird bestimmt, wer als Erster festlegen darf, wie die gesuchten Buchstaben und/oder Zahlen lauten. Alle Mitspieler schauen sich nun aufmerksam um, und wer die geforderten Angaben als erster auf einem Nummernschild entdeckt, darf als Nächster festlegen, wonach gesucht werden muss. Auch Kombinationen von Nummernschildbuchstabe bzw. -zahl und Automarke oder Fahrzeugfarbe können gefordert werden.

Staufreundschaft

Material
Schreibblock
Dicker Filzstift

Bei einem Stau lohnt es sich, sich ein wenig genauer umzusehen: Vielleicht gibt es in einem anderen Fahrzeug auch Kinder, die unterwegs sind und denen es langsam langweilig wird. Mit diesen Kindern könnte man ja in Kontakt treten. Mit großen Buchstaben wird auf den Block: »Hallo, wie heißt du?« geschrieben. Das Blatt wird an die Scheibe gehalten und vielleicht entwickelt sich so ein Dialog. Auf diese Art kann man sich auch über Reiseziel oder Interessen austauschen, selbst wenn die Autos nicht nebeneinander stehen.

Reiseweg

Material
Malblock
Buntstifte

Auf der Fahrt sind eine Menge Verkehrszeichen zu entdecken. In der Stadt und in Dörfern gibt es mehr, auf Landstraßen und der Autobahn weniger. Jeder Mitspieler versucht, einen Teil der Strecke während der Fahrt auf einen Block aufzuzeichnen. Skizziert werden können Straßenverlauf und einmündende Straßen, Schilder, Sehenswürdigkeiten ebenso wie die Landschaft.

Ortsquiz

Material
Landkarte

Auf einer Straßen- oder Landkarte suchen die Mitspieler gemeinsam die Ortsbezeichnungen. Oft sind ganz witzige Namen besonders von kleineren Städten und Ortschaften zu finden. Nun beginnt ein Mitspieler und nennt einen Ortsnamen, den die anderen so schnell wie möglich auf der Karte finden müssen. Wer den Ort zuerst gefunden hat, darf den nächsten Namen vorgeben.

Insassen raten

Bei manchen Fahrzeugen kann man schon von weitem erahnen, dass mehrere Leute drin sitzen, etwa in einem Bus oder einem Taxi. Doch auf Autobahnfahrten ist schwer einzuschätzen, wie viele Leute wohl in einem ganz normalen Auto sitzen mögen. Jeder gibt einen Tipp ab, wie viele Leute es sind, ob ein Mann oder eine Frau am Steuer sitzt und ob Kinder mit im Auto sind. Sonderpunkte gibt es, wenn ein Mitspieler richtig rät, ob ein Hund mit im Auto ist.

Variante Der Detailfreude sind bei diesem Spiel keine Grenzen gesetzt, es lässt sich immer wieder erweitern und abändern: Welche Insassen sind wohl zum Sonntagskaffee eingeladen, und woran sieht man das, wenn man das Auto überholt? Weist ein Aufkleber schon von weitem darauf hin, dass hier ein Baby unterwegs ist? Die Übergänge zu den »Reisegeschichten« sind fließend.

Reisegeschichten

Manchmal fragt man sich bei einer Fahrt, wohin all die Leute in den Autos bloß wollen. Die immer links fahren und alle überholen haben es wohl besonders eilig. Lastwagen, das ist klar, die transportieren wichtige Güter von einem Ort zum anderen. Gemeinsam schauen sich die Mitspieler alle Autos und Lkws genauer an und überlegen sich Geschichten, die zu ihnen passen. Die Familie mit dem voll gepackten Auto ist sicher auf dem Weg in den Urlaub, oder? Vielleicht kommen sie auch aus dem Urlaub zurück, denn sie sind braun gebrannt und total entspannt. Der Lkw hat sicher Spielzeug geladen und fährt in ein Spielzeuggeschäft. Oder er transportiert Möbel für eine Schule oder Computer. Der Reihe nach ist jeweils ein anderer Mitspieler dran und gibt eine möglichst fantasievolle Geschichte zum besten.

Zahlenroulette

Material
Notizblöcke
Stifte

Bei Nummernschildern ist es so, dass die Zahl gerade oder ungerade ist. Ein Mitspieler entscheidet sich, die geraden Zahlen zu »sammeln«, der andere sammelt die ungeraden. Nun zählt jeder für sich die Autos mit gerader oder ungerader Zahl auf dem Nummernschild und macht für jedes einen Strich auf dem Notizblock. Nach einer bestimmten Zeit oder wenn dreimal hintereinander ein Lkw kommt, wird gestoppt und überprüft, wer mehr Autos bei sich verbuchen konnte. In der nächsten Runde wird gewechselt, und der Spieler, der die ungeraden Nummern gesammelt hat, sammelt jetzt die geraden.

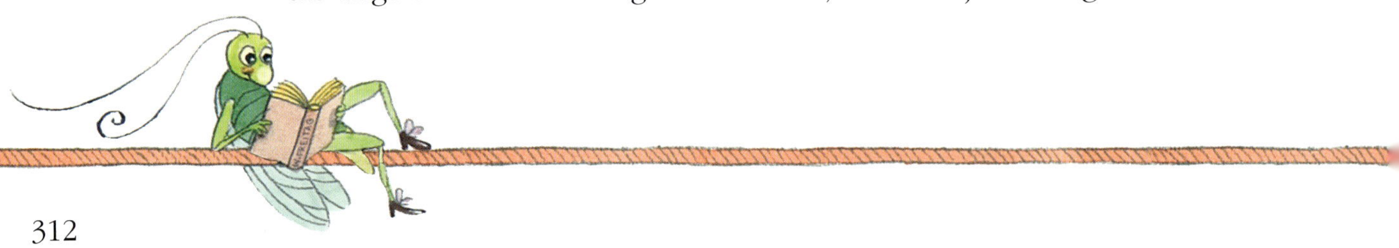

Kilometer schätzen

Alle Mitspieler betrachten konzentriert den Tachometer des fahrenden Autos und kombinieren, wie Geschwindigkeit und zurückgelegte Strecke zusammenhängen. In 100-Meter-Schritten bewegt sich der Kilometerzähler mal schneller, mal langsamer. Auf ein Kommando schließen alle Mitspieler die Augen und versuchen zu schätzen, wann genau ein Kilometer zurückgelegt wurde. Wer glaubt, dass es soweit ist, sagt laut »jetzt«. Der Fahrer oder ein Mitfahrer, der als Schiedsrichter fungiert, merkt sich, wie gut jeder Mitspieler geschätzt hat, und gibt das Ergebnis bekannt.

Punkte sammeln

Material
Uhr
Notizblock
Stift

Zunächst wird festgelegt, wie viele Punkte es für welche Fahrzeuge oder auch für die unterschiedlichen Autotypen gibt. Für Pkws und Motorräder etwa gibt es einen Punkt, für Lkws zwei Punkte, Anhänger geben einen Punkt extra, ein Krankenwagen gibt fünf Punkte usw. Jede Fahrzeugart bekommt eine Spalte in einer grob skizzierten Tabelle. Dann wird durch Auszählen bestimmt, welcher Mitspieler als Erster Punkte sammeln darf. Fünf Minuten lang darf er den Verkehr beobachten und Striche für die Fahrzeuge machen, die er entdeckt. Dann werden die Punkte gezählt, und der Nächste ist an der Reihe.

Reisetagebuch

Material
Leeres Heft
Klebstoff
Stifte

Für Eintrittskarten, Fahrscheine, Benzinquittungen, Flyer, Ansichtskarten, gepresste Blumen, Prospekte, Bierfilze und vielleicht auch eine Prise Sand vom Urlaubsort ist Platz im Reisetagebuch. Am besten werden diese Schätze jeden Abend ins Heft geklebt und mit den entsprechenden Notizen versehen.

Geschichten erfinden

Material
Notizblock
Stift

Die Buchstaben der Nummernschilder von zehn entgegenkommenden Autos werden notiert. Dann beginnt ein Mitspieler, eine kurze Geschichte aufzuschreiben, in der alle diese Buchstaben möglichst in der richtigen Reihenfolge vorkommen. Bestimmte Dinge müssen jeweils vorkommen:
ein Mensch, ein Tier, eine Blume und ein Fahrzeug.

Über dieses Buch

Haftungsausschluss
Die Inhalte dieses Buches sind sorgfältig recherchiert und erarbeitet worden. Dennoch kann weder der Autor noch der Verlag für die Angaben in diesem Buch eine Haftung übernehmen.

Quellennachweis
»Wer kommt?«, S. 13, »Ponypferd« sowie »Hoppe, hoppe, Reiterlein«, S. 17, aus: W. Singer/E. Schirmer: Der neue Daumen Knudeldick. © Ravensburger Buchverlag Otto Maier GmbH. Ravensburg 1992, S. 16 (J. Huber), S. 55 und 57 (E. Schirmer). A. v. Schwerin: »Die Geschichte von der Maus«, S. 22/23, aus: Ulrike Franke: Artikulationstherapie bei Vorschulkindern. © Ernst Reinhardt Verlag. München/Basel 2001, Seite 93/94.
Der Quellennachweis wurde nach bestem Wissen und Gewissen erstellt. Sollten trotzdem Urheberrechte übersehen worden sein, geschah dies ohne Absicht. Der Verlag ist selbstverständlich zu einer Nachhonorierung bereit. Der Quellenvermerk in der folgenden Auflage wird dann entsprechend ergänzt werden.

Impressum

Sonderausgabe für Droemersche Verlagsanstalt Th. Knaur Nachf. GmbH & Co., München

Projektleitung: Friederike Lutz
Redaktion: Susanne Haffner
Umschlaggestaltung: Zero Werbeagentur, München unter Verwendung einer Illustration von Wolfgang Freitag
Innenlayout und Satz: Catharina Ende, Leipzig
Reproduktion: Repro Mayr, Donauwörth
Druck und Bindung: aprinta Druck GmbH & Co. KG, Senefelderstr. 3-11, 86650 Wemding
Gedruckt auf chlorfrei gebleichtem Papier
Printed in Germany

ISBN 3-426-66460-7

Spieleverzeichnis nach Altersstufen und Anzahl der Kinder

Spiele im Haus

Spiele im Freien

Alter 0–2 Jahre

Für ein Kind

Für zwei Kinder

Für drei bis vier Kinder

Für eine größere Gruppe

Alter 2–4 Jahre

Für ein Kind

Für zwei Kinder

Für drei bis vier Kinder

Für eine größere Gruppe

Alter 4–6 Jahre

Für ein Kind

Für zwei Kinder

Für drei bis vier Kinder

Für eine größere Gruppe

Alter 6–8 Jahre

Für ein Kind

Für zwei Kinder

Für drei bis vier Kinder

Für eine größere Gruppe

Alter 8–12 Jahre

Für ein Kind

Für zwei Kinder

Für drei bis vier Kinder

Für eine größere Gruppe

Alter 13–16 Jahre

Für ein Kind

Für zwei Kinder

Für drei bis vier Kinder

Für eine größere Gruppe

Alle Spiele von A bis Z

N

O

P

Q

R

S

T

U

V

W

Z